**权威·前沿·原创**

皮书系列为
"十二五""十三五""十四五"时期国家重点出版物出版专项规划项目

**BLUE BOOK**

智 库 成 果 出 版 与 传 播 平 台

中国社会科学院创新工程学术出版资助项目

日本蓝皮书
BLUE BOOK OF JAPAN

# 日本研究报告
## （2024）

**ANNUAL REPORT ON RESEARCH OF JAPAN**
**(2024)**

### 日本战略转型向纵深演进
Japan's Strategic Transformation Developing in Depth

组织编写／中华日本学会
　　　　　中国社会科学院日本研究所
主　　编／杨伯江
副 主 编／陈　祥

社会科学文献出版社
SOCIAL SCIENCES ACADEMIC PRESS（CHINA）

**图书在版编目（CIP）数据**

日本研究报告 . 2024：日本战略转型向纵深演进 /
杨伯江主编；陈祥副主编 . -- 北京：社会科学文献出
版社，2025.4. --（日本蓝皮书）. -- ISBN 978-7
-5228-4334-6

Ⅰ. K931.3

中国国家版本馆 CIP 数据核字第 20241E4N59 号

日本蓝皮书

**日本研究报告（2024）**
　　——日本战略转型向纵深演进

主　　编／杨伯江
副 主 编／陈　祥

出 版 人／冀祥德
责任编辑／王晓卿
责任印制／岳　阳

出　　版／社会科学文献出版社·文化传媒分社（010）59367156
　　　　　地址：北京市北三环中路甲 29 号院华龙大厦　邮编：100029
　　　　　网址：www.ssap.com.cn
发　　行／社会科学文献出版社（010）59367028
印　　装／三河市东方印刷有限公司

规　　格／开本：787mm×1092mm　1/16
　　　　　印 张：21.75　字 数：325 千字
版　　次／2025 年 4 月第 1 版　2025 年 4 月第 1 次印刷
书　　号／ISBN 978-7-5228-4334-6
定　　价／168.00 元

读者服务电话：4008918866

# 日本蓝皮书编委会

主　　编　杨伯江

副主编　陈　祥

编　　委　（按姓氏笔画排序）

卢　昊　吕耀东　李　薇　杨伯江　吴怀中

张　勇　张伯玉　张季风　张建立　陈　祥

林　昶　胡　澎　徐　梅　高　洪　唐永亮

# 主编和副主编简介

**杨伯江**　法学博士，中国社会科学院日本研究所所长、东海问题研究中心主任，研究员，博士生导师，中华日本学会常务副会长（法人代表），中国亚洲太平洋学会副会长，中国太平洋学会常务理事，亚太安全合作理事会中国委员会委员。曾任国际关系学院教授、中国现代国际关系研究院研究员、美国布鲁金斯学会访问学者、哈佛大学费正清东亚研究中心访问学者、日本国际论坛客座研究员、日本综合研究开发机构客座研究员。主要研究方向为大国关系、亚太地区安全、日本问题。

近年主要研究成果：《平成日本：战后历史流变中的国家战略转型》《中日邦交正常化与台湾问题处理再考》《中日关系50年发展演变与未来走势——兼论日本战略因素及其规定性作用》《中日韩合作战"疫"与东北亚区域治理》《从尼克松到特朗普：国际战略视角下两场"冲击"的历史比较与日本因应路径分析》《日本参与"一带一路"合作：转变动因与前景分析》《日本国家战略转型：认知重构与路径选择》《构建中日新型国家关系：双轮驱动下的合作共赢》《国际权力转移与日本的战略回应》《新时代中美日关系：新态势新课题新机遇》《"一带一路"推进过程中的日本因素》《习近平国际战略思想与对日外交实践》《美国对日政策内在矛盾及地区战略影响分析》《日本强化介入南海：战略动机政策路径与制约因素》《美国战略调整背景下日本"全面正常化"走向探析》《日本自民党政治走向历史性衰退》《从总体趋势中把握中美日三边关系》《当前日本社会思潮与"新民族主义"》等。

陈　祥　文学博士，中国社会科学院日本研究所《日本学刊》编辑部副主任、副研究员，中国中日关系史学会理事。曾任安徽大学历史系讲师、日本创价大学访问学者。主要研究方向为环境史、日本问题、日本侵华史。主要研究成果有：《环境问题并非一国之问题——论明治时期日本政治家田中正造的环保思想》《论满铁对中国东北实施的农村调查》《日本的南太平洋外交战略演变与太平洋岛国峰会——从环境外交到海洋外交》《2011年东日本大地震以来日本环境史学的发展与创新》《日本对老年认知症的国家战略性探索》《1940年东北鼠疫事件真相考——以日军731部队成员的医学报告为中心》《日本"里山"研究的环境史追问》《日本半导体国家战略及其创新领域探析》《日本海军侵华战略在九一八事变中的转变》《日本学界侵华战争研究的环境史脉络刍议》《日本人工智能战略论析》《公明党的"中道"政治与保守辅弼》等，以及译著《汉语文字学史》（日文版）。

# 摘　要

2023 年全球经济增速放缓，地区冲突多点爆发，国际格局加速调整，地缘政治博弈日趋激烈，大国竞争加剧国际体系失序风险，全球治理体系持续面临变革压力。在此背景下，日本国内面临严峻挑战。政治"逆风"不断，岸田政权岌岌可危；经济运行"明暗相间"，复苏前景仍不乐观；社会改革继续加码，政策效果有待观察。对外战略上，日本积极落实新"安保三文件"，持续提升"综合战略活跃度"，增强国际影响力。中日关系低位徘徊，积极因素有所增加。

2023 年岸田施政延续外交好评、内政差评的"外高内低"走势，上半年借举办七国集团广岛峰会赢得民意支持，下半年则因内政难题支持率下滑。党政人事改组未能提振内阁支持率，民意支持反而加速流失。自民党各派违反《政治资金规正法》、私设小金库丑闻曝光后，内阁和自民党的支持率跌至 2012 年该党重新执政以来最低水平，双双遭遇严重信任危机。为在 2024 年 9 月自民党总裁选举中实现连任，岸田欲借有利时机解散众议院、提前改选，但终未如愿。

2023 年日本经济起伏不定，复苏依赖外需拉动，内需动力依旧不足。日元贬值等因素刺激出口大幅增长，但通货膨胀高企、实际工资收入下降抑制居民消费，产业升级转型受阻导致企业投资趋于保守。劳动力短缺问题越发凸显，也加剧了复苏前景的不确定性。岸田经济政策继续加码，但综合效能有待观察。财政政策面临可持续性危机，超宽松货币政策调整陷入两难，"新资本主义"政策重视推动科技创新、加快绿色以及数字化转型，但经济安保政策妨碍了国际合作。

2023 年日本社会面临诸多挑战与变革压力。人口老龄化对社会保障体系构成严峻考验,少子化加剧劳动力供给不足,制约了经济增长潜力与产业结构优化。日本政府和企业加速推动医疗和护理行业的数字化转型,以构建可持续的社会保障体系,同时推出"异次元少子化对策",包括增加外国劳动力等多种措施以缓解劳动力短缺。生成式 AI 技术兴起为传统文化的传承与创新提供了可能,但也带来伦理及就业等方面的诸多挑战。

2023 年日本致力于维护"自由开放的国际秩序",背靠日美同盟强化地区影响。日本通过"2+2"磋商机制、美日印澳"四边机制"及签订《物资劳务互换协定》《互惠准入协定》等手段深化与北约成员国、印度等的政治安全关系,加强对"全球南方"国家影响,促使其"选边站队"。日本借广岛主场外交展示"和平形象",同时参与北约史上最大规模空演;岸田任内首访中东,强化地区存在感。日本强行启动福岛核污染水排海,引发民众及国际社会质疑与强烈反对。

2023 年中日关系在《中日和平友好条约》缔结 45 周年背景下保持稳定,领导人会晤提供关键政治引领。但日方在中国台湾问题上违背承诺,释放错误信号,制约两国关系改善。中国市场对日本的吸引力依然强劲,但受美国强化对华战略竞争影响,日本在经济领域随美制华力度不断加大。中日安全对话逐步恢复,但日本对华政策对抗性明显,炒作"台湾有事",渲染"中国威胁",借国际安全合作构建对华包围圈。2024 年,中日关系仍面临激流险滩,需牢牢把握正确方向,排除干扰,增进互信,妥善处理分歧矛盾,推动实施高水平、多样化交流合作。

**关键词:** 岸田文雄  政治资金丑闻  核污染水排海  中日战略互惠关系  全球南方

# 目 录 ⟪

## I 总报告

## II 分报告

**附 录**

皮书数据库阅读**使用指南**

# 总报告

**B.1**

# 岸田执政遇挫，日本战略转型
# 向纵深演进

## ——2023年日本形势回顾与展望

杨伯江　朱清秀　邓美薇 *

**摘　要：** 2023年，世界经济复苏缓慢，地缘格局加速震荡，大国博弈愈演愈烈，美西方政策助长全球及地区阵营化、碎片化趋势。在日本，一方面，自民党岸田内阁的执政严重受挫，尽管其采取多方政策，包括出台多项"改革"措施、展现亲民草根姿态，但仍无法遏制内阁支持率下滑趋势，实际上已陷入执政危机。另一方面，在国内外因素刺激下，日本战后和平发展路线加速蜕变，战略天平向军事倾斜，战略转型向纵深发展。日本对华制衡战略取向日渐凸显，中日关系再次处于关键十字路口，面临邦交正常化以来

---

* 杨伯江，法学博士，中国社会科学院日本研究所所长、东海问题研究中心主任，中华日本学会常务副会长，主要研究方向为大国关系、亚太地区安全、日本问题；朱清秀，法学博士，中国社会科学院日本研究所政治研究室副研究员、东海问题研究中心学术部主任，主要研究方向为日本政治与外交、海洋安全；邓美薇，经济学博士，中国社会科学院日本研究所副研究员，主要研究方向为日本经济。

最复杂局面，遭遇一系列新问题、新风险、新挑战。继 2022 年纪念中日邦交正常化 50 周年后，2023 年，两国迎来《中日和平友好条约》缔结 45 周年，双方以此为契机，共同重温缔约初心，加强关键政治引领，恢复各领域交流合作，展开了一系列对话互动。

**关键词：** 岸田文雄　新时代现实主义外交　《中日和平友好条约》
黑金丑闻　小多边机制

# 一　内政外交多方承压，岸田政权举步维艰

在复杂多变的国际背景下，2023 年，日本政治、经济、社会面临多重挑战。日本政坛"一强多弱"格局依旧，朝野力量对比悬殊，自民党占据压倒性优势。但是，岸田内阁因政治丑闻频发，改革举措难以回应民众需求，执政能力备受质疑，支持率一路走低。日本经济整体呈现复苏趋势，国内外市场需求释放，外需拉动明显，贸易赤字收窄，企业收益改善；但内需依然疲弱，民间消费和企业设备投资低迷，日元贬值、物价上涨致使企业生产与居民生活承压，经济增长内生动力不足，复苏前景不容乐观。与此同时，日本政府大力布局人工智能等新兴领域，日本社会努力适应新时代变革，但人口老龄化持续加剧，新生儿数量再创历史新低，整体人口规模缩减，对经济结构与社会发展造成深远影响。

## （一）政坛"逆风"不断，岸田政权滑向"危险水域"

2023 年，岸田仍掌控政局主导权，但其内阁支持率历经"过山车式"变化。上半年，岸田凭借打造亲民姿态及一系列外交动作，加之 4 月参加选举活动时遭遇刺杀未遂博取了同情分，内阁支持率趋于回升，在七国集团（G7）广岛峰会后为 50% 左右。然而，好景不长，5 月下旬，"逆风"骤起，政治局势急转直下，岸田亲信丑闻频出，改革举措遭差评，黑金丑闻给岸田政权

乃至自民党带来沉重打击。12 月，据日本共同社、《每日新闻》、《朝日新闻》调查结果，内阁支持率分别为 22.3%、16% 与 23%，创岸田自 2021 年执政以来的新低。[①]

岸田多措并举，全力提振内阁支持率。2022 年 7 月，自民党赢得参议院选举，此时外界普遍认为，岸田执政将迎来三年"黄金期"。民调结果也显示，岸田内阁支持率升至 59%，创执政以来新高。[②] 然而，前首相安倍晋三遇刺身亡意外引爆自民党勾连宗教团体"世界和平统一家庭联合会"（"统一教"）金权丑闻，导致多名政府官员及执政党高层辞职。岸田执意为安倍举行"国葬"、任用长子岸田翔太郎为首相秘书官引发舆论抨击，加之年底内阁会议通过新"安保三文件"、大幅提高防卫预算，引发民众对增税的担忧。2022 年 12 月，《每日新闻》《朝日新闻》调查显示，岸田内阁支持率分别下滑至 25%、31%。

2023 年 1 月，岸田在第 211 届例行国会发表施政演说，提出应对"少子化"难题的重要政策，以回应民众的现实需求；同时试图通过解释说明强化防卫能力及恢复核发电的必要性以取得民众的理解。与此同时，岸田在外交领域动作频频，不断刷取国际存在感。一是深化日美同盟，紧跟美国，加强与美欧的关系，缓和日韩关系。2023 年开年，岸田连轴访问 G7 的五个成员国——法国、意大利、英国、加拿大及美国，不仅实现上任以来首次访美，而且与英国首相苏纳克签署了有关双边防务与安全合作的《互惠准入协定》（RAA）。3 月，岸田秘密赴乌克兰首都基辅访问。另外，日韩领导人实现互访，时隔 12 年重启"穿梭外交"。二是迎合国内右翼保守势力，渲染地区紧张局势，炒作"中俄威胁论"，转移国内矛盾与民众关切。5 月，G7 广岛峰会期间，岸田邀请乌克兰总统泽连斯基与会，并促成峰会发表针对中俄的联合声明。岸田取得的外交成绩得到日本国内赞扬，民调结果显

① 《"黑金"丑闻持续发酵 岸田内阁不支持率创 70 多年来最高纪录》，新华网，2023 年 12 月 18 日，http://www.news.cn/world/2023-12/18/c_1212316691.htm [2024-01-30]。

② 朝日新聞「岸田内閣支持、発足以来最高 59% 朝日世論調査」、2022 年 5 月 23 日、https://www.asahi.com/articles/ASQ5Q6634Q5QUZPS005.html [2024-01-02]。

示，其内阁支持率大幅上升，似乎迎来解散众议院、提前大选、"变相延长首相任期"的重要时机。①

亲信丑闻频出，执政能力遭质疑。然而，G7广岛峰会后，岸田内阁支持率继续"跌跌不休"。其背景，一是个人数字身份卡制度改革引发民众对政府能力的质疑。作为数字化政策的关键一环，岸田内阁积极推行个人数字身份卡制度，但在推广过程中接连曝出绑定错误等严重问题，引发民众对个人信息外泄的不满，② 进而发展为对政府能力的强烈质疑。二是亲信丑闻引发舆论抨击。5月24日，日本媒体曝光岸田翔太郎呼朋唤友，在首相官邸组织私人聚会，尽管岸田随即公开道歉并令其辞去首相秘书官一职，但民调显示，岸田内阁支持率因此而下滑，曾提振民众支持率的"广岛峰会效应"被部分抵消。③ 此后，岸田亲信、内阁官房副长官木原诚二曝出丑闻，其妻涉嫌参与谋害前夫，而木原被指或干预了警方调查④，这一事件同样引发民众、在野党及媒体广泛抨击。三是迎合美欧要求，就性少数群体问题强推带有浓厚身份政治色彩的"LGBT理解增进法案"。5月12日，美国驻日大使伊曼纽尔等15名美欧国家驻日本使节发表联名视频信息，敦促日本就性少数群体问题立法。岸田指示自民党加快行动，于6月23日迅速通过了该法案，美欧干涉内政及岸田内阁快速跟进引发日本国内保守派的猛烈抨击。四是强推核污染水排海，引发广大民众质疑与反对。8月24日，日本不顾国内外反对呼声，启动福岛第一核电站核污染水排海，并于10月、11月进行了第二、三轮排放。尽管日本政府多方公关，试图减少国内外负面舆论，但其行径被认为损害了日本国家形象。共同社民调显示，认为核污染水排海会使日本形象

① 東洋経済「G7サミット閉幕「衆院解散ムード」急加速の裏側」、2023年5月25日、https://toyokeizai.net/articles/-/674802？page=2 ［2024-01-23］。
② 日本経済新聞「マイナンバー総点検、12日に最終結果　誤登録に防止策」、2023年12月12日、https://www.nikkei.com/article/DGXZQOUA021SE0S3A201C2000000/ ［2024-02-06］。
③ 日本経済新聞「首相、岸田翔太郎秘書官の更迭後手　「サミット効果」相殺」、2023年5月29日、https://www.nikkei.com/article/DGXZQOUA299HT0Z20C23A5000000/ ［2024-01-12］。
④ 《日本高官被曝干涉警方调查其妻涉嫌参与杀害前夫，本人称已起诉媒体》，环球网，2023年8月2日，https://world.huanqiu.com/article/4DxTYpXdpZy ［2024-01-30］。

在"很大程度"或"一定程度"上受损的受访者比例高达 88.1%，岸田内阁支持率持续下滑。多家媒体民调显示，8 月底，岸田内阁支持率维持或刷新了自岸田执政以来的最低水平。①

政策效果不佳、黑金丑闻发酵，重创岸田政权。鉴于政治形势严峻，岸田被迫打消解散众议院、提前大选的念头，同时多管齐下，重塑政府形象与信誉。首先，重组内阁和执政党高层。9 月 13 日，岸田正式公布改组内阁与自民党高层成员名单，其中，11 人首次入阁，女性阁僚数量创历史新高，达到 5 人，但内阁要员与自民党核心人物未变，副大臣及政务官共 54 人，均为男性。舆论认为，此次改组只是基于派系平衡的考量，重视女性参政只是在做表面文章。其次，岸田提出新经济政策但效果不佳，民众质疑岸田内阁缺乏抑制物价上涨的有效措施，未来反而将为增加防卫开支而实施增税。11 月 2 日，岸田内阁推出一项以"减税""福利"为核心的新经济政策，内容包括暂时性所得税减税、补助金发放、延长能源价格补助等，总规模达 17 万亿日元。但该政策甫一出台便遭差评，原因是减税和补贴覆盖面有限，对提振经济杯水车薪，而且为时已晚；另外，民众也看透了岸田此举意在拉高内阁支持率，而非真想纾解民困。共同社民调结果显示，民众对岸田政府新经济政策的反应普遍消极，40.4% 的被调查者指出减税是为了未来增税，20.6% 的被调查者表示"财政重建应该优先于经济措施"，19.3% 的被调查者认为这只是岸田内阁提振支持率的一种手段。②

行至年末，自民党黑金丑闻更是给岸田政权乃至自民党带来沉重一击。11 月，媒体曝出自民党黑金丑闻——多个派系特别是第一大派系安倍派（即"清和政策研究会"），被指向下属国会议员下达销售指标，要求其出售政治筹款集会入场券，超指标完成部分以资金回扣方式返还议员。这部分

---

① 《内阁支持率刷新低　岸田政权不得民心》，新华网，2023 年 8 月 31 日，http：//www. news. cn/2023-08/31/c_ 1129838450. htm［2024-03-03］。

② 「减税「評価せず」62%　内閣支持28%、最低更新　共同通信世論調査」、『産経新聞』2023 年 11 月 5 日、https：//www. sankei. com/article/20231105-WMBSJEGYUVMWBKJPPAHJ M4USKY/［2024-04-01］。

资金未按规定记入派系收支报告及议员政治资金收支报告，实际上成为不受监管的秘密资金。黑金丑闻引发日本各界对自民党的强烈质疑与批判，令岸田的处境越发艰难。共同社在 12 月进行的民调结果显示，岸田内阁支持率再创历史新低，为 22.3%，不支持率则高达 65.4%。77.2% 的被调查者认为自民党在应对黑金丑闻方面表现无能，75% 的被调查者认为岸田在处理丑闻时缺乏领导能力。① 而《每日新闻》民调显示，岸田内阁支持率仅剩 16%，不支持率已高达 79%，刷新自 1947 年启动此项民调以来的最高纪录。② 为挽回政治信誉，岸田率先解散自己所在的岸田派，借此施压其他派系；同时，迅速与安倍派切割，将该派阁僚、副大臣和政务官等清除出政府。但黑金丑闻从根本上动摇了岸田的执政基础，不仅民众要求岸田"下课"的呼声日益高涨，而且自民党内的离心倾向逐渐凸显。

### （二）经济运行一波三折，复苏前景仍不乐观

2023 年，随着疫情后经济社会活动的逐渐恢复，国内外市场需求释放，日本经济整体呈现复苏态势，贸易赤字收窄，企业收益改善，股票与房地产市场表现亮眼。但是，复苏的外需拉动效应明显，内需总体疲软，消费与企业投资相对低迷，经济运行"明暗相间"，起伏不定。日本名义国内生产总值（GDP）被德国超越，日本滑落为世界第四大经济体，复苏前景不容乐观。

整体呈现复苏趋势，但走势一波三折。根据 2024 年 2 月日本内阁府发布的《2023 年度日本经济报告》，以疫情前 2019 年第四季度为基点，尽管日本经济增速不如美国，但与欧洲各国相比，已然强劲复苏。③ 2023 年，日

---

① 「内閣支持続落、最低 22%　共同通信世論調査」、『日本経済新聞』2023 年 12 月 17 日、https：//www.nikkei.com/article/DGXZQOUA172680X11C23A2000000/［2024-01-31］。

② 「岸田内閣支持率 16%　不支持率 79%　毎日新聞世論調査」、『毎日新聞』2023 年 12 月 17 日、https：//mainichi.jp/articles/20231217/k00/00m/010/054000c［2024-02-12］。

③ 内閣府「2023 年度日本経済レポート―コロナ禍を乗り越え、経済の新たなステージへ―」、2024 年 2 月 13 日、https：//www5.cao.go.jp/keizai3/2023/0213nk/pdf/n23_5.pdf［2024-03-31］。

本实际 GDP 同比上涨 1.9%，名义 GDP 同比上涨 5.7%。与此同时，日本股市表现强劲。尽管日元持续贬值，但出于对日本经济复苏前景的预期，海外资金逆势流入，助力日本股价持续攀升。2023 年 12 月 29 日即日本股市全年最后一个交易日，日经平均指数报收 33464 日元，年内最高值为 7 月 3 日的 33753 日元，全年涨幅高达 7369 日元，创 1989 年以来最大涨幅。① 其他一些经济指标也表现亮眼。如在日元贬值等因素作用下，日本外贸出口额连续第三年增长，首次突破 100 万亿日元，贸易赤字相较于 2022 年大幅缩减 54.3%。② 随着日本取消入境限制，2023 年赴日游客数量恢复至疫情前 2019 年水平的八成左右，③ 赴日游客消费额达到 5.3 万亿日元，较 2019 年增加 10.2%，创历史新高。④

2023 年，日本经济走势呈现前高后低特点。上半年增长趋势良好，第一、二季度实际 GDP 分别环比增长 1.1% 与 1%，换算成年率为 4.4% 与 4%。根据内阁府公布的统计数据，第一季度至第四季度，日本实际 GDP 季节调整值分别为 556.9 万亿日元、562.6 万亿日元、558 万亿日元及 558.5 万亿日元，均超过疫情前 2019 年同期水平。但进入下半年，日本经济增长势头戛然而止，第三季度实际 GDP 环比下降 0.8%。尽管有大规模经济刺激政策推动与企业设备投资增加的拉动，第四季度实际 GDP 仅环比上涨 0.1%，按年率计算为 0.4%。

物价高企抵消涨薪效果，民间消费难以有效提振。自 2022 年 3 月起，美欧国家纷纷开启加息轨道，日本银行则始终坚守超宽松货币政策，日美利

① 「日経平均、2023 年の終値 3 万 3464 円　年間で7369 円高」、『日本経済新聞』2023 年 12 月 29 日、https://www.nikkei.com/article/DGXZQOUB291980Z21C23A2000000/［2024-02-27］。

② 「2023 年輸出額が過去最高、初の100 兆円超　赤字は半減」、『日本経済新聞』2024 年 1 月 24 日、https://www.nikkei.com/article/DGXZQOUA23BLQ0T20C24A1000000/［2024-01-30］。

③ トラベルボイス「訪日外国人数、2023 年は年間 2500 万人を突破、コロナ前の8 割、12 月は単月でコロナ後最多に（直近 10 年の推移グラフ付き）」、2024 年 1 月 17 日、https://www.travelvoice.jp/20240117-154950［2024-03-03］。

④ 国土交通省観光庁「訪日外国人消費動向調査　2023 年暦年調査結果（確報）の概要」、2024 年 3 月 29 日、https://www.mlit.go.jp/kankocho/content/001734815.pdf［2024-03-30］。

率差距不断扩大，日元大幅贬值，从 2022 年 3 月的 1 美元兑换 115 日元下降到 2023 年 11 月的 1 美元兑换 151 日元。在原材料价格上涨推升进口商品价格、疫情后需求增长叠加日元贬值影响下，日本国内商品与服务价格纷纷上涨。根据总务省统计数据，2023 年，日本去除生鲜食品后的核心消费者物价指数（Core CPI，以 2020 年为 100）为 105.2，同比上涨 3.1%，创受第二次石油危机冲击的 1982 年以来的历史新高。在被调查的 522 个商品种类中，455 种商品价格上涨，占比接近 90%。相比 2022 年，与民众生活密切相关的食品、家庭生活用品及交通与通信产品价格上涨成为拉动核心消费者物价指数增长的主要动力。受原材料及物流成本大幅上升的影响，去除生鲜部分的食品价格同比上涨 8.2%，为 1975 年以来最高同比增长率。岸田内阁采取了一系列抑制通货膨胀的措施，如向电力及燃气供应商提供补助金，在一定程度上抑制了电费与城市燃气费上涨。在此背景下，物价涨幅有所收窄，2023 年 12 月，核心消费者物价指数同比上涨 2.3%，为 2022 年下半年以来最低水平。不过，日本核心消费者物价指数至此已连续 28 个月上涨，连续 21 个月超过日本银行制定的 2% 的通胀目标。

就政策目标来看，通胀是实现"去通缩"目标的必经之路。但问题在于，日本的通胀主要是由进口产品价格上涨引发的成本驱动型通胀，而非工资增长支持下的可持续型通胀，因此具有明显的负外部性特征。特别是，尽管岸田内阁试图通过增加企业员工收入来提振消费，促进经济良性循环，劳动者名义工资也确实有所上涨，但物价高企导致实际工资降低，抵消了工资上涨效果，反而产生抑制民间消费的作用，不利于经济增长。根据厚生劳动省统计结果，2023 年，日本劳动者人均名义现金工资为 32.99 万日元，较上年增长 1.2%。其中，正式员工与兼职员工名义现金工资分别为 43.68 万日元与 10.46 万日元，均创历史新高。但由于名义工资增速低于物价增速，实际工资反而减少了，尽管 2023 年"春斗"促成了 3.58% 的工资增长，但是最核心的基本工资增幅仅为 2.12%，仍跑不赢通胀速度。2023 年，日本实际工资下降 2.5%，连续两年呈现下降趋势，实际工资指数（以 2020 年为 100）首次降至 100 以下，为 97.1，创下 1990

年以来的最低水平。①　其结果，如内阁府统计数据所显示的，2023 年第一季度至第四季度，日本实际民间消费支出分别环比增长 0.8%、-0.7%、-0.3% 与 -0.3%，即除第一季度外，实际民间消费支出均为负增长。民间消费占日本 GDP 的比重为 55% 左右，是经济增长的主要驱动力。面向未来，在保障物价温和上涨的前提下，有效提升实际工资进而促进消费增长是日本经济的当务之急。

企业收益普遍改善，但实际投资有待提升。2023 年，在日元贬值及国内外需求释放作用下，日本企业经营收入持续改善。根据日本财务省"法人企业统计调查"结果，2023 年第一季度至第四季度，除金融、保险行业之外，经过季节调整后的企业净利润分别为 24.58 万亿日元、26.98 万亿日元、26.85 万亿日元与 26.15 万亿日元，营业利润分别为 17.54 万亿日元、18.81 万亿日元、19.86 万亿日元与 19.94 万亿日元，均明显超过 2019 年同期水平。日本银行公布的全国企业短期经济观测调查结果显示，2023 年，大型企业及中小企业的"企业景气判断指数"（DI）均处于改善状态。②

但是，企业投资意愿的上升并未有效转化为实际投资。根据日本银行在 2023 年 12 月发布的"全国企业短期经济观测调查"结果，2023 年，企业设备投资计划额同比增长 12.8%，显现出较强的投资意愿。根据内阁府统计数据，2023 年第一季度，经季节调整后的日本企业实际设备投资环比增长 2.0%；但第二、三季度即陷入负增长，环比增速分别为 -1.4%、-0.1%；第四季度，尽管在电子零部件生产体系扩大及通信设备投资增加的拉动下环比增长 2.0%，但投资金额为 91.44 万亿日元，仍不及 2019 年第三季度的

---

①　「23 年の実質賃金 2.5% 減、2 年連続減　90 年以降で最低水準」、『日本経済新聞』2024 年 2 月 6 日、https://www.nikkei.com/article/DGXZQOUA053N20V00C24A2000000/［2024-03-09］。

②　日本銀行「短観」、2023 年 12 月 13 日、https://www.boj.or.jp/statistics/tk/index.htm［2024-03-22］。

93.77 万亿日元的水平。① 财务省"法人企业统计调查"显示，2023 年第四季度，日本石油、金属制品与生产用机械等制造业设备投资分别同比下降 11.7%、11%、8.3%，电力、服务业等非制造业设备投资分别同比下降 21.6%、0.9%。② 当前，日本产业升级转型步伐缓慢，科技创新能力有所下滑，国内消费市场萎靡，在此背景下，尽管企业收益持续上升，但大多滞留为企业内部留存或转变为对外直接投资，国内投资仍相对不足。企业设备投资是除消费之外日本经济增长的另一主要支撑，企业实际投资复苏缓慢必然加剧内需疲软，阻碍经济持续增长。

### （三）各领域"改革"持续加码，但综合效能有待观察

2023 年，岸田政府继续推进经济社会改革，将"新资本主义"改革作为推进经济社会可持续性、包容性发展的重要举措，鼓励科技创新与关键产业扶持、加速金融改革、推动家庭储蓄转化为投资、应对"少子老龄化"问题等。但在国内外错综复杂的政治经济环境下，改革成效尚需时间检验。

出生率下降速度远超预期，"异次元少子化对策"成为施政重点。日本厚生劳动省统计数据显示，2023 年，日本新生儿数量连续 8 年减少，为 75.8631 万人，创有记录以来的最低水平，同比减少 5.1%。日本出生率下降速度比政府机构预期快了 10 年左右。③ 此外，2023 年，结婚人数自战后以来首次跌破 50 万对，创历史新低；总人口连续 17 年减少，减幅创历史新高。④ 从年龄结构看，65 岁及以上人口占总人口的比例再创历史新高，老龄

---

① 内閣府「2023 年 10～12 月期四半期別 GDP 速報（2 次速報値）」、2024 年 3 月 11 日、https://www.esri.cao.go.jp/jp/sna/data/data_list/sokuhou/gaiyou/pdf/main_1.pdf［2024-04-04］。

② 財務省「四半期別法人企業統計調査（令和 5 年 10～12 月期）」、2024 年 3 月 4 日、https://www.mof.go.jp/pri/reference/ssc/results/r5.10-12.pdf［2024-04-09］。

③ 「想定より早く進む少子化、昨年の出生数は 8 年連続で過去最少…婚姻 90 年ぶりに 50 万組割れ」、『読売新聞』2024 年 2 月 27 日、https://www.yomiuri.co.jp/politics/20240227-OYT1T50153/［2024-04-05］。

④ 厚生労働省「人口動態統計速報（令和 5 年（2023）12 月分）」、2024 年 2 月 27 日、https://www.mhlw.go.jp/toukei/saikin/hw/jinkou/geppo/s2023/dl/202312h.pdf［2024-03-31］。

化逐渐深化，向"深度老龄化"发展。为此，岸田在第 211 届例行国会施政演说中，承诺建立一个"以儿童为本的经济社会"，指出日本"正处于能否维持其社会功能的边缘"，在考虑经济社会发展的可持续性、包容性方面，最重要的政策就是儿童与育儿支持政策。

6 月 13 日，日本政府正式推出"异次元少子化对策"具体措施——"儿童未来战略方针"，并制订未来三年予以实施的"加速化计划"。主要举措包括取消发放儿童补贴的收入限制、增加儿童补贴金额；将分娩费用纳入保险适用范围；加强对抚养子女家庭的住房支援；改善保育员配置标准等。① 岸田内阁为此决定在未来三年每年投入 3.5 万亿日元，并且不以加税方式筹集财源。但鉴于"少子老龄化"问题持续加剧，而社会保障支出目前已接近财政预算的 1/3，加之防卫费大幅增加，财政赤字缺口不断扩大，国债发行额势必不断攀升，日本财政日益面临可持续性危机，无论哪种筹资方案，最终都将不可避免地增加企业和国民的负担。

货币政策寻求转向，以"资产运用立国"加速金融变革。鉴于维持超宽松货币政策的副作用不断凸显，日本银行开始向市场谨慎传递政策转向预期。2023 年，日本超宽松货币政策面临是否回归"正常化"的十字路口。一方面，日本长期保持超宽松货币政策导致市场机制扭曲、副作用凸显，在美国数次加息背景下，日本超宽松货币政策导致日元持续贬值，通胀高企加重企业与民众负担；另一方面，尽管日本经济整体复苏，但走势并不平稳，能否走出通缩仍存变数。有鉴于此，日本在保持货币政策宽松取向的同时，采取了渐进式调整策略。7 月，日本银行决定调整收益率曲线控制政策，将长期利率上限提升至 0.5%，并将其允许的波动范围扩大至 1%；② 10 月，日本银行宣布实施更灵活的收益率曲线控制政策，将长期利率上限提升至 1%。③ 日本银

① 内阁官房「「こども未来戦略方針」案」、2023 年 6 月 13 日、https：//www.cas.go.jp/jp/seisaku/kodomo_ mirai/dai6/siryou1.pdf［2024-03-30］。

② 「日銀、金利操作を修正　長期金利 0.5%超え容認」、『日本経済新聞』2023 年 7 月 28 日、https：//www.nikkei.com/article/DGXZQOUB281VB0Y3A720C2000000 ［2024-03-21］。

③ 「日銀、金利操作の再修正を決定　長期金利 1%超え容認」、『日本経済新聞』2023 年 10 月 31 日、https：//www.nikkei.com/article/DGXZQOUB310DR0R31C23A0000000 ［2024-03-21］。

行不断放宽收益率曲线控制边际，意味着日本货币政策将逐步趋于正常化，退出超宽松货币政策只是时间问题。

与此同时，岸田内阁继续推动金融市场变革，重视推进"资产所得倍增计划"，首次提出"资产运用立国"方针，寻求提升国际金融中心地位，将日本打造成国际化投资管理高地及资本青睐的投资目的地。为促进家庭储蓄用于投资、推动日本向"投资国"转变，2023 年 6 月，《2023 年经济财政运营和改革基本方针》明确提出"资产运用立国"。12 月，日本政府公布《资产运用立国实现计划》，主要措施包括：通过创立"资产运用特区"等吸引海外资产管理企业赴日发展，提升国内相关企业竞争力；完善面向个人投资者的税制优惠制度（NISA）等，推动家庭储蓄向投资转化；提升本土资产管理企业运营能力，增加养老金投资等。尽管岸田内阁试图通过强化资产管理推进金融领域改革，措施较以往更为具体，但仍面临诸多困难：日本国内资产管理企业运营能力较低，与国际顶级投资企业存在明显的差距；日企养老金资产规模小、结构复杂，厘清与整合难度极大。① 2023 年，日本家庭金融资产超过 2000 万亿日元，其中一半以上为现金与存款，如果能将其转化为投资，就将有效拉动经济增长，但日本国内金融获利空间狭窄，很难激发居民的投资动力。

加大支持前沿科技与关键产业力度，但"泛安全化"政策取向阻碍国际合作。重视科技创新、扶植关键产业是岸田"新资本主义"政策的重要组成部分。一是在量子技术方面，2023 年 4 月，日本提出"量子未来产业创出战略"，出台实现量子技术实用化、产业化具体举措。② 二是在人工智能（AI）方面，日本积极布局 AI 领域，如利用 G7 轮值主席国身份协调各方，开启"广岛 AI 进程"以图引领 AI 国际规则制定。三是在半导体产业方面，日本政府自 2021 年起重点关注半导体产业政策，并通过大幅增加产

---

① 《【财经分析】日本欲"放大招"打造资管强国和投资高地》，新华财经，2023 年 10 月 29 日，https：//www.cnfin.com/yw-lb/detail/20231029/3955988_1.html［2024-03-23］。
② 内閣府「量子未来産業創出戦略」，2023 年 4 月 14 日、https：//www8.cao.go.jp/cstp/ryoshigijutsu/230414_mirai_gaiyo.pdf［2024-02-10］。

业补贴、持续改善营商环境吸引国内外企业在日投资，截至 2023 年底已累计划拨 2 万多亿日元。补贴政策同时覆盖国内外企业，支持其在日本扩充产能。另外，2023 年，日本政府发布"为实现绿色转型基本方针"，加快推进绿色转型，并推出相关政策予以支持。

但是，日本不断强化经济安保措施，收紧技术设备出口管制。2023 年 4 月，岸田内阁提出"特定社会基础任务基本方针"，要求能源供给、信息通信等产业领域企业在引入"特定重要设备"时接受官方审查；5 月正式推出"专利非公开制度"。在强化半导体制造设备出口管制方面，5 月 23 日，经济产业省正式宣布修订《外汇与外贸法》，将用于先进芯片制造的六大类 23 个类别设备列入管制出口项目清单，并于 7 月 23 日正式实行。尽管该措施并未指明针对中国，但是，如果相关设备和技术的出口目的地为中国，则需申请针对向具体最终用户出口的"特定概括出口许可证"，而申请流程更为复杂、严格，这实际上强化了对华出口管制。展望未来，日本很可能尽快实现 AI 技术监管立法，以期在全球 AI 治理体系中增加主导权。日本过度强化经济安保举措，将不可避免地阻碍其对外合作。

## 二 推行"新时代现实主义外交"，持续扩展国际影响力

2023 年，日本积极落实新"安保三文件"，着力更新及强化各领域政策，国际战略活跃度持续提升。4 月 28 日，岸田政府以内阁决议形式推出《第四期海洋基本计划》，强调为应对战后以来最严峻的周边海空安全环境，日本需要在"综合的海洋安全"及"可持续的海洋发展构建"等方针指引下加强对日本海洋权益的保护。① 6 月 9 日，日本以内阁决议形式发布新版《开发合作大纲》，提出对外援助要服务于"自由开放的印太战略"。此前，4 月 5 日，日本国家安全保障会议决定创设"政府安全保障能力强化支援"

---

① 内閣府「第 4 期海洋基本计画の策定について」、2023 年 5 月 26 日、https：//www.cao.go.jp/press/new_ wave/20230526.html［2024-03-23］。

（OSA）制度，以在官方发展援助之外，为"志同道合国家"提供军事援助。2023 年，日本在加速自身外交安全战略转型的基础上，进一步推进日美军事一体化；协助美国拓展同盟网络，构建"日美+X"小多边机制，加强同北约战略协调与合作；渲染地区紧张局势，提升东南亚在对外战略中的定位；泛化安全概念，调整区域供应链。

## （一）周边关系错综复杂，东南亚战略定位进一步提升

2023 年，日本追随美欧持续加大对俄罗斯的制裁力度，日俄关系陷入僵局。在美国的地区战略推动下，日韩关系加速回暖，但日朝关系持续紧张。日本将东南亚作为周边外交重点发力方向，综合经贸投资、供应链合作及军事援助等手段，全面强化地区影响力。

日俄关系持续紧张，陷入制裁、反制裁僵局，在短期内难见改善突破口。2023 年伊始，日本政府即以内阁决议形式对俄追加制裁。1 月 27 日，日本决定对俄罗斯 36 名政府官员和 3 个团体的资产进行冻结，并且禁止向俄飞机修理厂等出口机器人等 40 种商品和 17 项技术。[①] G7 广岛峰会期间，日本强调将扩大对俄制裁范围。8 月 9 日，日本跟随美欧各国扩大对俄禁运商品范围，包括禁止向俄出口二手汽车。[②] 随着俄乌局势的发展，12 月 15 日，岸田内阁再次对俄追加制裁。此次制裁主要针对帮助俄规避日本制裁的第三国组织，阿联酋、叙利亚的一些机构被列入制裁名单。[③] 针对日本对俄制裁不断加码，俄罗斯在多个领域予以回击。6 月 25 日，普京总统签署法令，将 9 月 3 日从此前命名的"第二次世界大战结束日"改为"对日本军国主义战争胜利纪念日暨第二次世界大战结束日"。7 月 4 日，俄副总理特

---

[①] 「政府ロシアへ追加制裁措置　資産凍結対象に新たに36 人と3 団体」、NHK、2023 年 1 月 27 日、https：//www3. nhk. or. jp/news/html/20230127/k10013962601000. html［2024-03-23］。

[②] JETRO「日本政府は輸出禁止措置を拡大、中古車も輸出禁止に」、2023 年 8 月 14 日、https：//www. jetro. go. jp/biznews/2023/08/8c5092b1dbf5d269. html［2024-03-23］。

[③] 「日本政府、資産凍結を追加　対ロシア制裁35 人・44 団体」、『日本経済新聞』2023 年 12 月 15 日、https：//www. nikkei. com/article/DGXZQOUA159DR0V11C23A2000000/［2024-03-23］。

鲁特涅夫登上南千岛群岛（日本称"北方四岛"）的伊图鲁普岛，即日俄争议岛屿中日方所称的择捉岛，引发日方强烈不满。8月5日，俄指责日本2023年版《防卫白皮书》将俄视为"欧洲方面最重大、最直接的威胁"充满"伪善"，指出日本隐藏了"军国主义日本"在战时是纳粹德国同盟国这一"不容忽视的历史真相"，岸田政权大幅增加防卫费将"直接给东北亚和亚太地区的和平与稳定带来现实危险"。2023年，制裁与反制裁在一定程度上成为日俄关系的写照，作为"西方一员"，日本对乌克兰及对俄政策与美欧保持同步。从这一角度看，只要俄乌冲突不结束，那么日俄关系就很难得到改善。

日本与朝鲜半岛关系"南热北冷"，反差强烈。一方面，日韩关系快速修复，两国政府间各层级交流频密。尤其是，2023年，日韩领导人在时隔12年后实现互访。3月16日，韩国总统尹锡悦访问日本，标志着日韩关系开始走上正轨。访日期间，尹锡悦与岸田举行会谈，双方确认在安全及人文领域加强交流协作，并就重启两国首脑互访达成一致。① 5月7日，岸田访问韩国。此次访问是对尹锡悦访日的回访，显示出岸田政权对日韩关系的重视。上一次日本首相访韩要追溯到2011年，即民主党执政时期野田佳彦首相的韩国之行。同时，日韩领导人频频利用国际场合开展双边及多边会谈。5月21日，岸田与参加G7广岛峰会的尹锡悦举行会谈；7月12日，日韩领导人在出席北约峰会期间举行会谈；8月18日，日韩领导人在美国戴维营参加美日韩三国峰会。日韩关系的快速修复离不开两国领导人个人因素，同时，美国作为日韩的共同盟友，更是发挥了"幕后推手"的关键作用。

另一方面，日朝对立加剧，导致半岛上空战争阴云笼罩。2022年俄乌冲突爆发后，朝鲜与美日韩关系随之更加紧张。以朝鲜接连进行导弹试射为由，2023年3月美日、10月美日韩先后在半岛周边举行针对朝鲜的高强度

① 外务省「日韩首脑会谈令和5年3月16日」、2023年3月16日、https：//www.mofa.go.jp/mofaj/a_o/na/kr/page1_001529.html［2024-03-23］。

联合军事演习，出动了 B-1B 战略轰炸机、F-15J 战斗机、F-16 战斗机和宙斯盾驱逐舰等重量级装备。共同社称，这一连串联合军演的目的就是"牵制朝鲜发射导弹"。而且，基于美日韩领导人戴维营会晤达成的"成果文件"，三国将推进制订未来多年的年度演习计划，扩大三方联演规模，提升联演层级。与此同时，在紧张对抗气氛的背后，日朝双方开始以"水面下"方式相互接触与试探，为两国关系改善寻找积极因素。据日本媒体报道，2023 年 3 月和 5 月，日朝两国官员在东南亚举行了两次秘密会谈。① 尽管双方在"绑架人质事件"以及"朝俄接近"等议题上分歧明显，但双方均表示愿意保持接触。特别是岸田多次在公开场合向朝方喊话，欲推动日朝领导人会谈及签署高级别协议。② 9 月 20 日，岸田在联合国大会发表讲话时再次强调，日本愿意与朝鲜实现关系正常化，并准备"随时、无条件地亲自"与朝方举行会晤。不过，日朝分歧和对立冰冻三尺，并且受制于美国对朝政策，不可能仅靠几次接触实现"破冰"。

日本与东南亚关系日趋深化，合作向安全、供应链等领域迅速扩展。首先，日本尤为重视对东南亚首脑外交。2023 年是日本与东盟"友好合作 50 周年"，日本借此契机积极强化与东南亚各国交往合作。岸田全年与越南领导人举行了三次会见。其中 5 月 21 日，岸田邀请越南领导人出席 G7 广岛峰会，其间双方举行会谈，确认提升两国关系层级，强化在经贸投资及人文交流领域的合作。③ 日菲合作紧密推进。2 月 9 日，菲律宾总统马科斯在访日期间与岸田举行会谈，双方发表联合声明，表示将强化在经贸、海上安全以及人文交流等领域的合作。④ 日本与印尼的交流合作也得到巩固和发展。利用 G7 广

---

① 「日朝、東南アジアで今春に 2 回秘密接触　高官の平壌派遣も一時検討」、『朝日新聞』2023 年 9 月 29 日、https：//www.asahi.com/articles/ASR9X6KR7R9XUTFK019.html［2024-03-23］。

② JIJI.COM『政府、北朝鮮の変化探る　「ハイレベル協議」岸田首相意欲』、2023 年 6 月 11 日、https：//www.jiji.com/jc/article？k=2023061000333&g=pol［2024-03-23］。

③ 外務省「日・ベトナム首脳会談」、2023 年 5 月 21 日、https：//www.mofa.go.jp/mofaj/s_sa/sea1/vn/page1_001715.html［2024-03-23］。

④ 外務省「日・フィリピン共同声明」、2023 年 2 月 9 日、https：//www.mofa.go.jp/mofaj/files/100457146.pdf［2024-03-23］。

岛峰会主办国身份之便，日本邀请印尼等 8 国领导人参加 G7 广岛峰会。12 月
17 日，为庆祝"友好合作 50 周年"，日本-东盟特别峰会在东京召开，议题广
泛，涉及安全、供应链、能源、太空、人工智能、气候变化等多个领域的合
作。岸田特别提出，日本将与东盟共同建立一个"以自由开放原则为基础"
的"印太"地区。

其次，安全防务领域的合作日益深化。2023 年，日本通过创设 OSA 将
对外军事援助制度化，而东南亚国家成为主要援助对象。斐济、马来西亚、
孟加拉国及菲律宾成为首批援助对象国，援助内容包括向上述国家提供警备
艇、海岸监视雷达，从而提升其海上安全能力。[①] 同时，与南海争端当事方
开展防务合作、出口防卫装备以及帮助其培训海上武装力量，继续成为日本
与东南亚国家合作的重点。2 月 26 日，日本海上自卫队邀请菲律宾海军赴
日本参加海军舰艇维修整备培训；5 月 15 日，日本海上自卫队派员赴越南
开展水中哑弹处置培训；11 月 2 日，日本向菲律宾交付警戒监视雷达系统，
这是自 2014 年日本政府将"武器出口三原则"改为"防卫装备转移三原
则"以来首次出口防卫装备。

最后，东南亚成为日本重建供应链的重要区域。进入 21 世纪以来，日
本政府一直试图推行"中国+1"策略，鼓励日本企业将生产线转移到东南
亚及印度等地区。随着地缘政治风险上升、新冠疫情发生以及大国博弈的长
期化，重整供应链以降低对华依赖程度对日本显得尤为迫切。2023 年，日
本持续加快在越南、菲律宾等国开展稀土等关键矿产领域的供应链重建工
作，东南亚成为日本重建供应链战略的重要一环。

（二）加强日欧合作，深化与北约战略协调

2023 年，日欧合作进一步深化，日本与北约之间的联系更为紧密，双
方在军事安全领域的合作呈现快速推进势头。尤其是日本利用 G7 广岛峰

① 外务省「政府安全保障能力强化支援（OSA）实施案件」、2023 年 12 月 18 日、https：//
www.mofa.go.jp/mofaj/fp/ipc/page22_004170.html［2024-03-23］。

会、北约峰会等多边场合，进一步加强与欧洲主要国家间的关系。

高层对话日益频密。2023 年伊始，日本首相即开启了访问法国、意大利、英国、加拿大及美国行程。1 月 9 日，岸田与法国总统马克龙举行会谈，双方强调将在新路线图下进一步深化关系，岸田表示："欧洲与'印太'的安保是不可分割的，日法应强化双方交往及推进两国部队间的联合演练，实质性推动两国合作。"① 1 月 10 日，日意领导人举行会谈，双方对日意英联合开发战斗机表示欢迎，强调希望推进两国在铁路、宇宙太空等领域的合作，并将两国关系提升为战略伙伴关系。② 1 月 11 日，岸田与英国首相苏纳克举行会谈，双方正式签署 RAA，英国成为继澳大利亚后第二个与日本签订该协定的国家。在 5 月 G7 广岛峰会期间，岸田分别与法国、英国、意大利等欧洲国家领导人举行双边会谈。

防务安全领域合作深化。深化防务领域合作是日本积极靠拢欧洲的重要目标之一。2023 年，日本与欧洲主要国家间的安全合作进一步深化，双方积极探索合作的机制化建设，同时扩大合作范围。一方面，日本分别与英、法等国持续通过防长与外长的"2+2"合作机制深化双方在防务、外交领域的合作；另一方面积极推进共同演练及防务部门领导人互访。2023 年 3 月，德国国防部长时隔 16 年访问日本，双方就强化在"印太"地区的共同演练及防务交流达成共识。同时，日本与北约的交流也日益密切。1 月 31 日，北约秘书长访问日本，在与岸田会见后，双方发表联合声明，表示"为了实现自由开放的印太需要进一步强化日本与北约间的合作。"③ 7 月 12 日，岸田受邀出席北约峰会。7 月 13 日，岸田出席第 29 届日欧首脑峰会，表示"在国际社会处于历史性变革之际，日本与欧洲应进一步强化在海上安全及

---

① 外務省「日仏首脳夕食会及び会談」、2023 年 1 月 9 日、https：//www.mofa.go.jp/mofaj/erp/we/fr/page4_005745.html［2024-03-23］。
② 外務省「日伊首脑会談及びワーキング・ランチ」、2023 年 1 月 10 日、https：//www.mofa.go.jp/mofaj/erp/we/it/page4_005746.html［2024-03-23］。
③ 外務省「岸田総理とストルテンベルグNATO 事務総長との会談」、2023 年 1 月 31 日、https：//www.mofa.go.jp/mofaj/erp/ep/page6_000806.html［2024-03-23］。

联合演习等领域的合作，希望能建立日欧间新的战略对话机制"①。

探索加强在新兴领域的合作。随着日欧关系的持续深入，双方越来越不满足于现有的经贸、安全领域的合作。鉴于 AI、宇宙太空等领域在国际政治中的影响力日益提升，日本希望强化日欧在太空、网络安全及 AI 领域的合作。尤其在推动与北约合作过程中，日本日益重视强化与北约在网络安全领域的合作。2023 年 11 月 24 日，日本与北约举行首届网络安全对话，双方围绕当前网络安全形势深入交换意见，并就进一步加强在网络安全领域的合作达成共识。

### （三）升级日美同盟，强化供应链合作

2023 年，日美两国领导人互动频繁，政府间各层级交流密切，同盟关系得到进一步巩固，经济领域的合作也稳步推进。1 月 14 日，日美外长、经济部长的经济版"2+2 会议"首次磋商在华盛顿举行。尤其值得注意的是，日美在打造"强韧供应链"以及在关键矿产供应链合作方面进展迅速。3 月 28 日，日美达成一项涵盖与电动车电池生产相关的《关键矿产协定》，明确将加强合作。

领导人频繁会面，稳固同盟关系。1 月 13 日，岸田在结束访问欧洲及加拿大的行程后开启对美国的访问。新年初始出访欧美国家，显示出岸田外交对欧美等传统盟友国家的重视。岸田访美期间与拜登举行会谈，拜登全面支持日本提升"反击能力"并希望两国能够在安全领域强化合作，进一步提升威慑力。5 月 18 日，岸田与出席 G7 广岛峰会的拜登举行会谈，双方认为"日美同盟是印太地区和平与稳定的基石，日美应该在包括经济在内的所有领域构建复合型合作关系"②。11 月 16 日，岸田在出席亚太经合组织（APEC）旧金山峰会期间与拜登举行会谈，双方就全球形势深入交换意见，

---

① 外務省「第 29 回日·EU 定期首脳協議」、2023 年 7 月 13 日、https：//www. mofa. go. jp/mofaj/erp/ep/page6_ 000889. html［2024-03-23］。

② 外務省「日米首脳会談」、2023 年 5 月 18 日、https：//www. mofa. go. jp/mofaj/na/na1/us/page4_ 005887. html［2024-03-23］。

并表示将进一步强化日美同盟关系。日美领导人频繁会见不仅对外展示了"稳固的日美同盟关系",也拉近了两国领导人的个人关系。

联合军事行动更具针对性。2023 年,日美军事交流更为频繁,更具针对性。一方面,两国防务部门间的沟通日趋制度化,各层级防务官员之间保持频密的交流合作;另一方面,两国各军种间联合演练的范围持续扩大,内容不断增加,军事合作持续深化。1 月 12 日,日美外长与防长的"2+2 会议"在华盛顿举行,决定要持续整合两国国家安全战略的愿景目标及优先事项,提升同盟威慑力。美方强调依据《日美安保条约》向日本提供包括核武器在内的安全保护。① 6 月 26 日,日美举行延伸威慑对话(EDD),双方就延伸威慑、情报共享及应对敌方导弹威胁等议题展开讨论。11 月 10~20 日,日本海上自卫队在菲律宾海举行自 1954 年以来规模最大的年度军事演习。美国、澳大利亚、加拿大海军受邀参加,菲律宾海军也首次以观察员身份参加。此次演习中,美日共出动军舰 25 艘、飞机 30 架,演习主要内容为提升日美各级指挥官的部队指挥、海上作战任务的执行能力等。② 整体而言,2023 年,日美联合军演内容多、范围广,更具针对性,不仅包含传统军事防务范畴的联合训练、演习,还包括运送海外日本人及防灾、救灾演练,以及网络安全、电磁、太空等跨领域的协同作战演练。频繁紧密的机制性沟通及联合训练,为日美军事一体化及同盟升级创造了条件。

加强供应链协作,完善供应链体系。2023 年,日美在完善供应链体系方面积极协作,不断取得进展。3 月 28 日,日美两国代表在华盛顿签署《关键矿产协定》③。该协定主要涉及电动汽车电池原材料,其签署表面上是为加强日美在电动汽车电池供应链方面的合作,实则是通过日美联合控制锂、镍、钴等原材料限制中国的新能源产业尤其是电动汽车产业发展,从源

① 防衛省「日米安全保障協議委員会(日米「2+2」)共同発表」、2023 年 1 月 12 日、https://www.mod.go.jp/j/approach/anpo/2023/0112a_usa-j.html［2024-03-23］。
② 海上自衛隊「令和 5 年度海上自衛隊演習(実動演習(共同演習))」、2023 年 11 月 10 日、https://www.mod.go.jp/msdf/operation/training/05g/［2024-03-23］。
③ 外務省「日米重要鉱物サプライチェーン強化協定の署名」、2023 年 3 月 28 日、https://www.mofa.go.jp/mofaj/press/release/press1_001391.html［2024-03-23］。

头上削弱中国的技术、产业竞争力。11 月 14 日，日美两国外长、经济部长在美国举行经济版的"2+2 会议"，会后发表的联合声明表示，日美"将构建制定供应链战略的机制，打造透明、强韧及可持续发展的供应链"①。双方还表示将强化在 AI、量子技术、半导体及 5G 等领域的合作；推动官民协同，推进供应链战略的协调。随着中美博弈持续推进，美国在经济、科技等领域对华"脱钩断链"的力度不断加大，日本作为美国在亚太地区的主要盟友，加之在汽车、半导体等领域与中国竞争日盛，在供应链领域配合美国强化对华打压将是大概率事件。

### （四）深化与印澳关系，加速打造"日美+X"小多边合作机制

2023 年，日印、日澳合作持续深化。日本在积极深化与印度、澳大利亚双边关系的基础上，依托日美同盟加速打造"日美+X"小多边合作机制，推动日美同盟结构加速从轴辐结构向网格结构发展。

日印两国在政治、外交及经济领域的合作稳步推进，在地缘安全领域的协同进一步增强。3 月 19 日，岸田对印度进行访问，并与印度总理莫迪举行会谈，双方确认将利用分别担任 G7 峰会和 G20 峰会主办国的机会深化合作，共同推动日印"特别战略性全球伙伴关系"发展。同时，两国领导人就加强日印经贸及人文交流达成多项共识，并将 2023 年设定为日印"观光交流年"，希望加强两国民间人文交流，推动双边关系进一步发展。5 月 20日，岸田与出席 G7 广岛峰会的莫迪举行会谈，双方再次强调打造"自由开放的印太"的重要性，并希望两国能在更多领域加强合作。

日澳"准同盟"关系进一步发展，双方在政治、经济及地缘安全领域的合作持续深化。3 月 14 日，日澳两国领导人举行电话会谈，就"美英澳三边安全伙伴关系"（AUKUS）的作用及强化日澳与美英等国合作达成共识。5 月 21 日，岸田与出席 G7 广岛峰会的澳大利亚总理举行会谈，双方就

① 外務省「日米経済政策協議委員会（経済版「2+2」）第 2 回閣僚会合」、2023 年 11 月 14 日、https：//www.mofa.go.jp/mofaj/na/na2/us/page4_ 006063. html［2024-03-23］。

强化日澳在战略及安全领域的合作达成共识。11 月 17 日，日澳领导人在 APEC 旧金山峰会期间举行会谈，双方表示在当前国际形势日趋复杂的背景下，两国作为"印太"地区的核心国家应加强合作，同时应强化对太平洋岛国的援助。① 仅从日澳领导人会谈的频率即可看出，2023 年，两国在地区安全等领域展开了全方位的合作，两国关系正走向名副其实的"准同盟"关系。

"日美+X"加速升级，小多边机制全面推进。2023 年，美日印澳"四边机制"（QUAD）持续推进，在日本外交安全战略中的地位上升；同时，日美韩、日美澳、日美菲等以日美为核心的小多边机制加速形成。首先，QUAD 持续强化。5 月 20 日，美日印澳四国领导人在日本举行会谈，会后发表多份成果②，展示四国将在地区安全、供应链保障、网络安全及新兴技术领域强化合作的决心。9 月 22 日，四国外长在纽约举行会议，再次确认要努力实现"强韧、自由且开放的印太"。四国外长讨论了当前地缘安全热点问题，强调需加强在供应链、网络安全、新兴技术等领域的合作。会上，日本外相向其他三国外长解释了日本在排放核污染水问题上的基本立场。其次，美日韩合作全面提速。8 月 18 日，美日韩三国领导人在美国戴维营举行会谈，会后发表了三份文件——《戴维营精神》、《戴维营原则》以及《协商约定》，这标志着美日韩三边合作进入新阶段。三国领导人同意每年举行一次领导人、外长、防长、国家安全顾问以及财长之间的三边会议，这显示三国将通过强化三边机制来弥补日韩双边合作的不足。美日韩三边合作提速升级不仅对东北亚地区安全格局造成冲击，同时将加重中国周边地缘压力。此外，美日菲合作呈现机制化发展趋势。菲律宾总统马科斯 2022 年上台后一改杜特尔特时期的南海政策，不断采取激化地区安全局势的挑衅举动。2023 年 7 月 14 日，美日菲在东盟系列会议期间举行首次外长会谈，就加强在海洋安全等领域的合作达成共识。9 月 6 日，岸田与马科斯及美国副

---

① 外務省「日豪首脳会談」、2023 年 11 月 17 日、https：//www.mofa.go.jp/mofaj/a_ o/ocn/au/page5_ 000496.html［2024-03-23］。

② 外務省「日米豪印首脳会合」、2023 年 5 月 20 日、https：//www.mofa.go.jp/mofaj/fp/nsp/page1_ 001702.html［2024-03-23］。

总统哈里斯在参加东盟首脑会议期间举行会谈，就南海局势交换意见，强调需进一步加强三方合作。从当前南海局势的发展以及美日菲三国合作进程看，未来三国极可能结成类似美日韩的三边安全合作机制，成为美国介入南海以及亚太地缘安全议题的战略工具。

## 三 中日关系低位徘徊，双方努力"危"中寻"机"

2023 年，中日关系整体处于低位徘徊状态，未能借《中日和平友好条约》缔结 45 周年契机实现重大突破。中日间固有的结构性矛盾未得到解决，相反在日方将中国定位为"迄今为止最大的战略挑战"的背景下，呈现持续发酵趋势。日本核污染水排海更是给中日关系增添了新的矛盾点。2024 年，中日关系何去何从，取决于各方面因素综合作用的结果。

### （一）新旧矛盾叠加，中日关系面临多重挑战

2023 年是日本"落实新'安保三文件'元年"，也是其国家战略加速转型之年。同时，日本积极介入台海问题，持续采取危险性动作，加之两国围绕钓鱼岛争端的分歧与对抗持续升级，中日关系在 2023 年止步不前。

结构性矛盾持续发酵是影响中日关系稳定发展的重要因素。一是日本新版《国家安全保障战略》将中国定位为"迄今为止最大的战略挑战"。二是日本积极介入台海问题，制造紧张局势。三是日本政府怂恿、纵容国内右翼势力冲闯钓鱼岛领海。

2023 年，日本不顾国内外广泛质疑和强烈反对，强行实施核污染水排海，为中日关系再添新阻碍。2023 年 8 月 24 日，日本政府正式启动福岛核污染水排海，截至年底共进行了三轮排放，累计排放量超过 2.3 万吨。[①] 根

---

① 「ALPS 处理水海洋放出の状况について」、东京电力ホールディングス株式会社、2024 年 1 月 30 日、https：//www.meti.go.jp/earthquake/nuclear/osensuitaisaku/committtee/osensuisyori/2024/27_03.pdf［2024-02-05］。

据东京电力公司发布的排放计划，2024 财年（2024 年 4 月 1 日至 2025 年 3 月 31 日）将进行 7 次核污染水排放，预计将排放 5.46 万吨核污染水。① 日本为一己私利，强行将核污染水排放入海，不仅严重损害太平洋沿岸国家的海洋资源安全，也与联合国可持续发展目标背道而驰。

### （二）两国领导人多次会面，政府各部门保持对话沟通

尽管面临重重困难，2023 年，中日领导人利用国际会议场合举行会晤，重申构建"战略互惠关系"，为两国关系实现健康发展指明了方向。两国政府利用《中日和平友好条约》缔结 45 周年契机，开展各层级对话互动，努力推动中日关系稳定和改善。

领导人会晤为中日关系改善发展提供关键政治引领。9 月 6 日，李强总理在雅加达出席东亚合作领导人系列会议期间，应约同岸田首相简短交谈。李强总理在交谈及会议发言中就日本福岛核污染水排海问题阐明了中方立场，表示核污染水处置关乎全球海洋生态环境、民众健康和子孙后代利益，日方应该忠实履行自己的国际义务，同邻国等利益攸关方充分协商，以负责任方式处置核污染水。希望日方同中方相向而行，以史为鉴，面向未来，以《中日和平友好条约》缔结 45 周年为契机，推动两国关系改善和发展。② 岸田也在交谈中就日方对福岛核电站"废水"排放的立场进行了说明。10 月 23 日，李强总理同岸田就《中日和平友好条约》缔结 45 周年互致贺电。11 月 16 日，习近平主席在出席 APEC 旧金山峰会期间会见岸田，两国领导人围绕两国关系战略性、方向性问题深入交换意见，达成了不少重要共识。③

---

① 「ALPS 処理水海洋放出の放出計画について」、東京電力ホールディングス株式会社、2024 年 4 月 10 日、https：//www.tepco.co.jp/decommission/visual/leaflet/pdf/kabeshimbun_ 20240410. pdf［2024-04-15］。

② 《2023 年 9 月 7 日外交部发言人毛宁主持例行记者会》，中华人民共和国外交部网站，2023 年 9 月 7 日，https：//www.mfa.gov.cn/web/fyrbt_ 673021/jzhsl_ 673025/202309/t20230907_ 111 39703. shtml［2024-02-21］。

③ 杨伯江、常思纯：《中日两国重新确认战略互惠关系定位 致力于构建契合新时代要求的建设性、稳定的中日关系》，《人民日报》2023 年 11 月 23 日，第 17 版。

双方表示两国"应坚持四个政治文件，共同推进战略互惠关系的建立，从而开启中日关系的新时代"①。同时，双方就加强在绿色能源、医疗、护理等领域的合作达成共识，并希望进一步扩大国民交流，在合适时机推动中日高级别人文交流和对话。

两国政府各部门各层次展开对话沟通，为中日关系改善创造条件。2月3日，中国外长王毅与日本外相林芳正举行电话会议。2月18日，王毅与林芳正在出席慕尼黑安全会议期间举行会谈，双方就当前国际形势交换意见，并希望中日各级官员能够保持密切交流。2月22日，第16次中日经济伙伴关系磋商以视频方式举行，双方围绕营商环境、知识产权、节能等议题交换意见，并表示希望中日经济高级别对话早日举行。7月18日，中日两国投资促进机构第22次联席会议暨日资企业圆桌会议在北京举行，双方就进一步优化外商投资环境、发挥开放平台作用、加强人员往来交流以及在养老服务、文化娱乐、绿色低碳等领域加强合作交换了意见。11月26日，王毅外长在韩国釜山出席第十次中日韩外长会议期间，与日本外相上川阳子举行双边会谈，强调重建战略互惠关系、树立正确相互认知、尊重彼此正当关切、加强互利合作。12月7日，第三次中日产业合作副部长级对话在北京举行，双方就新能源汽车、智能制造、半导体产供链、绿色发展、原材料、营商环境等议题交换意见，并同意今后进一步深化对话与交流，促进中日产业领域务实合作。

两度举行海洋事务高级别磋商，两国涉海沟通机制日趋完善。尽管中日围绕钓鱼岛争端的对抗升级，但两国涉海事务部门间沟通同步加强，对管控矛盾分歧、预防突发风险、稳定东海局势发挥了重要作用。4月10日，第15轮中日海洋事务高级别磋商在日本东京举行，双方举行了全体会议和海上防务、海上执法安全、海洋经济三个工作组会议，就两国间涉海事务全面

---

① 外務省「日中首脳会談」、2023年11月16日、https：//www.mofa.go.jp/mofaj/a_ o/c_ m1/cn/page1_ 001916.html［2024-03-23］。

深入交换意见。双方在磋商中达成八点共识。① 10 月 13 日，第 16 轮中日海洋事务高级别磋商在中国扬州举行，双方同意继续坚持把东海建设成为和平、合作、友好之海的目标和宗旨，就涉海事务保持密切沟通、努力管控矛盾分歧、加强互利合作、共同维护海上局势稳定达成共识。② 中方在磋商中阐述了在东海、钓鱼岛、南海、台海等问题上的立场，敦促日方切实尊重中国领土主权和安全关切，停止在上述问题上的一切消极言行；同时，对日本向海洋排放核污染水表达强烈不满，要求日方以负责任态度妥善处置该问题。两国涉海部门机制化对话与交流有利于维护东海地区和平稳定，也为两国关系改善创造了条件。

## （三）抑制结构性矛盾发酵，推动中日关系走向正轨

世界格局深度调整、日本战略转型加速、中美大国博弈深化使中日关系面临日益多元的挑战和冲击。2024 年，中日能否将 APEC 旧金山峰会期间两国领导人达成的重要共识落到实处，重回战略对话轨道，重建战略互惠关系，既取决于中日双边互动的结果，也深受美国等第三方因素的影响。

首先，中日能否真正解决好相互认知与关系定位问题。近年来，随着中

---

① 八点共识的主要内容有：双方确认尽早启用中日防务部门海空联络机制直通电话，并进一步完善海空联络机制，维护海空安全；双方同意继续加强防务领域交流；双方就加强中国海警局与日本海上保安厅对话合作达成一致，包括合作打击海上跨境犯罪、进一步发挥两国海警联络窗口作用、加强在多边海上执法合作机制下对话合作等；双方同意继续推进海上执法人员、海警院校学员交流；双方同意继续在《中日海上搜救协定》框架下深化海上搜救领域务实合作，支持两国地方海上搜救部门举行通信演习；双方同意全面落实《中日渔业协定》，争取尽快重启中日渔委会，继续在打击非法捕鱼、北太平洋渔业资源养护和鳗鱼资源保护等方面开展合作；双方同意就开展海洋科研、海洋生态保护修复、发展蓝色经济创新技术等领域合作继续加强对口部门交流对接。参见《中日举行海洋事务高级别磋商机制第十五轮磋商》，中国政府网，2023 年 4 月 11 日，https：//www.gov.cn/yaowen/2023-04/11/content_575 0788.htm［2024-03-23］。

② 《中日举行海洋事务高级别磋商机制第十六轮磋商》，中华人民共和国外交部网站，2023 年 10 月 13 日，https：//www.mfa.gov.cn/web/wjdt_674879/sjxw_674887/202310/t20231013_111 60664.shtml［2024-03-23］。

国综合国力快速提升，中日相互认知与关系定位出现错位，面对变乱交织的国际局势，中日关系再次站在十字路口。"习近平主席指出，中日关系的重要性没有变，也不会变。一个稳定互惠的中日关系，对两国至关重要，对亚洲不可或缺，对世界有重要影响。"① 这体现了中方对日政策、对中日关系的定位是一贯、明确的。反观日方，近年来，日本对华认知持续倒退，在与中方重新确认全面推进"战略互惠"关系定位的同时，却在新版《国家安全保障战略》中将中国定位为"迄今为止最大的战略挑战"。正如王毅外长所言，日方应从战略高度把握好两国关系的正确方向，客观理性看待中国的发展振兴，将"互为合作伙伴、互不构成威胁"的重要共识体现到具体政策和行动中。睦邻友好是中日关系唯一正确选择，两国应持续开展多领域、多渠道友好交流，促进两国民众特别是年轻一代树立客观友善的相互认知。②

其次，作为"中国核心利益中的核心"、事关中日关系政治基础的台湾问题能否得到正确处理。台湾、历史等问题事关中日关系的政治基础和基本信义，日本政府能否正确对待和处理与中国台湾地区的关系将是对中日关系的一大考验。在基于错误认知的错误研判支配下，近年来，日本在台湾问题上频频越线，对中日关系的政治根基造成实质性损害。日本应回归《中日和平友好条约》缔结初衷，履行在《中日联合声明》中做出的郑重承诺，③铭记历史教训，停止错误言行，确保中日关系政治根基不受损、不动摇，两国和平发展进程不偏航、不倒退。

最后，中日涉海争端能否得到有效管控与妥善处理。日本地方政府及

---

① 《王毅在纪念中日和平友好条约缔结 45 周年招待会上的致辞》，中华人民共和国外交部网站，2023 年 10 月 24 日，https：//www.mfa.gov.cn/web/ziliao_ 674904/zyjh_ 674906/2023 10/t20231024_ 11167015 shtml［2024-03-11］。
② 《王毅在纪念中日和平友好条约缔结 45 周年招待会上的致辞》，中华人民共和国外交部网站，2023 年 10 月 24 日，https：//www.mfa.gov.cn/web/ziliao_ 674904/zyjh_ 674906/2023 10/t20231024_ 11167015.shtml［2024-03-11］。
③ 杨伯江：《从复交到缔约：当代中日关系法律规范的形成与台湾问题》，《日本学刊》2023 年第 5 期。

右翼分子冲闯钓鱼岛领海,持续在钓鱼岛附近水域采取挑衅举动,极易引发船只碰撞等意外事件。为此,日本政府能否有效管控此类挑衅行径,缓解东海紧张局势,将对 2024 年中日关系走向产生重要影响。同时,在日本核污染水排海问题上,构建日本邻国等利益攸关方共同参与,对核污染水排海实施严格、独立、持久、有效的国际监测机制迫在眉睫。2021 年日本宣布核污染水排海计划后,中方多次重申正义立场与合理诉求。2023 年 7 月 4 日联合国人权理事会第 53 届会议上,中国代表指出日方强推核污染水排海违背国际道义责任,违背《联合国海洋法公约》《伦敦倾废公约》等国际法义务,敦促日方停止核污染水排海计划,切实以科学、安全、透明的方式进行处置。① 8 月 24 日即日本启动核污染水排海计划当天,外交部发言人指出,日方此举没有证明排海决定的正当合法性,没有证明核污染水净化装置的长期可靠性,没有证明核污染水数据的真实准确性,没有证明排海对海洋环境和人类健康安全无害,没有证明监测方案的完善性和有效性,也没有同利益攸关方充分协商。中方要求日方停止错误行为;② 同时,将采取一切必要措施,维护食品安全和中国人民的身体健康。

日本能否在站队美国的同时兼顾对华合作,以及保持国内政局稳定,同样值得关注。随着中美博弈持续深化,日本从中斡旋甚至"两头渔利"的空间日益压缩。美国"授权"日本在将地区同盟网格化构建、打造"强韧供应链"等领域冲在头阵,持续在对华半导体出口管制、建立"小院高墙"方面对日施压,日本能否就缓冲美国压力找到有效应对方案,将直接影响中日合作与两国关系的健康发展。此外,2024 年美国总统选举将对日本对华政策产生何种影响,引人瞩目。

---

① 《中国代表在人权理事会就日方强推核污染水排海问题阐明严正立场》,新华网,2023 年 7 月 5 日,http://www.xinhuanet.com/2023-07/05/c_ 1129732715.htm [2024-02-21]。
② 《2023 年 8 月 24 日外交部发言人汪文斌主持例行记者会》,中华人民共和国外交部网站,2023 年 8 月 24 日,https://www.mfa.gov.cn/web/fyrbt_ 673021/jzhsl_ 673025/202308/t20230824_ 11132235.shtml [2024-02-22]。

# 分 报 告

## B.2
## 2023年日本政治：岸田政府执政态势呈"外强内弱"

张伯玉*

**摘　要：** 与2022年相似，2023年，岸田文雄政府执政态势仍然呈现"外交强""内政弱"的特点。岸田政府在2023年上半年主办七国集团广岛峰会赢得民意支持，下半年则因各种内政问题处理不当而步入下坡路。9月13日进行的党政人事改组也未能提振支持率，在执政进入第三年的10月以后，岸田政府基本失去民意支持。为在2024年9月举行的自民党总裁选举中实现连任，岸田首相两度尝试解散众议院但未果。决定岸田政府执政走向与岸田首相政治命运的是民意。自民党政治资金问题被曝光后，内阁支持率与自民党支持率跌至2012年该党重新执政以来的最低水平，岸田政府与自民党遭遇严重政治信任危机。没有内阁支持率的大幅提升，岸田首相或将既不能解散众议院，也难以再次挑战自民党总裁选举。

---

\* 张伯玉，法学博士，中国社会科学院日本研究所政治研究室主任、研究员，日本政治研究中心副主任，主要研究方向为日本政治。

**关键词：** 日本政治　内阁支持率　七国集团广岛峰会　解散众议院　领导力

从内阁支持率的变动趋势来看，2023 年，岸田政府的执政态势呈现"外交强""内政弱"的特点。上半年的外交活动赢得了国民的支持与肯定，下半年对内政问题的处理未能赢得国民的肯定。日本广播协会实施的 2023 年内阁支持率调查统计数据显示，5 月内阁支持率达到全年的最高点，不支持率达到全年最低点，支持率高出不支持率 15 个百分点。① 其他民意调查数据显示，5 月内阁支持率比不支持率高出 5~10 个百分点。对此，《产经新闻》回顾 2023 年日本政治形势的评论是，"民众似乎支持岸田政府强硬的外交立场。此时国内政治形势也相对稳定"。

2023 年 6 月，日本国内政治形势开始呈现不稳定状态。"加剧国民不安的是 6 月国会通过的《关于增进国民对性倾向及性别认同的多样性理解的法律》。该法对歧视的定义模糊且存在许多缺陷，可能会危及女性的身体与心理安全，自民党支持层也表达了对该法的担忧。但是，岸田首相和自民党仍然推动国会通过了该法案。在同一时期，担任首相政务秘书官的岸田长子因行为不当而遭到批评，内阁支持率开始下跌。与此同时，岸田政府倾向于博取国民人气的做法也遭到质疑。2023 年 11 月内阁会议通过的《彻底克服通货紧缩的综合经济对策》则是典型案例。该计划旨在通过所得税和居民税的定额减税来应对物价的高涨，但几乎未获得国民的支持。另外，为从根本上增强国防能力而需要实施的增税等政策也都被推迟。加之，自民党派阀举办筹集政治资金酒会私设小金库等问题被曝光，媒体民意调查显示，12 月内阁支持率跌至 20% 左右，这是自 2012 年自民党重新执政以来的最低水平。"② 对于 2023 年下半年岸田政府在处理内政问题上存在的问题，无论是《关于增进国民对性倾向及性别认同的多样性

---

① 「内閣支持率（2023 年）」、https：//www.nhk.or.jp/senkyo/shijiritsu/［2023-12-25］。
② 「回顧 2023　政治への信頼が揺らいだ　危機に立ち向かう姿勢見たい」、『産経新聞』2023 年 12 月 30 日。

理解的法律》的制定，还是综合经济对策的推出，岸田政府实施的相关政策既未获得自民党的支持，也未能赢得多数民众的支持，内阁支持率持续低迷不振。

# 一　主办七国集团广岛峰会，岸田外交获国民好评

2023 年上半年，岸田政府在外交活动中取得的成果赢得民众肯定。其中最引人瞩目的是在岸田首相老家广岛举行的七国集团（G7）峰会。2023 年 5 月 19~21 日，七国集团峰会在广岛召开。参加七国集团广岛峰会的成员，除日本、意大利、加拿大、法国、美国、英国、德国七个成员国领导人，以及欧洲理事会主席和欧盟委员会主席外，还有应邀参加的国家和国际组织领导人。岸田政府在广岛峰会及其他外交活动中的成果受到日本民众的肯定。从日本广播协会统计的 2023 年岸田政府支持率的全年变动情况来看，2023 年 5 月支持率达到全年的最高点（46%），不支持率达到全年的最低点（31%）（见图 1）。此后内阁支持率走下坡路，到 2023 年底跌至最低点（23%），不支持率升至最高点（58%）。

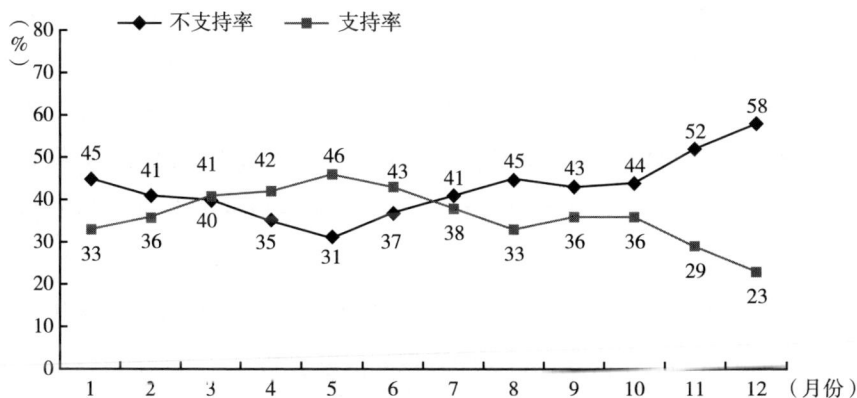

**图 1　2023 年岸田内阁支持率、不支持率变动趋势**

资料来源：NHK「内閣支持率（2023 年）」、https：//www. nhk. or. jp/senkyo/shijiritsu/ [2023-12-25]。

## 二 从党政人事改组看岸田谋求再选连任的策略

总裁再选连任与解散众议院领导自民党赢得大选胜利密切相关。本届众议院议员任期届满时间是 2025 年 10 月，自民党总裁任期届满时间是 2024 年 9 月。在总裁任期届满之前寻找有利时机解散众议院，领导自民党赢得大选胜利，成为"获得国民信任"的首相，从而在自民党总裁选举中形成一种党意顺应或服从民意的氛围，是岸田在即将到来的自民党总裁选举中实现再选连任的最佳策略。2023 年 9 月 13 日，岸田首相改组了党政人事，从此次人事改组可以观察到岸田再选连任的策略。

首先，为 2024 年 9 月自民党总裁选举再选连任进行布局。主要体现为以下两点，一是着眼于建立举党体制，以使岸田在 2024 年 9 月的自民党总裁选举中获得党内广泛支持从而顺利实现连任。在自民党重要人事安排上，麻生太郎副总裁、茂木敏充干事长和萩生田光一政务调查会长保持不变。对出身于党内第四派系的岸田来说，为稳固执政基础，与最大派系安倍派、第二大派系麻生派和第三大派系茂木派进行合作是不可或缺的。此外，与前首相菅义伟和前干事长二阶俊博关系密切的选举对策委员长森山裕被提拔为总务会长，也体现出岸田对非主流派的安抚与重视。二是对竞争对手进行"拉拢"。继续起用可能成为下届自民党总裁选举竞争对手的政治家，使其成为阁僚。参加 2021 年自民党总裁选举的竞争对手数字化担当大臣河野太郎和经济安全担当大臣高市早苗被留任，岸田企图以此"封锁"他们在自民党内自由扩大支持的行动。

其中，最需要思虑的是茂木干事长的去留问题。对茂木是否留任干事长，是一个关键的人事决定。自民党资深政治家曾断言，"（岸田首相）如果能够进行大刀阔斧的人事变动（更迭茂木），并一举解散众议院的话，岸田政府就可能成为长期政权"。① 在岸田政府的标志性政策少子化对策以及

---

① 「岸田は茂木を斬れるのか」、『選択』2023 年 7 月号、50 頁。

追加预算等问题上，茂木比岸田更早地提出了具体的方向。岸田身边的人表示，"（茂木）并未隐藏其成为'后岸田'接班人的积极性"。茂木继续留任会使其在党内拥有过大权力并对早期解散众议院扯后腿。对以成为"后岸田"接班人为政治目标的茂木来说，回避解散众议院是其最重要的课题，如果早期解散众议院举行大选，自民党胜选就是对他竞选总裁的"封锁"。① 如果处于支持总裁立场的干事长作为候选人参加总裁选举，就将受到舆论的批评。回顾自民党历史，上一次干事长在总裁选举中挑战现任首相的情况发生在 1978 年，时任干事长大平正芳在田中角荣前首相的支持下挑战时任首相福田赳夫而获胜。此外，麻生副总裁坚决反对更换茂木干事长。在权衡利弊之后，岸田选择继续让茂木留任干事长。同时，为牵制茂木在自民党内的行动，茂木派的小渊优子组织运动本部长被起用为选举对策委员长。在众议院被解散时，干事长负责指挥选举，让同一派系又是党内未来总裁种子选手的小渊成为选举事务的负责人，该人事安排被认为是在制衡茂木。

其次，为解散众议院举行大选做准备。从新内阁阵容来看，19 名阁僚中有 11 人初次入阁。女性阁僚有 5 人，包括就任外务大臣的上川阳子和当选三届众议员被起用为儿童政策担当大臣的加藤鲇子，女性阁僚人数与小泉内阁并列最多，这种充分意识到女性积极参与重要性的人事安排被认为是在为众议院选举做准备。此外，在内阁人事改组之前，自民党议员对公明党长期"垄断"国土交通大臣之位表示不满，要求对此人事安排进行调整。但是，公明党籍的国土交通大臣齐藤铁夫继续留任。此举也被认为是着眼于众议院选举的人事安排。不仅如此，岸田还在内阁改组前修复了与公明党的关系。2023 年上半年，自公两党在协调东京都小选举区下届众议院选举候选人的过程中产生了矛盾。5 月 26 日，公明党干事长石井启一宣布在下届众议院选举中将不推荐自民党在东京都小选举区提名的候选人，主要是因为自

---

① 「岸田は茂木を斬れるのか」、『選択』2023 年 7 月号、48—49 頁。

民党不接受公明党在东京都第 28 小选举区提名的候选人。① 8 月 24 日，岸田与公明党代表山口那津男就重新恢复在东京都地区的选举合作达成共识。② 这被认为是岸田首相对公明党的相关要求做出了让步。这一系列的人事安排，以及自公两党重新恢复在东京都地区的选举合作等，都是在为寻找有利时机解散众议院而举行大选做准备。

## 三 岸田两度尝试解散众议院而未果

众议院解散时机的选择事关岸田首相的政治命运。关于解散众议院的时机，自民党内政治家普遍认为最迟也在 2023 年"年内"。具体而言，2023 年有两个解散时间。最早的解散时间是 5 月召开七国集团广岛峰会至 6 月 21 日通常国会闭会期间。但是，若在通常国会末期解散众议院，即使赢得选举胜利，到 2024 年 9 月总裁任期届满还有一年多时间，其间不能排除内阁支持率再次陷入低迷的情况，这将对岸田首相再选连任不利。于是出现另一个选项，即在秋季召开的临时国会会议期间解散众议院。在夏天进行党政人事改组，提高内阁支持率，然后在 9 月以后召开的临时国会会议期间解散众议院。自民党领导干部指出，"现在不会马上解散。但是，如果错过 9 月就没有机会了"。③ 由以上分析可知，解散众议院的最佳时机是 2023 年秋季召开临时国会会议之时。

第一，借举办广岛峰会之机解散众议院未果。2022 年岸田政府决定增加防卫费，并以增税的方式来筹措财政资金来源，增税时间设定在 2024 年以后。根据《日本经济新闻》评论员芹川洋一的分析，从 2022 年底到 2023 年初，岸田表示在增税之前"要举行选举""必须考虑请国民审判的时期"

---

① 「公明・石井幹事長「自民に配慮したつもり」東京限定の選挙協力解消」、2023 年 5 月 26 日、https：//www.asahi.com/articles/ASR5V4QTTR5VUTFK005.html［2023-12-25］。
② 「衆院選 東京で自公選挙協力 復活に向け調整へ 公明 石井幹事長」、2023 年 8 月 25 日、https：//www3.nhk.or.jp/news/html/20230825/k10014173941000.html［2023-12-25］。
③ 『自民内 年内が相場観「サミット後」や「秋の臨時国会」』、『読売新聞』2023 年 4 月 25 日。

等。如果没有解散众议院的政治日程，岸田就不会有上述发言。关键是如何为解散众议院创造条件。关于早期解散众议院，有四个有利因素，也有三个不利因素。有利因素之一是内阁支持率的回升，《日本经济新闻》舆论调查显示，2023 年 4 月，在时隔 8 个月之久，内阁支持率恢复到 52%，内阁支持率和自民党支持率（43%）之和即政权稳定度指数达 95%，距离选举必胜线 100% 只有一步之遥。之二是自民党在 2023 年 4 月举行的道府县议会议员选举中所获议席过半数，其所获议席占全体议席总数的 51%。满足了时任选举对策委员长森山裕提出的赢得国会选举胜利的必要条件。之三是自民党在 2023 年 4 月举行的众参两院补选中 4 胜 1 负，虽然是票数差距不大的险胜。之四是在野党尚未做好选举准备。特别是在统一地方选举中势力得到扩张的日本维新会，该党提出要在下届众议院选举时在全国范围内提名候选人的方针。但是，候选人的选拔等工作尚未开始。立宪民主党的选举准备也没有做好。不利因素之一是小选举区划分变更带来的候选人调整问题，自民党尚未决定候选人的选举区大约有 20 个。特别是尚未与公明党协调好。之二是统一地方选举刚结束，地方议会议员有"选举疲劳"。从过去的经验来看，对于统一地方选举之后举行的国会选举，自民党会减少议席。之三也是最大的不利因素，是与公明党的关系。为了迎接众议院选举，如果公明党提出最短也需要半年的准备时间，岸田首相大概只能将解散的时间延期到秋天召开的临时国会会议。当然，如果在野党在本届国会会议末期提出内阁不信任案，则可能会解散众议院。人们普遍认为这是岸田政府解散众议院的最好时机。时间越往后拖延，广岛峰会带来的效果就越小。[①]

随着广岛峰会闭幕，外交活动提升内阁支持率的效果很快消失了。广岛峰会闭幕后的第三天即 5 月 24 日，首相秘书官岸田翔太郎于 2022 年底在首相官邸举办忘年会，并与亲戚拍摄纪念照片等行为被曝光[②]，这直接导致内

---

[①] 芹川洋一「サミットと政局の輪舞曲」、『日本経済新聞』2023 年 5 月 22 日。

[②] 岸田任命其长子岸田翔太郎为首相秘书官时便遭到媒体的批评以及党内的侧目。之后作为首相秘书官陪同岸田访问欧洲期间，他在日本驻外使馆官员的陪同下进行观光购物等被媒体曝光。

阁支持率下滑 5 个百分点。《日本经济新闻》在 5 月 26～28 日实施的舆论调查结果显示，被调查者对广岛峰会中岸田首相的外交活动给予肯定评价的高达 66%。但是，5 月 24 日爆出的首相秘书官问题使岸田外交活动对内阁支持率的提升效果完全被打消，内阁支持率下跌至 47%，使岸田政府和执政党以外交成果为背景大幅提升支持率的期待落空。① 各媒体的舆论调查结果显示，支持率均低于预期。共同通讯社在 5 月 27～28 日实施的舆论调查显示，与 4 月相比，内阁支持率（47%）仅增加 0.4 个百分点；《产经新闻》在同一时间段实施的舆论调查显示，与 4 月相比，内阁支持率（50.4%）下降 0.3 个百分点。执政党内政治家也认为这是"受翔太郎行为的影响"。② 此外，随着公明党与自民党不和谐关系的公开化，以及国民个人编号卡发行过程中各种问题的曝光，解散时机稍纵即逝。6 月 15 日，岸田在首相官邸回答记者提问时明确表示，"没考虑在本届国会会议期间解散众议院"③。毫无疑问，目标是在 2024 年总裁选举中连任的岸田文雄首相曾考虑在 6 月解散众议院。④

第二，召开临时国会解散众议院也未能如愿实施。尽管内阁支持率低迷，但是自民党仍然在酝酿秋天召开临时国会立即解散众议院。这与其说是自民党进行形势调查的结果，即在野党准备工作尚未完成，自民党议席减少幅度可以控制在最小限度内，不如说是自民党企图在政治资金问题被完全曝光、该党即将迎来重大危机之前解散众议院。所谓政治资金问题，就是自民党派系通过举办酒会筹集到的政治资金没有按照《政治资金规正法》的规

---

① 「内閣支持 47%　5 ポイント低下　長男の行動か　サミット効果 66%」、『日本経済新聞』2023 年 5 月 29 日。

② 「首相、後手の長男更迭　支持率、サミット効果相殺」、『日本経済新聞』2023 年 5 月 30 日。

③ 「今国会の衆議院解散見送り　岸田文雄首相が表明」、2023 年 6 月 15 日、https：//www.nikkei.com/article/DGXZQOUA15A690V10C23A6000000/ ［2023-12-25］。

④ 「福岡第 599 回　首相は『自分のための政治』」、2023 年 11 月 21 日、https：//c.nishinippon.co.jp/nishikai/01fukuoka/049284_599.html ［2023-12-25］。

定准确申报政治资金收入、违反《政治资金规正法》的问题。[1] 自民党领导干部认为，"即使能渡过临时国会的难关，检察机关在临时国会会期结束后以涉嫌违反《政治资金规正法》要求传唤国会议员的话，包括2024年通常国会会期在内，将不能解散众议院。无论是对岸田首相来说，还是对自民党来说，形势都会越来越严峻"。因此，"召开临时国会立即解散众议院举行大选，不仅可以避免预算委员会被在野党追究，检察机关的调查取证活动也将暂时停止。检察机关在大选后进行调查取证，给自民党造成的影响要远远小于选举前"。[2] 这种意见很有说服力，解散的"大义名分"则是实施以支援受物价高涨影响的国民生活为目标的大规模经济对策。岸田首相对刚刚改组内阁、国会未进行任何审议就解散有些踌躇不决，意欲在其发表完政策演说和各政党代表质询结束后解散。但是，由于岸田在演说中发表的一项政策即"将增加的税收收入适当返还给国民的减税政策"，使形势为之一变，岸田提出的所谓"返还税收"的"减税政策"，不仅招致自民党的批评，舆论反应也很不好，使"召开临时国会立即解散众议院"的计划化为泡影。

此外，失败的人事安排以及政治日程管理也是不能解散的重要原因。从临时国会的召开时间来看，首相官邸和自民党国会对策委员长并未精心制定政治日程，也未周密计划重要政策发布的时机。若是10月召开临时国会，11月举行大选，投票日期有4个周日可以选择。如果大选日期推迟到12月，就将对2024年度财政预算的编制工作产生影响，这与重视经济对策的岸田政府的立场相矛盾。按照常识，10月中旬召开临时国会比较理想。实际上，岸田首相也曾决定于10月16日召开国会。但是，当天天皇与皇后有去金泽市参加活动的日程安排，因此天皇不能出席国会开会仪式。于是，其慌忙将召开日期改为10月20日，尽管还留有"召开临时国会立即解散众议

---

[1] 该问题最早于2022年11月被日本共产党机关报《赤旗报》报道，并被神户学院大学教授上胁博之向东京地方检察厅检举揭发。2023年11月，《读卖新闻》和日本广播协会等主流媒体对此进行了报道，自民党派阀通过举办酒会筹集到的政治资金未按《政治资金规正法》的规定申报而私设小金库的问题才被完全曝光。

[2] 「岸田自民に『かねの大醜聞』」、『選択』2023年11月号、49頁。

院"的可能性，但是由于没考虑到那天是皇太后的生日、天皇的日程安排太紧张的问题，在日程安排上造成难以挽回的情况。岸田首相希望在临时国会召开当天就发表政策演说，为两天后举行的自民党补选造势。但是，细田博之由于身体原因等不得不辞去众议院议长之职，选择继任议长人选等问题导致日程安排更趋紧张。结果，自民党国会对策委员长高木毅违背岸田首相的本意，与立宪民主党国会对策委员长安住淳达成在 10 月 23 日发表政策演说的一致意见后才将其报告给岸田首相。实际上，首相官邸与自民党国会对策委员长之间的沟通早就被认为存在问题。岸田首相在 9 月党政人事改组时未更换高木，主要是因为高木留任可以继续维持安倍派内微妙的平衡，如果更换高木就将打破该派的平衡。势力均衡并维持相对稳定的安倍派，对岸田在总裁选举中顺利实现连任有利。但是，考虑到准备在总裁选举前解散众议院举行大选等重要问题，不能精心制定、管理政治日程的高木是不能留任的。①

## 四　领导力不足，岸田首相执政面临严峻挑战

2024 年，日本政治的关注焦点是自民党总裁选举。对岸田首相来说，2024 年最优先的课题是在自民党总裁选举中成功实现再选连任。对以连任为最高政治目标的岸田来说，在自民党总裁选举前解散众议院举行大选仍是实现再选连任的上策。在内阁支持率持续低迷、自民党支持率也在不断创2012 年重新执政以来新低的严峻形势下，岸田首相仍然有强烈的继续执政的意愿。岸田在 2023 年 11 月 28 日的演讲中表示，"2024 年将是内外局势紧张的一年，我将以坚定不移的决心面对国内外的困难局面"。决定岸田政府执政走向与岸田首相政治命运的是民意。2023 年 11 月，自民党派阀违反《政治资金规正法》的问题被曝光后，内阁支持率与自民党支持率跌至 2012年该党重新执政以来的最低水平，岸田政府与自民党遭遇严重政治信任危

---

① 「岸田自民に『かねの大醜聞』」、『選択』2023 年 11 月号、49~50 頁。

机。没有内阁支持率的大幅提升，岸田首相既不能解散众议院，也难以再次挑战自民党总裁选举。

关于岸田政府支持率持续下跌的原因，有各种解读和分析。舆论调查数据显示，普通民众不支持岸田政府，首先是对岸田政府的政策不抱期待；其次是对岸田首相的领导力不满意。《日本经济新闻》和东京电视台于10月27~29日进行的民意调查结果显示，岸田政府的支持率为33%，比9月低9个百分点，创2021年10月执政以来最低纪录，也是2012年自民党重新执政后的最低纪录。不支持岸田政府的原因主要是"糟糕的政策"（占52%）和"没有领导力"（占34%）。① 无论是岸田政府提出的政策内容，还是岸田首相自身的行动力，均受到怀疑。这主要体现为以下两点。其一，岸田首相就任之初提出的"新资本主义"，并无与之相应的具体政策，而成为一种口号。在2023年11月28日的演讲中，岸田仍在大谈"现在是时隔30年之久摆脱通胀的机会"和"新日本经济的新阶段"②，实际上并未提出具体的经济政策。其二，对修改宪法的挑战。在2021年自民党总裁选举中，岸田表示要在"任期内"修改宪法。在2023年10月的临时国会的政策演说中，其仍然明确表示要"修改宪法"。但是，自就任首相以来，岸田并未明确传达修改宪法的真正意图。因此，这被认为是在迎合自民党内的保守派政治家，以及自民党的核心支持者即保守派选民。简言之，岸田首相主导实施的政策未赢得超越党派分野的普通民众的支持，其所谓修改宪法的表态也被看作在迎合自民党核心支持层。

从学者和资深媒体人等有识之士的分析来看，主要问题是岸田本人的领导力不足。例如，时事通信社在2023年2月发表了《岸田首相有领导力吗》③，《现代周刊》在2023年2月发表了《岸田首相太不靠谱……日

① 「内閣支持33%、発足後最低　所得減税『適切でない』65%」、『日本経済新聞』2023年10月29日。

② 「共同通信加盟社編集局長会議」、2023年11月28日、https://www.kantei.go.jp/jp/101_kishida/statement/2023/1128kyodo.html［2023-12-25］。

③ 「岸田首相にリーダーシップはあるか　先崎教授に聞く政治の展望」、2023年2月10日、https://www.jiji.com/jc/v8? id＝20230210seikaiweb［2023-12-25］。

本不出现"强势领导人"的深刻原因是结构性问题》①，等等。

此外，自民党高级领导干部在国会质询时也对岸田的领导力提出批评与改进建议。时任自民党参议院干事长世耕弘成在参议院进行代表质询时指出的岸田领导力不足的问题，颇具代表性。2023 年 10 月 25 日，世耕在质询时首先肯定了岸田政府的内政外交政策。他说，"岸田政府坚持安倍政府以来的基本政策，在经济、外交等重要政策上没有出现重大失误。此外，其还通过了长期以来悬而未决的'安保三文件'，大幅度增加防卫预算，以及决定新建核电站等。将新冠病毒感染的传染病调整为'5 类'传染病，并指示解散'统一教'。外交上，日本在紧张的国际局势中作为轮值主席国主持七国集团峰会，向乌克兰提供支持、改善日韩关系等，致力于解决外交难题并取得了成效。总体经济指标还不错，工资收入和税收都有所增加。甚至有日本的经济是世界上最稳健的说法"。在对岸田政府的主要内外政策给予肯定评价的前提下，世耕话锋一转，提出了问题。"就目前的情况来看，（内阁）支持率较低，（10 月 22 日举行的）补选结果为一胜一负。'为什么我们这么努力，也取得了成绩，却没有得到民众认可'。"对此，世耕给出的答案是，"我认为支持率不提升的最大原因是（岸田首相）没有展现出国民期望的领导者的姿态"。关于领导者的角色（作用）是什么？世耕指出，"目前，我能想到的领导者形象是做出决定，然后用通俗易懂的语言传达决策，展现激励人们并对其（决策）结果负责这样一种姿态。但遗憾的是，在目前的情况下，我不能不感到岸田首相的'决定'和'语言'有些软弱。该弱点在这次减税的一系列行动中明显暴露出来"。所谓减税的一系列行动，是指岸田于 2023 年 9 月 25 日宣布的"将增加的税收收入适当返还给国民"。按照世耕的解释，"返还"一词很难理解，"到底是给付还是减税"，"还是两者兼而有之"，对于岸田首相的真实意图，执政党内也有各种猜测。岸田首相计划采取什么措施来应对不断上涨的物价，完全没有传达给社会和公众。世

---

① 「岸田総理が頼りなさすぎる…日本に『強いリーダー』が登場しない深刻な理由構造的な問題だ」、『週刊現代』2023 年 2 月 15 日。

耕认为，如果换一种表达方式，或许效果会更好。"如果首相在 9 月 25 日表示，'因物价上涨而导致生活困难的家庭陷入窘境，我们将及时提供足够的福利（给付）。另外，高物价也给中产阶层家庭带来压力，导致消费停滞。对此，政府将通过减少所得税来应对这一问题。对于具体采用什么方法，因为面临技术性问题，所以政府将在与自民党税制调查委员会的专家协商后做出决定'。如果进行这样通俗易懂的表述，政府和执政党内部就不会产生混乱，多数国民也会更好地理解首相对于物价上涨的态度。"① 世耕的发言不仅在自民党内引起很大冲击，党外人士也对此表示赞同。日本维新会前代表松井一郎在采访中表示，"我认为世耕的率直说法，与多数国民（对岸田政府）的感觉和不信任几乎是一致的"。② 事后，世耕在接受采访时表示，"我每次都会发表严厉的评论。然而，我得到的答案往往是枯燥无味的"。他还透露，在进行代表质询前已经通过内阁官房副长官将质询问题转达给岸田首相，"我希望能用政治家的话（而不是官僚准备的答辩内容）来回应（质询）"③。

《日本经济新闻》评论员芹川洋一针对岸田首相领导力不足的问题，从提出能够吸引民众的未来构想的愿景构建能力、沟通能力、执政党管理能力、国会管理能力、赢得民众信任的能力、选举能力、权力斗争能力等几个方面进行了综合分析。在借鉴政治学既有研究成果的基础上，芹川将领导力分为七种能力，即愿景构建能力、沟通能力、执政党管理能力、国会管理能力、赢得民众信任的能力（选民信任度）、选举能力、权力斗争能力，并以此为衡量标准回顾了 2023 年 9 月以来岸田政府的失误，具体主要体现为以下四点。第一，党政人事改组不成功。内阁改组后，"政务三役"即大臣、

① 「第 212 回临时国会における世耕弘成参議院自民党幹事長　代表質問」、2023 年 10 月 25 日、https：//www.jimin.jp/news/policy/206873.html〔2023-12-25〕。

② 「岸田政権の『减税』『外交』に不信感　リーダーシップのなさに国民は失望…年内の衆院解散厳しいか」、2023 年 11 月 2 日、https：//www.zakzak.co.jp/article/20231102-SDSOZR2ZT5MLJLGC5PXGZTLIRE/〔2023-12-25〕。

③ 「自民・世耕氏、岸田首相にまた苦言『言葉に情熱感じない』」、2023 年 11 月 24 日、https：//www.jiji.com/jc/article?k=2023112400956&g=pol〔2023-12-25〕。

副大臣、大臣政务官三个政治职位，接二连三地出现人员更迭。这是在政府人事安排上听取自民党各派系意见的结果，反映出岸田首相的执政党管理能力和权力斗争能力薄弱。第二，没有正式的政治日程，且政治日程的制定缺乏战略性。制订计划时没有综合考虑临时国会的召开和经济措施的出台等，也没有与执政党和在野党进行充分的协调。这是岸田首相执政党管理能力与国会管理能力不足造成的。第三，突然提出的所得税减税政策被解读为选举策略。自民党执行部对该政策表示为难，岸田却不顾自民党执行部的意见而坚持提出该政策。其执政党管理能力在该问题上受到考验。第四，政府内部存在沟通问题。岸田首相的意向在没有得到很好的传达时，很难被理解。岸田首相的愿景构建能力和沟通能力弱，导致内阁支持率急剧下降，这是岸田首相公信力低下的表现。

（审读专家：张勇）

# B.3

# 2023年日本经济：明暗相间[*]

田　正[**]

**摘　要：** 2023年，日本经济走势大起大落，呈现"明暗相间"的特点。其中，出口成为支撑日本经济增长的重要因素，但居民消费不振，企业设备投资不足，导致日本经济增长动力不足。2023年，日本经济面临的主要问题有：通货膨胀高企与日本员工实际工资收入下降；经济增长动力缺失与企业投资不足；财政政策面临可持续危机，超宽松货币政策调整陷入两难境地等。岸田政府着力实施"新资本主义"政策，推动科技创新，加快绿色转型以及数字化转型速度，强化人力资本投资，推动初创企业发展，推动实施资产所得倍增计划，但经济安全保障政策的实施不利于日本经济恢复。预计2024年日本经济将保持缓慢复苏状态，潜在生产率有望提升，而供需缺口将逐渐缩小。

**关键词：** 日本经济　通货膨胀　人口老龄化　超宽松货币政策　新资本主义

2023年，国际格局加速调整，地缘政治博弈加剧，国际战略平衡减弱，经济全球化面临考验，世界经济出现"碎片化"迹象。全球经济复苏步伐放缓、日元贬值、通货膨胀压力上升等因素阻碍日本经济发展，另外，贸易赤字收窄、企业收益改善等因素则对日本经济增长具有有利影响。为此，有

---

[*] 本报告为国家社会科学基金一般项目"战后日本经济内外循环关系的历史、理论与政策研究"（项目编号：21BGJ057）的阶段性成果。

[**] 田正，经济学博士，中国社会科学院日本研究所经济研究室副主任、副研究员，中日经济研究中心秘书长，主要研究方向为日本经济、日本产业政策。

必要详细分析 2023 年日本经济发展的基本形势，在此基础上着力分析日本经济发展面临的主要问题，并探讨 2023 年岸田政府"新资本主义"经济政策的主要内容与走向。

# 一 2023年的日本经济形势

日本经济增长仍面临内生动力不足的问题。2023 年上半年，日本经济呈现恢复态势。2023 年第一季度，在美国加息势头弱化、国际能源价格回落等因素影响下，日本国内需求逐渐恢复，日本实际国内生产总值（GDP）环比增长 1.1%，换算成年率为 4.4%，其中，民间消费支出环比增长 0.8%，民间企业设备投资环比增长 1.6%。随着半导体短缺问题的逐渐解决，轿车、货车等生产得到恢复，汽车产业的设备投资持续增加，带动了日本民间企业设备投资的恢复。2023 年第一季度，日本汽车产业的设备投资额为 9622 亿日元，同比增长 21.2%。① 2023 年 5 月，日本将新冠病毒感染的传染病调整为"5 类"传染病，日本政府不再统一要求民众自我约束出行，同时废除了限制入境的相关措施，促使日本国内产业恢复正常的生产经营活动，外国游客需求也开始逐步恢复，从而推动了 2023 年第二季度日本经济增长。如表 1 所示，2023 年第二季度，日本实际 GDP 环比增长幅度为 1%，换算成年率为 4%。但是，进入 2023 年下半年，日本经济再次进入负增长的轨道。通货膨胀问题越发严重，导致日本居民消费支出和民间企业设备投资"双失速"，日本经济恢复增长的趋势戛然而止。2023 年第三季度，日本实际 GDP 增长率环比下降 0.8%，其中，民间消费支出环比下降 0.3%，民间企业设备投资环比下降 0.6%。根据日本内阁府公布的二次统计报告数据，在日本政府大规模经济刺激政策的推动下，2023 年第四季度，日本实际 GDP 环比增长 0.1%，高于此前公布的-0.1%，日本经济勉强摆脱技术性

---

① 财务省「四半期別法人企業統計調査（令和 5 年 1~3 月期）」、2023 年 6 月 1 日、https：//www.mof.go.jp/pri/reference/ssc/results/r5.1-3.pdf［2024-03-20］。

衰退。2023 年全年日本实际 GDP 同比上涨 1.9%，名义 GDP 同比上涨 5.7%，但在日元贬值影响下，日本名义 GDP 被德国超过，排名下降至世界第 4 位。①

表 1　2022~2023 年日本经济增长情况

单位：%

| | 2022 年 | 2023 年（环比） | | | |
|---|---|---|---|---|---|
| | | 第一季度 | 第二季度 | 第三季度 | 第四季度 |
| 实际 GDP | 1.1 | 1.1 | 1.0 | -0.8 | 0.1 |
| 国内需求 | 0.0 | 1.4 | -0.7 | -0.8 | -0.1 |
| 民间需求 | -0.3 | 1.8 | -1.0 | -1.1 | 0.0 |
| 民间消费支出 | 0.2 | 0.8 | -0.7 | -0.3 | -0.3 |
| 民间住宅 | 0.7 | 0.3 | 1.8 | -0.6 | -1.0 |
| 民间企业设备投资 | -0.5 | 1.6 | -1.4 | -0.6 | 2.0 |
| 公共需求 | 0.8 | 0.4 | 0.2 | 0.0 | -0.3 |
| 政府消费支出 | 0.7 | 0.1 | -0.1 | 0.3 | -0.1 |
| 公共固定资本形成 | 0.0 | 2.0 | 2.2 | -1.0 | -0.8 |
| 货物、服务净出口 | (0.4) | (-0.4) | (1.7) | (0.0) | (0.2) |
| 出口 | 1.4 | -3.5 | 3.8 | 0.9 | 2.6 |
| 进口 | -0.8 | -1.6 | -3.6 | 1.0 | 1.7 |

注：括号内数据为对 GDP 的贡献率。

资料来源：2022 年的数据来源于内阁府「2022 年度国民经济计算」、2023 年 4 月 1 日、https：//www.esri.cao.go.jp/jp/sna/dara/data-list/kakahou/files/2022/2022-kakn-top.html［2024-03-20］。2023 年第一季度至第三季度的数据来源于内阁府「2023 年 10~12 月期四半别 GDP 速报（1 速报值）」、2024 年 2 月 15 日、https：//www.esri.cao.go.jp/jp/sna/data/data_list/sokuhou/files/2023/qe234/gdemenuja.html［2024-03-20］；2023 年第四季度的数据来源于内阁府「2023 年 10~12 月期四半期别 GDP 速报（2 次速报值）」、2024 年 3 月 11 日、https：//www.esri.cao.go.jp/jp/sna/data/data_list/sokuhou/gaiyou/pdf/main_1.pdf［2024-03-20］。

在国内需求方面，消费增势仍显疲弱，企业设备投资动力不足。在消费方面，随着疫情影响因素的逐渐消失，2023 年第一季度日本消费呈现恢复态势，但是，在 2023 年第二季度后日本消费逐渐转弱。实际上，截至 2023

①《日本名义 GDP 跌出世界前三》，日经中文网，2024 年 2 月 15 日，https：//cn.nikkei.com/politicsaeconomy/epolitics/54824-2024-02-15-12-03-33.html? start=1［2024-03-20］。

第四季度，日本实际民间消费支出为 296.3 万亿日元，仍未达到疫情前 2019 年第三季度的 304.8 万亿日元的水平。① 日本国内物价持续上涨，加重日本家庭的经济负担，在一定程度上导致日本国内消费萎靡不振。日本消费动向调查显示，消费者态度指数从 2023 年 7 月的 37.1 下降至 2023 年 11 月的 36.1，反映出消费者降低消费支出的心理倾向。② 在投资方面，与消费趋势类似，呈现先升后降的发展态势。2023 年第一季度，日本民间企业设备投资的环比增幅达 1.6%，而后逐渐下降至 2023 年第三季度的 -0.6%。2023 年第四季度，日本民间企业设备投资金额为 89.1 万亿日元，仍未达到疫情前 2019 年第三季度的 93.4 万亿日元的水平。财务省"法人企业统计调查"显示，2023 年第四季度，日本石油、金属制品、生产用机械等制造业设备投资分别同比下降 11.7%、11%、8.3%，电力等非制造业设备投资同比下降 21.6%。③

在国内供给方面，工业生产呈现逐渐恢复态势。进入 2023 年以来，日本的新车生产逐渐得到恢复。2023 年日本国内新车销量同比增长 13.8%，为 477.9 万辆左右，这是 2019~2023 年 5 年中首次年销量超过上年。④ 日本主要车企的营业利润持续增加，如日本丰田汽车宣布，2023 财年合并净利润达 5.35 万亿日元，同比增长 96.4%。⑤ 随着日本汽车、钢铁、电子机械等主要产业生产的逐渐恢复，日本工矿业生产指数持续提升，从 2023 年第一季度的 103.4 提升至 2023 年第四季度的 104.8。⑥

---

① 内閣府「2023 年 10~12 月期 1 次速報値」、2024 年 2 月 15 日、https：//www. esri. cao. go. jp/jp/sna/data/data_ list/sokuhou/files/2023/qe234/gdemenuja. html ［2024-03-20］。
② 内閣府経済社会総合研究所「消費動向調査」、2024 年 1 月 1 日、https：//www. esri. cao. go. jp/jp/stat/shouhi/honbun202312. pdf ［2024-03-20］。
③ 財務省「四半期別法人企業統計調査（令和 5 年 10~12 月期）」、2024 年 3 月 4 日、https：//www. mof. go. jp/pri/reference/ssc/results/r5. 10-12. pdf ［2024-03-20］。
④ 《2023 年日本新车销量预计 5 年来首增》，日经中文网，2023 年 12 月 27 日，https：//cn. nikkei. com/industry/icar/54428-2023-12-27-10-37-10. html ［2024-03-20］。
⑤ 日本放送協会「トヨタ 2023 年度決算 営業利益 5 兆円超え 日本の上場企業で初」、2024 年 5 月 8 日、https：//www3. nhk. or. jp/news/html/20240508/k10014442911000. html ［2024-06-30］。
⑥ 経済産業省「2020 年基準 鉱工業指数 統計表一覧」、2024 年 2 月 29 日、https：//www. meti. go. jp/statistics/tyo/iip/b2020_ result-2. html ［2024-03-20］。

在外需方面，出口对于日本经济的拉动作用持续提升。在日元大幅贬值的背景下，日本出口情况持续改善，出口环比增速从 2023 年第一季度的 −3.5% 提升到 2023 年第四季度的 2.6%。2023 年，日本出口额达 100.8 万亿日元，同比增长 2.8%，其中，汽车、船舶、建筑与矿山用机械的出口额增长显著，同比增幅分别达 32.7%、16.6%、16.2%。与此同时，2023 年，全球能源价格整体回落，日本进口额有所下降，为 110.2 万亿日元，同比下降 7%，日本的贸易逆差下降至 9.3 万亿日元，同比下降 54.1%。[①] 此外，随着疫情影响因素消失，访日旅客数量持续恢复，日本的旅游收入持续增加，这有助于日本经济增长。2023 年，访日旅客数量达 2506.6 万人，恢复到 2019 年的八成。2023 年，访日旅客消费达 5.3 万亿日元，与 2019 年相比增加 9.9%，创下历史新高。[②]

## 二 2023年日本经济面临的问题及成因

2023 年，日本经济增长出现波动，居民消费、企业设备投资等内需持续不振，无法为日本经济增长注入内生动力，由于全球经济复苏进程并不稳定，仅仅依靠外需无法满足日本恢复自律增长的需要。

### （一）通货膨胀率上升与实际工资下滑

在全球通胀背景下，2022 年，日本去除生鲜食品后的核心消费者物价指数（CPI）同比上涨 2.3%。进入 2023 年以来，由于日美利率差距不断扩大，日元贬值趋势并未停止。日元兑美元汇率从 2022 年末的 1 美元兑换 131 日元的水平下降到 2023 年 11 月的 1 美元兑换 151 日元的水平，这导致

---

① 财务省「令和 5 年分贸易统计（速报）の概要」、2024 年 1 月 24 日、https：//www. customs. go. jp/toukei/shinbun/trade-st/gaiyo2023. pdf ［2024-03-20］。

② 観光庁「訪日外国人消費動向調査」、2024 年 1 月 17 日、https：//www. mlit. go. jp/kan kocho/siryou/toukei/content/001718104. pdf ［2024-03-20］。

日本进口商品价格持续攀升，加剧了日本的通货膨胀问题。① 2023 年 1 月，日本核心消费者物价指数同比上涨 4.2%，为 1981 年 9 月以来的最快增速。为减轻高通胀对日本民众的经济负担，日本政府在 2023 年继续对电力及燃气供应商提供补助金支持，以降低电力、燃气等能源价格上涨幅度。受此影响，2023 年下半年，日本通货膨胀趋势有所缓解，核心消费者物价指数同比上涨幅度从 2023 年 6 月的 3.3% 下降到 2023 年 12 月的 2.3%。② 在通货膨胀背景下，日本员工薪资增速无法赶上物价上涨速度，日本居民实际工资处于持续下降状态。"每月勤劳统计调查"结果显示，2023 年 12 月，日本实际工资同比下降 2.1%，已经连续 21 个月处于下降状态。2023 年全年，日本实际工资同比下降 2.5%，已经连续 2 年处于下降状态。③ 在 2023 年的"春斗"中，虽然实现了 3.58% 的工资增速，但最核心的基本工资增幅只有 2.12%，低于日本的通胀水平，造成日本实际工资下滑。④ 实际工资的持续下降，抑制了日本居民的消费，无法推动日本经济增长。

### （二）经济增长动力缺失与企业投资不足

泡沫经济崩溃后，日本迟迟未形成新的支柱产业，产业升级转型进程受阻，产业新陈代谢能力下降。时至今日，汽车、一般机械、电子机械等加工组装产业依然是日本的主导产业，在日本出口中占据重要地位。2023 年，在日本出口总额中，汽车、一般机械、电子机械产品占比分别为 23.4%、18.3%、16.6%。⑤ 在新一轮科技革命和产业变革背景下，日本在数字转型和绿色转型等领域的发展情况也不尽如人意。在数字转型方面，日本在

---

① 「安すぎる円解消できず　経済の足腰なお弱く」、『日本経済新聞』2023 年 12 月 28 日。

② 総務省「消費者物価指数」、2024 年 2 月 27 日、https：//www.stat.go.jp/data/cpi/sokuhou/tsuki/pdf/zenkoku.pdf［2024-03-20］。

③ 厚生労働省「毎月勤労統計調査令和 6 年 1 月分結果速報」、2024 年 3 月 7 日、https：//www.mhlw.go.jp/toukei/itiran/roudou/monthly/r06/2401p/dl/pdf2401p.pdf［2024-03-20］。

④ 「賃上げ平均 3.58%、春季交渉の連合集計　29 年ぶり 3% 超」、『日本経済新聞』2023 年 7 月 5 日。

⑤ 財務省「令和 5 年分貿易統計（速報）の概要」、2024 年 1 月 24 日、https：//www.customs.go.jp/toukei/shinbun/trade-st/gaiyo2023.pdf［2024-03-20］。

"世界数字竞争力"排名中仅处于第 32 位，远低于美国、新加坡、韩国等国。① 在绿色转型方面，日本的可再生能源发电量在总发电量中的占比为 18%，远低于意大利的 39.7%、西班牙的 38.2%、德国的 35.3%。② 此外，虽然日本强调"科学技术立国"，但是近年来日本的科技创新能力持续下降。在前 1% 被引用论文数量排名方面，日本的排名从 2022 年的第 10 位下降到 2023 年的第 12 位。③ 由于日本产业升级转型步伐缓慢、科学创新能力下滑，日本企业设备投资乏力，这不利于促进日本经济增长。在日本实施超宽松货币政策背景下，日元持续贬值，日本企业收益持续上升，但大多数变为企业内部留存，或转变为对外直接投资，而较少用于日本国内的企业设备投资。如图 1 所示，2000～2022 年，日本企业现金比率从 11% 提升到 14.6%，有价证券比率从 8.4% 提高到 19.4%，而有形固定资产比率则从 37.5% 下降到 25.5%。④ 日本银行全国企业短期经济观测调查显示，2023 年度，日本企业设备投资计划同比增长 17.9%，增速较 2022 年度下降 3.2 个百分点。⑤ 由于日本经济缺乏增长动能，企业没有良好的投资标的，日本企业在设备投资方面趋于保守。

### （三）宏观经济政策面临挑战

在财政政策方面，财政政策可持续性问题越发凸显。受日本经济长期低迷、法人税计算方法改变等因素影响，日本税收收入持续下降，日本税收总

① IMD, "World Digital Competitiveness Ranking 2023," https：//www.imd.org/news/competitiveness/incorporating-ai-technology-from-the-top-down-will-build-digital-nationhood-in-2024-says-new-imd-report/［2024-03-20］.
② 資源エネルギー庁「日本のエネルギー 2021 年度版」、2022 年 11 月 1 日、https：//www.enecho.meti.go.jp/about/pamphlet/energy2021/007/［2024-03-20］。
③ 科学技術・学術政策研究所「科学技術指標 2023」、2023 年 8 月 1 日、https：//www.nistep.go.jp/sti_indicator/2023/RM328_00.html［2024-03-20］。
④ 財務省「法人企業統計調査」、2024 年 2 月 26 日、https：//www.mof.go.jp/pri/reference/ssc/index.htm［2024-03-20］。
⑤ 日本銀行「短観」、2023 年 12 月 13 日、https：//www.boj.or.jp/statistics/tk/index.htm［2024-03-20］。

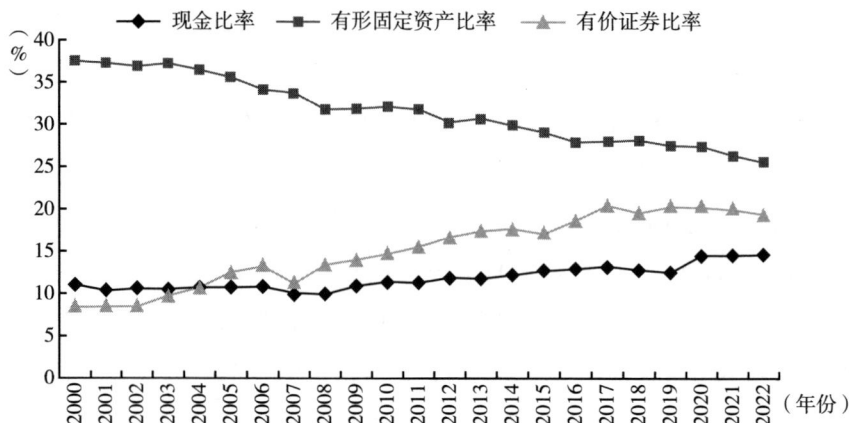

**图 1　2000~2022 年日本有形固定资产、有价证券与现金比率变化趋势**

资料来源：财务省「法人企業統計調査」、2024 年 2 月 26 日、https：//www. mof. go. jp/pri/reference/ssc/［2024-03-20］。

额从 2022 年的 71.1 万亿日元下降至 2023 年的 69.9 万亿日元，同比下降 1.7%。① 与此同时，日本的财政支出却保持快速增长的势头。2023 年，日本财政预算总额达到 114.3 万亿日元，比上一年增加 6784.8 亿日元，预算总额再创历史新高。引发日本财政预算总额快速增加的原因在于防卫预算的大幅增加。与 2022 年相比，2023 年，日本防卫预算同比增长 26.4%，达6.8 万亿日元。根据日本政府公布的《防卫力量整备计划》，日本还将继续增加防卫预算，预计 2023~2027 年日本的防卫费总额将增至 43 万亿日元。随着人口老龄化问题的越发严重，2023 年，日本社会保障预算持续增加，达 36.8 万亿日元，同比增长 1.7%。② 如表 2 所示，为提振日本经济，日本政府于 2023 年 11 月提出了规模达 37.4 万亿日元的"综合经济对策"，其中财政支出规模达 21.8 万亿日元：6.3 万亿日元用于发放低收入家庭补助金，降低家庭燃料、电力支出负担，3.0 万亿日元用于推动劳动方式改革、促进

① 财務省「税収に関する資料」、2023 年 4 月 1 日、https：//www. mof. go. jp/tax_policy/summary/condition/a03. htm［2024-03-20］。

② 財務省「令和 5 年度予算のポイント」、2023 年 1 月 31 日、https：//www. mof. go. jp/policy/budget/budger_workflow/budget/fy2023/seifuan2023/index. html［2024-03-20］。

中小企业增加员工工资，4.7万亿日元用于促进科技创新、强化日本国内产业链供应链建设，1.6万亿日元用于推动少子老龄化对策，6.1万亿日元用于加强日本的基础设施建设等。受此影响，日本的财政赤字缺口不断扩大，日本国债发行额持续增加，日本财政面临严重的可持续性危机。2023年，日本国债发行额为35.6万亿日元，日本政府债务余额占GDP的比例达258.2%。①

表2  2023年11月日本"综合经济对策"的财政支出和支出总额

单位：万亿日元

| 主要内容 | 财政支出 | 支出总额 |
|---|---|---|
| 物价高涨对策 | 6.3 | 12.8 |
| 推动工资持续上涨 | 3.0 | 9.1 |
| 促进日本国内投资 | 4.7 | 7.5 |
| 应对人口减少 | 1.6 | 1.7 |
| 强化防灾减灾与国土韧性 | 6.1 | 6.3 |
| 合计 | 21.8 | 37.4 |

资料来源：内閣府「デフレ完全脱却のための総合経済対策について」、2023年11月2日、https：//www5.cao.go.jp/keizai1/keizaitaisaku/2023/20231102_ taisaku.pdf［2024-03-20］。

在是否退出超宽松货币政策问题上，2023年，日本处于两难境地。一方面，日本国内通货膨胀高企、金融市场波动性加剧，迫使日本央行调整超宽松货币政策。在超宽松货币政策背景下，日元大幅贬值，引发输入性通货膨胀，日本居民生活负担持续增加，社会不满情绪持续上涨。在美联储数次加息、收紧货币政策的情况下，收益率曲线控制政策的实施，导致日本国债市场流动性下降，引发金融市场波动。另一方面，日本经济复苏缓慢，若迅速退出超宽松货币政策，则会对日本经济增长形成冲击。进入2023年下半年以来，日本国内需求持续疲软，日本经济再次卜滑。如果退出超宽松货币政策，则会进一步打击日本国内需求，引发日本经济衰退。基于上述因素，

① 財務省「我が国の財政事情」、2023年12月1日、https：//www.mof.go.jp/policy/budget/budger_ workflow/budget/fy2023/seifuan2023/04.pdf［2024-03-20］。

2023 年，日本央行以渐近的方式调整超宽松货币政策。2023 年 7 月 28 日，日本央行召开金融政策决定会议，决定调整收益率曲线控制政策，将长期利率上限提升至 0.5%，并允许长期利率在一段时间内超过央行设定的上限目标，在 0.5%~1% 波动。① 2023 年 10 月 31 日，日本央行再次调整收益率曲线控制政策，将 1% 作为日本长期利率的上限目标，以降低金融市场波动性，提升日本国债市场流动性。② 在调整收益率曲线控制政策后，日本央行是否调整负利率政策成为各界关注焦点。

## 三　岸田政府经济政策走向

岸田政府上台后，着力推进"新资本主义"政策，依靠科技创新培育高附加值产业，推动员工工资上涨，促进初创企业发展，推动家庭储蓄转化为投资，经济政策过度安全化阻碍日本经济增长。

### （一）推动科技创新以及绿色、数字化转型进程

在国际政治经济形势复杂变化背景下，日本认为，政府的作用不应仅仅局限于调节市场，而应积极解决科技发展、绿色转型、数字化转型等社会经济发展中面临的具体问题，重新实现"科学技术立国"目标，强化日本的国际竞争力。一是推进新一代信息技术研发。2023 年 4 月，日本制定"量子未来产业创出战略"，提出到 2030 年实现量子技术利用人数达 1000 万人、量子技术相关产业规模达 50 万亿日元、打造量子技术相关风险投资企业等目标。③ 在人工智能方面，要推动生成式人工智能（GAI）技术开发，推动医疗、行政、教育、金融等领域的人工智能技术应用。二是推动日本绿色转

---

① 「日銀、金利操作を修正　長期金利 0.5% 超え容認」、『日本経済新聞』2023 年 7 月 28 日。
② 「日銀、金利操作の再修正を決定　長期金利 1% 超え容認」、『日本経済新聞』2023 年 10 月 31 日。
③ 内閣府「量子未来産業創出戦略」、2023 年 4 月 14 日、https：//www8. cao. go. jp/cstp/ryoshigijutsu/230414_ mirai_ gaiyo. pdf［2024-03-20］。

型进程。2023 年，日本政府发布"为实现绿色转型基本方针"，推动提高可再生能源导入比率，积极推动新一代太阳能电池和海上风电设备技术研发，开发新一代核电机组，强化对氢、氨的研究利用，并引入促进绿色转型的经济措施，如发行 20 万亿日元的绿色转型债券，促进超过 150 万亿日元的公共和私人绿色转型投资等。① 三是加快日本数字化转型步伐。推动 6G 信息通信系统开发，加强光信号转换零部件和光纤无线传输技术研发，降低信息通信基础设施能耗成本。构建医疗信息综合服务平台，提升医疗信息利用水平，推进电子病历标准化体系建设、医疗服务价格改革等，推动医疗服务行业数字化进程。完善中小企业数字化转型咨询体系，根据每个企业的不同情况精准施策，助力中小企业数字化转型进程。

## （二）强化人力资本投资

岸田政府将缩小收入分配差距设定为"新资本主义"政策的重要目标，而具体手段就是强化人力资本投资。通过强化人力资本投资，推动日本企业提高员工工资，促使日本经济形成"增长与分配"的良性循环。与欧美等国相比，日本员工工资增速长期低迷，日本急需改善员工工资增速缓慢的情况。1991~2021 年，美国、英国、法国员工工资分别增长 1.52 倍、1.51 倍、1.34 倍，而日本仅增长 1.05 倍。② 与 2022 年相比，日本政府除致力于呼吁日本企业增加员工工资外，还提出多项措施鼓励日本企业增加人力资本投资，特别就提升人力资本质量提出多项措施。一是推动员工接受职业再培训教育。修改雇佣调整补助金补贴标准，促进企业鼓励员工接受职业再培训教育。促进职业培训机构、大学等扩充员工培训课程内容，建立培训经历可视化信息系统。强化职业顾问作用，根据员工自主意愿以及现有的知识结构向其推荐相应的培训课程。二是促进日本企业导入职务津贴制度。促进日本

---

① 内阁官房「GX 実現に向けた基本方針」、2023 年 2 月、https：//www.cas.go.jp/jp/seisaku/gx_ jikkou_ kaigi/pdf/kihon.pdf［2024-03-20］。

② OECD「Average wages」、2023 年 12 月 1 日、https：//data.oecd.org/earnwage/average-wages.htm［2024-03-20］。

企业认识到摆脱终身雇佣制的必要性，向日本企业积极介绍职务津贴制度的导入方法，如岗位分工、人力资源评估、绩效考核、工资制度、休假制度等，分享成功导入职务津贴制度的企业案例等。三是推动劳动力向高生产率产业部门移动。修改退休所得课税制度，降低工作年限对退休所得课税的影响，消除影响劳动力产业间转移的障碍。完善职业信息介绍机制，推动职业介绍所与民营人力资源公司合作，实现职位信息整合，从而更好地为求职者提供职位信息服务。

### （三）推动初创企业发展

为推进日本产业升级转型进程，提升日本产业新陈代谢能力，近年来，日本政府十分重视初创企业的发展，认为初创企业的产生有助于促进科技创新，推动日本经济增长。2022 年，日本政府制定了"初创企业培育 5 年计划"。2023 年，日本政府在此基础上着力从人才培养体系建设、强化风险资金供应等角度入手，推动初创企业发展。一方面，完善初创企业人才培养体制机制。创设"交叉任命制度"，允许研究人员同时与企业和大学签订雇佣合同，鼓励研究人员参与初创企业的发展。在职业技术学校教育中引入创业教育，在提升学生解决问题能力的同时，鼓励学生参与初创企业的实际业务经营活动。选拔 1000 名日本青年人才赴美国硅谷、波士顿等地就初创企业问题展开研修活动，学习国际先进经验。另一方面，强化风险投资供应体系建设。推动中小企业基盘整备机构、医疗研究开发机构、新能源产业技术综合开发机构等提高对初创企业的融资水平，加大对科技创新型初创企业的支持力度。推动产业革新投资机构设立总额达 2000 亿日元的初创企业投资基金，完善风险投资供应体系。

### （四）实施资产所得倍增计划

2023 年，日本股市表现良好，日经平均股指全年增长 7369 点，增幅为28.2%，呈现自 1989 年以来的最大增幅。除海外热钱涌入日本股市推高日本股票价格外，日本企业大幅增加股票回购也是推升日本股票价格的重要影响因素。2023 年，东京证券交易所提出"关于资金成本及股价经营要求"文件，要求日本企业加强对资本效率的认识。日本企业遂通过大规模回购自身股票的方式，提升净资产收益率，以满足东京证券交易所的要求。[①] 但是，日本家庭金融资产运用仍然不足，居民储蓄转化为投资的意愿淡薄。截至 2023 年 9 月，日本家庭金融资产高达 2121 万亿日元，其中，现金存款占比高达 52.5%，股票投资占比仅为 12.9%。[②] 2023 年，日本政府积极推动"资产所得倍增计划"，以增加家庭部门的股票投资，促进日本企业发展。一是完善"小额投资免税制度"，将成长型小额投资免税额度上限从 120 万日元提升到 240 万日元，将定期投资型小额投资免税额度上限从 40 万日元提升到 120 万日元，推动日本居民储蓄转变为股票投资。二是建立金融咨询制度，预计于 2024 年内设立金融经济教育推进机构，向日本居民提供中立的投资建议，增加日本居民的金融经济知识，鼓励开展股票投资。

## （五）进一步强化经济安全保障政策

2022 年，日本政府制定《经济安全保障推进法》。2023 年，日本政府在此基础上，加大经济安全保障政策实施力度。2023 年 4 月，日本政府提出"特定社会基础任务基本方针"，要求能源供给、交通运输、信息通信等产业领域企业在引入"特定重要设备"时，接受日本政府的审查。此外，日本还于 2024 年 5 月正式推出"专利非公开制度"，对不利于国家安全和产业发展的专利采取"保全措施"，禁止该专利公开发布。[③] 此外，2023年，日本在经济安全保障政策方面还采取以下措施。一是完善日本国内产业链供应链。在半导体方面，日本持续推进国内半导体生产基地建设，2024

---

① 東京証券取引所「資本コストや株価を意識した経営の実現に向けた対応について」、2023 年 3 月 31 日、https://www.jpx.co.jp/equities/follow-up/jr4eth0000004vj2-att/jr4eth0000004w6n.pdf［2024-03-20］。

② 「家計の金融資産、9 月末で2121 兆円と最高　株が3 割増」、『日本経済新聞』2023 年 12 月 20 日。

③ 内閣府「特許出願の非公開に関する制度」、2023 年 2 月 1 日、https://www.cao.go.jp/keizai_anzen_hosho/patent.html［2024-03-20］。

年 2 月，台积电在日本的首个半导体工厂正式运行，并预计 2027 年前完成在熊本的第二个半导体工厂建设，日本政府向这两个工厂分别提供 4760 亿日元和 7320 亿日元补贴。2023 年 3 月，致力于进行尖端半导体技术研发的 Rapidas 公司表示将从 2027 年起在北海道千岁市量产 2 纳米芯片。① 在蓄电池方面，日本积极推动全固态电池等新一代蓄电池技术开发，并在 2023 年 11 月出资 2658 亿日元用于补贴蓄电池和相关零部件生产。二是强化粮食安全保障。加大小麦、大豆、蔬菜等农作物的日本国内生产力度，完善生产、加工、流通、销售等粮食供应链体系，监测日本粮食供应链的稳定情况并给予及时评价。2024 年 5 月日本修改"粮食、农业和农村基本法"，将维护粮食安全纳入这一法律之中。

### （六）积极实施对外经贸战略

对外经贸战略始终是岸田"新资本主义"经济政策的重要组成部分，与日本国内经济政策环环相扣，2023 年在对外经贸战略方面出现诸多新动向。一方面，日本积极推动《全面与进步跨太平洋伙伴关系协定》（CPTPP）扩容。在日本的推动下，2023 年 7 月，英国正式加入 CPTPP，成为首个加入该协定的欧洲国家。这使 CPTPP 的成员国从 11 国扩大至 12 国，协定覆盖的区域扩大至欧洲。这对于完善日本的对外经济贸易圈具有重要意义。② 另一方面，日本积极参与美国提出的"印太经济框架"（IPEF）谈判。2023 年 11 月，IPEF 成员国发表联合声明，宣布所有参与方已经签署"IPEF 供应链协议"，旨在提升成员国的供应链韧性以及产业国际竞争力。主要内容包括：提高特定领域监管透明度、明确供应链中的关键行业和关键

---

① 《台积电熊本工厂投产，日本半导体走上复兴路》，日经中文网，2024 年 2 月 26 日、https：//cn. nikkei. com/industry/itelectric-appliance/54923-2024-02-26-13-14-48. html? start=1 [2024-03-20]。

② 日本贸易振興機構「英国、CPTPP 加入に向け正式署名、締結に向けた国内手続きへ」、2023 年 7 月 18 日、https：//www. jetro. go. jp/biznews/2023/07/094082b6643110aa. html [2024-03-20]。

产品、消除供应链中的薄弱环节、减少不必要的限制和贸易障碍等。①

　　总之，2023年的日本经济呈现"明暗相间"的特点，第一、二季度，日本实际GDP实现提升，同时股市表现良好，不动产价格再创新高，日本经济呈现恢复增长的态势。但是，内需不足拖累日本经济增长，2023年下半年，日本实际GDP增速再度走低，同时，实际工资下降、经济增长动力缺失、人口老龄化等长期结构性问题依然困扰日本经济，拖累日本经济复苏。此外，虽然日本出现了调整超宽松货币政策的迹象，但日本政府债务负担依然沉重，实现货币政策正常化任重而道远。2024年，日本经济依然面临高通胀导致的员工实际工资下降的问题，从而使消费持续疲软，同时，随着全球经济复苏步伐放缓，外需对日本经济的支撑作用也将下降。人口老龄化、产业升级转型缓慢等长期结构性问题仍将阻碍日本经济发展。受汽车及电子机械产业生产复苏影响，民间企业设备投资或在2024年呈现增长态势，成为日本经济增长的有效支撑。日本央行认为，2024年，日本经济将处于缓慢复苏的状态，潜在生产率持续提高，供需缺口不断改善，物价水平将保持上涨趋势，有望实现"员工工资上涨与物价增长的良性循环"。②

（审读专家：张晓磊）

---

① 経済産業省「IPEFサプライチェーン協定が発効します」、2024年2月1日、https：//www. meti. go. jp/press/2023/02/20240201002/20240201002. html［2024-03-20］。
② 日本銀行「経済・物価情勢の展望」、2024年4月26日、https：//www. boj. or. jp/mopo/outlook/gor2404a. pdf［2024-05-20］。

# B.4
# 2023年日本外交：构建基于"自由开放的国际秩序"的对外关系

吕耀东*

**摘　要：**　2023 年是日本落实新"安保三文件"的"开局"之年。随着日本国内保守主义势力日益壮大，日本首相岸田文雄执政后，继续奉行具有保守主义色彩的政策方针。在外交领域，日本不仅凭借与美国的同盟关系对东亚地区安全施加影响，大力推进"自由开放的印度洋-太平洋"构想下的价值观外交，进一步发展和深化与美国、澳大利亚以及非洲国家等的关系，而且在美国的支持下持续推进与印度、中东、北约等国家、地区和组织在安全保障领域的合作。这些举动都将为东亚安全形势带来深刻复杂的变化。

**关键词：**　国家安全保障战略　岸田内阁　自由开放的国际秩序　日美同盟中日关系

在岸田首相"新时代现实主义外交"理念下，执政党倡导的价值观外交、"自由开放的印度洋-太平洋"构想与提升日本防卫能力的外交及安保政策得以实施，并大幅度调整了日本的外交、安全战略。尤其是 2022 年底，新版《国家安全保障战略》《国家防卫战略》《防卫力量整备计划》通过后，日本加快"强化防卫力量"的步伐，并依托日美同盟及其"准同盟"机制，渲染"乌克兰危机东亚化"，制造视中国为"迄今为止最大的战略挑

---

* 吕耀东，法学博士，中国社会科学院日本研究所副所长、中日社会文化研究中心主任、研究员，博士生导师，主要研究方向为国际关系、亚太地区冲突与合作、日本政治外交及中日关系。

战"的对华阵营对抗。当前，日本不仅凭借与美国的同盟关系对东亚地区安全施加影响，还在美国的支持下，通过外长与防长"2+2"合作机制、美日印澳"四边机制"、《物资劳务互换协定》、《互惠准入协定》及"防卫装备转移三原则"等推进深化与印度、北约等国家、地区和组织的政治安全关系，拉拢"全球南方"国家"选边站队"，积极参与主导国际事务。

# 一　2023年日本的外交态势

日本政府将以"自卫"为理由的"反击能力"写入新版《国家安全保障战略》《国家防卫战略》《防卫力量整备计划》（以下简称新"安保三文件"）后，对日本的外交、安全战略进行了大幅调整，强调在未来五年内将防卫预算占国内生产总值（GDP）的比重从1%大幅增加到2%，通过综合国力维护日本安全利益，首次明确纳入经济安全保障内容，以及将中国定位为"迄今为止最大的战略挑战"等。新"安保三文件"的出台标志着日本外交、安全战略发生了"质"的转变——转"守"为"攻"。

第一，将"反击能力"写入新"安保三文件"。"反击能力"一词的"前身"是"对敌基地攻击能力"。为避免"违宪""先制攻击"等可能出现的国内外舆论批判，日本政府在新"安保三文件"中正式将"对敌基地攻击能力"表述为"反击能力"，其本质并无不同，均是强化日本自身防卫力量的手段，是日本实现军事大国化的阶段性战略意图的体现。新版《国家安全保障战略》将"反击能力"定义为"当日本遭受他国弹道导弹等武器的武力袭击时，基于'武力行使三条件'，可采取防止上述攻击所需的不得已的必要最小限度的自卫措施，使用防区外打击能力在对方疆域内进行有效反击。通过拥有施加这种有效反击的能力，以遏止武力攻击"[①]。2023年版《防卫白皮书》将"反击能力"进一步表述为"不仅利用导弹防御网防

---

① 防衛省『国家安全保障戦略』、2022 年 12 月 16 日、https://www.mod.go.jp/j/policy/agenda/guideline/pdf/security_strategy.pdf［2023-03-01］。

止来袭的导弹，而且防止敌方进一步武力攻击，予以有效反击的能力。以此让敌方放弃攻击念头，从而阻止武力攻击本身"。① 根据日本"和平宪法"的规定，其防卫方针只能是"专守防卫"，即所有武器装备都是防御性的，但现在日本已开始大张旗鼓地购买美国"战斧"巡航导弹等攻击性武器。按照新版《国家安全保障战略》，这种所谓"反击能力"实际上是攻击性的，可以进行"先发制人"的打击，这显然有悖"和平宪法"，暴露出日本新版《国家安全保障战略》突破"专守防卫"的实质。

第二，将"经济安全保障"纳入日本外交与安全战略。新版《国家安全保障战略》在战略路径上明确提出要促进经济安全保障，确保日本经济自主、技术优势和"战略不可或缺性"，主张通过经济安全保障政策确保日本经济增长的国际环境，实现安全与经济增长的良性循环。具体实现路径包括：提出推进经济安全保障相关法案；强化供应链；在关键基础设施领域采取政府采购和强化事前审查制度；加强敏感数据管理以及确保信息和技术服务的安全性和可靠性；加大先进技术信息收集力度、加强投资审查和出口管制、加强应对强制技术转让、解决人才外流问题等；提出维护自由、公正、公平的基于规则的国际经济秩序，主张通过与盟国和"志同道合"国家合作强化国际规范，强化自由和公平的经济秩序，确保各国遵守国际规则和标准，支持发展中国家自力更生。② 由此将涉及对华层面，这会严重影响中日经贸往来，日方首先考虑所谓"经济安全保障"，势必对中日既有经贸科技交流产生负面影响及限制作用。

第三，提升日本自身防卫力量建设的地位，将其重要性置于日美同盟之上。日本新版《国家安全保障战略》明确将提升"防卫力量"放在日美同盟之上。《防卫力量整备计划》针对《国家防卫战略》中所提的三大防卫目标和七大能力领域做出具体规划，提出武器装备采购和研发部署安排及陆海

---

① 防衛省『令和 5 年版防衛白書パンフレット』、2023 年 7 月 28 日、https：//www. mod. go. jp/j/press/wp/wp2023/pdf/DOJ2023_ Digest_ JP. pdf［2024-02-10］。

② 防衛省『国家安全保障戦略』、2022 年 12 月 16 日、https：//www. mod. go. jp/j/policy/agenda/guideline/pdf/security_ strategy. pdf［2023-03-01］。

空自卫队整编计划。文件明确了2023~2027年日本防卫开支总额为43万亿日元，是上一个五年（2019~2023年）费用总额的约1.6倍；2027年防卫预算规模达到GDP的2%的水平，突破了战后以来防卫费不超过GDP的1%限制，防卫支出将跃升至世界第三位。<sup>①</sup>增加防卫预算，是为了实现日本新"安保三文件"确立的目标，将对敌国基地"反击能力"写入新"安保三文件"，就需要更多防卫预算增强攻击能力。事实上，10多年来，日本防卫开支一直在上升，只是到了"岸田时代"才明确提出防卫开支占GDP 2%的目标。对于猛增军费，岸田政府的借口是乌克兰危机、中国军事力量的发展，以及朝鲜的核导计划将"威胁自身安全"。然而，事实上，日本向来有突破"专守防卫"体制、谋求"国家正常化"的用心，而美国也有借日本之手展开大国竞争的考虑。这就导致出现一种反差，即日本当前阶段的经济复苏仍然充满不确定性，而其防卫费却要反向提高到占GDP的2%。

第四，进一步明确日本的"国家利益"诉求，主动谋求"印太"国际事务话语权和主导权。日本新版《国家安全保障战略》第二部分"日本的国家利益"强调，日本的国家利益包括如下内容。维护日本的主权与独立，维护领土完整；确保国民的生命、身体、财产安全；确保日本的和平与安全；继承丰富的文化与传统；持续做受世界尊敬的被善意接纳的国家和国民。要通过经济增长主动实现进一步繁荣，维护并强化开放稳定的国际秩序，打造与他国共存共荣的国际环境。要维持并拥护自由、民主主义、基本人权、法制等价值观和基于国际法的国际秩序。特别是，维护并发展"自由开放的印度洋-太平洋"国际秩序。日本新版《国家安全保障战略》第四部分"日本面临的安全保障环境与日本安全保障上的课题"强调，在"自由开放的印度洋-太平洋"愿景下，实现基于法治的自由开放的国际秩序、确保地区和平与稳定，对日本的安全至关重要。这又涉及日本积极主导国际事务的问题，即日本已经不甘于"战后安排"，积极谋求实现政治军事大国

---

① 防衛省『防衛力整備計画』、2022年12月16日、https：//www. mod. go. jp/j/policy/agenda/guideline/plan/pdf/plan. pdf［2023-03-01］。

化目标。另外，日本发布新版《国家安全保障战略》以及对华政策调整是迫于美国压力吗？答案显然不是。日本在相当程度上一直在鼓噪和引领东亚话题，制造乱局。比如，借"乌克兰危机"加大对台海问题的鼓噪和炒作力度等，也是日本在呼唤美西方"东顾"。

## 二　2023年日本外交重大热点问题评析

2023年，岸田政府在对外关系上延续了安倍执政时期的外交理念。岸田政府依托日美同盟强化"印太构想"及其安全机制的意向，与对华"对话"外交口号形成反差及背离的状况。在强化日印关系、举办七国集团（G7）峰会、亚太经合组织（APEC）会议期间无不表现出明显的对华针对性，日本对华的"主张"外交仍存在不稳定性和不确定性。

### （一）启动与印度的联合空中演习，加强日印安全合作

日印双边关系的发展与美日印澳多边关系的发展是同步进行的。近年来，日本与印度之间的合作逐渐从经济层面扩展至军事、安全层面，并且项目越来越多。首先，在具体实施路径上，除了政治层面的领导人会谈和访问、经贸层面的投资计划和高铁合作项目外，两国还通过"马拉巴尔"军演、外长和防长参与的"2+2"会谈等机制开展安全合作。2023年1月12~26日，印度空军与日本航空自卫队在日本百里空军基地举行"维尔守护者-2023"（Veer Guardian-2023）联合空中演习，这是日印两国空中力量首次实施战斗机联合训练。[①] 日印空中力量联合演习将增加地区不安定因素。日本与印度的军事安全合作，可追溯至前首相安倍晋三执政时期奉行的"价值观外交"，在菅义伟和岸田文雄任内，其得到了延续。其次，作为美日印澳"四边机制"成员之一，印度可谓"印太"地区的核心国家、战略支点。

---

① 『空自、ロシア製「スホイ30」と実戦訓練　機体所有のインド空軍と』、『朝日新聞』2023年1月23日、https://www.asahi.com/articles/ASR1R5WVDR1RUTIL003.html［2023-04-15］。

但在这四国中，印度处于相对薄弱的环节。最后，印度被视为"全球南方"国家的代表，日本希望借助印度在"全球南方"国家中突出的影响力，赢得"全球南方"国家对日本的政治支持。此外，在日本寻求在联合国"入常"的过程中，非洲国家被视为重要的"票仓"。

鉴于此，一方面，日本意在通过"价值观外交"谋求地区事务主导权。2023年7月27日至8月4日，日本外务大臣林芳正先后访问印度、斯里兰卡、马尔代夫、南非、乌干达、埃塞俄比亚六个国家。在到访印度、斯里兰卡及马尔代夫时，林芳正几乎每到一站都会就"印太"地区局势亮明观点，并多次提及所谓"基于规则的国际秩序"，这蕴含试探对方国家态度的意思。[①] 林芳正此行体现出日本谋求参与国际事务的话语权和主导权、发挥影响力的意图。

另一方面，日本试图将印度作为战略抓手，加强与"全球南方"国家的联系。日本通过价值观外交强化与美西方的关系，包括与美国、欧盟、北约的关系，将目光投向"全球南方"，以期拉拢"全球南方"国家"选边站队"，加入美西方阵营。林芳正表示，此行将"倾听'全球南方'国家广泛的声音，致力于解决现实问题"。[②]"全球南方"国家在"印太"地区局势、乌克兰危机等议题上普遍持中立立场，被视为"中间地带"。林芳正此行发生在日本基本搞定美西方"阵营外交"的背景下，将目光转向"全球南方"国家，以期赢得这些国家在"印太"地区局势、乌克兰危机等议题上的支持。

此外，日本有意拉拢印度，也有牵制中国的意味。日本舆论不断渲染"中国威胁论"，现在又提出所谓的"地区威胁论"，背离中日四个政治文件和四点原则共识。在美日印澳"四边机制"中，印度相对而言并不积极，因此日本意图将印度这"一边"抬起来。日本的所作所为牺牲地区和平稳

① 外務省「林外務大臣の南西アジア及びアフリカ訪問」、2023年8月4日、https：//www.mofa.go.jp/mofaj/area/page5_000427.html［2024-03-10］。
② 外務省「林外務大臣の南西アジア及びアフリカ訪問」、2023年8月4日、https：//www.mofa.go.jp/mofaj/area/page5_000427.html［2024-03-10］。

定这一共同利益,与其标榜的走和平主义道路背道而驰。

尽管日本正在做出外交努力,试图借出访阐述外交理念,并将理念落实到实践中,但预期目标难以实现。首先,印度、斯里兰卡及马尔代夫等国并不愿意介入国际冲突,不愿意"选边站队",而是致力于营造稳定的国际环境,从而实现自身发展。其次,美西方基于自身利益构建"基于规则的国际秩序",这并不符合国际社会共同利益。此举不是真正为了帮助"全球南方"国家摆脱贫困、实现发展,而是为了维护美西方自身利益。此外,在援助非洲国家方面,对于日本能够真正提供的资源,尚待观察。

### (二)日本借 G7 峰会展示"和平形象"

2023 年 5 月 19~21 日,由美国、英国、加拿大、法国、德国、意大利、日本组成的七国集团(G7)在日本广岛举行峰会。[①] 日本作为此次 G7 峰会主席国,在会址、议题设置等方面都花了一番"心思"。G7 峰会表面上是为了促进整个世界经济的繁荣发展,但其实际行为是在破坏世界经济发展和区域合作。

一方面,日本将 G7 峰会的举行地点选在广岛,标榜自身的"和平形象"。广岛是二战时期日本发动军国主义侵略战争的重要基地,也是美国在日本投掷的原子弹爆炸的地点。日本将 G7 峰会的举行地点选在广岛,以此做文章,大谈所谓的"积极和平主义",并在广岛市和平纪念公园迎接各国首脑夫妇,借机宣传日本的"和平形象",对当年美国在日本投掷原子弹的原因——发动军国主义侵略战争避而不谈。此外,日本还通过设置"无核武"议题,刻意将日本标榜为维护世界和平的"反核形象",不仅未对自身的侵略历史进行深刻反省,还试图设立、渲染自己的受害者身份,并以此掩盖当年发动军国主义侵略战争的事实,这其实是因果关系上的本末倒置。

另一方面,日本借 G7 峰会举行之机炒作涉华议题。作为 G7 轮值主席

---

① 外務省「G7 広島サミット(概要)」、2023 年 5 月 26 日、https://www.mofa.go.jp/mofaj/ecm/ec/page4_005920.html [2024-03-10]。

国，岸田在峰会召开前进行了一系列出访活动，意在引领话题、为峰会定调。在国际上，岸田邀请韩国、印度、非洲国家等代表与会，旨在拉拢这些国家，为 G7 峰会的理念站台，并力图在国际上形成压倒性声音，以服务于日本和美西方的利益。日本首次将"印太"与"经济安全"作为 G7 峰会的单独议题，会后发表的联合声明等炒作涉华议题，妄谈台海局势，对东海、南海等问题和中国核力量说三道四，称"反对单方面改变现状"，并以所谓"经济胁迫"影射中国。

但事实上，G7 峰会向外界传递的仅仅是占国际社会一小部分的"富人俱乐部"的声音，并不能以此统合、强加于国际社会。而且，G7 成员国的利益与其他国家并不一致。其他国家最主要的愿望仍是维持有利于和平发展的稳定局势。一味拱火、制造事端，有悖世界和平发展的共同愿望。因此，这些受邀国并不真正赞同 G7 成员国的一些意图和主张。此外，从日本国内来看，由广岛民众举行集会反对 G7 峰会可见，岸田的外交政策并未完全得到国内认同。一些日本民众认为，岸田政府处理国内问题的举措乏善可陈，转而想通过渲染威胁等外交手段加分，可能会给地区局势带来负面影响。可见，G7 峰会并不是为了维护整个地区乃至世界的和平稳定，反而制造矛盾，试图将危机引至东亚，这些做法不得人心，也不能被国际社会所认可。从这个意义上说，G7 峰会所发挥的作用和产生的影响在逐年衰落。

### （三）启动核污染水排海计划，为一己私利损害国际公共利益

2023 年 8 月 24 日，日本东京电力公司宣布启动核污染水排海计划。①这是对于日本而言最为实惠的、最符合国家利益的做法，同时也是损害整个国际社会公共利益的一种形式。日本试图利用国际原子能机构（IAEA）从技术上为其背书、在 G7 广岛峰会上寻求所谓"共识"、与韩国达成所谓"谅解"等方式引导国际舆论。

---

① NHK「原発の処理水　海への放出開始　国内外の反応は」、2023 年 8 月 24 日、https：//www3. nhk. or. jp/news/html/20230824/k10014172541000. html［2023-12-10］。

第一，利用 IAEA 的数据从技术上进行"正面宣传"。在宣布《基本政策》后，日本政府便请求 IAEA"适用相关国际安全标准，对贮存在福岛第一核电站的多核素去除装置（ALPS）处理水处置的安全相关方面进行详细审查"。在 IAEA 官方网站上公布的《执行概要》指出，"IAEA 总干事设立了一个特别工作组，其包括来自国际原子能机构秘书处的专家，以及来自阿根廷、澳大利亚、加拿大、中国、法国、马绍尔群岛、大韩民国、俄罗斯联邦、英国、美国和越南的国际公认独立专家，以确保 IAEA 的审查具有专业性、全面性、透明性"①。最终，IAEA 在全面评估的基础上得出了结论，即"ALPS 处理水排海方案以及东京电力公司、原子力规制委员会和日本政府的相关活动符合相关国际安全标准，ALPS 处理水排放对人和环境的放射性影响微乎其微"②。日本借 IAEA 具有透明度和保证性的调查结果，力图向国际社会证明核污染水排海的可行性。

第二，日本试图在 G7 广岛峰会上寻求对核污染水排海的支持。2023 年 5 月 15 日，日本福岛县知事内堀雅雄称，"将为参加 G7 峰会的各国政要提供福岛县生产的食品，还会为国际媒体中心供应福岛桃子制成的果汁、金山町的苏打水、福岛当地的清酒和羊羹等日本点心。希望借此机会加深各国对福岛县灾后重建、ALPS 处理水排海的理解"③。2023 年 5 月 20 日，在日本广岛举行的 G7 峰会晚宴上，日本供应了福岛米酒，当天供应的米酒是由福岛县岩濑郡的清酒公司松崎酒造制作的特别纯米酒"广户川"。④ 在此基础上，日本试图将各国对核污染水排海的支持写入 G7 联合声明，意在平息国内外的负面舆论影响。

---

① IAEA：《执行概要》，https：//www.iaea.org/sites/default/files/23/07/23-02604c.pdf［2023-12-10］。

② IAEA，"IAEA Comprehensive Report on the Safety Review of the ALPS-Treatedwater at the Fukushima Daiichi Nuclear Power Station," https：//www.iaea.org/sites/default/files/iaea_comprehensive_alps_report.pdf［2024-03-10］.

③ 「G7サミット　県産の食材提供　知事　福島への理解促進に期待」、NHK、2023 年 5 月 15 日、https：//www3.nhk.or.jp/lnews/fukushima/20230515/6050022657.html［2023-12-10］。

④ 「G7広島サミットの夕食会　福島産の酒提供」、KBS、2023 年 5 月 22 日、https：//world.kbs.co.kr/service/news_view.htm？lang=j&Seq_Code=85498［2023-12-10］。

第三，希冀与韩国达成"谅解"。2023 年 2 月，韩国海洋科学技术研究院公布了根据日本政府公布的材料进行模拟的结果，称"如果日本将福岛核电站核污染水排放入海，污染水中含有的放射性物质氚将在 4~5 年后开始流入济州海域"①。针对韩国对日本核污染水排海的强烈反对，日本在《基本政策》中表示已于 2022 年 11 月和 2023 年 3 月专门面向韩国开展了记者说明会和 ALPS 处理水处置展示会，并将继续实施这一方案。② 2023 年 7 月 5 日，日本首相岸田文雄开始安排出席 11 日和 12 日在立陶宛举行的北约峰会期间与韩国总统尹锡悦单独举行会晤，以说明核污染水排海计划，并寻求韩国方面的理解。③ 2023 年 7 月 13 日，岸田首相向韩国总统尹锡悦表示，"将采取一切可能的安全预防措施，不会排放对日本和韩国人民的健康和环境造成不利影响的水"④。日本龙谷大学教授李相哲表示："韩国反对者知道处理后的水没有问题，但在韩国，科学解释有时会由于政治原因而被忽视。"⑤ 日本一方面试图通过日韩关系的结构性矛盾来淡化 ALPS 处理水可能造成的不利影响，另一方面通过"真诚"的解释来寻求韩国方面的理解，减少负面舆论主力军的力量。可见，日本一方面通过外交游说，另一方面利用 IAEA 的数据进行"正面宣传"，通过公关外交的方式为其错误行径"洗白"，试图将"排海"行为正当化。

日本将核污染水排放入海，开了一个恶例。从国际因素来看，日本在

① 「〈視点〉福島第一原発の処理水放出　韓国で反対世論　ソウルで感じるもどかしさ」、『東京新聞』2023 年 4 月 14 日、https：//www.tokyo-np.co.jp/article/243696［2023-12-10］。

② 『東京電力福島第一原子力発電所における多核種除去施設等（ALPS）処理水の処分に関する基本方針』、2021 年 4 月、https：//www.kr.emb-japan.go.jp/people/news/news_ 210413_ ALPS.pdf［2023-12-10］。

③ 「岸田首相、日韓首脳会談調整へ　処理水の海洋放出で理解求める方針」、『毎日新聞』2023 年 7 月 5 日、https：//mainichi.jp/articles/20230705/k00/00m/010/066000c［2023-12-10］。

④ 「岸田首相、処理水放出で『安全性に万全を期す』…日韓首脳会談で伝える」、『読売新聞』2023 年 7 月 13 日、https：//www.yomiuri.co.jp/politics/20230713‐OYT1T50191/［2023-12-10］。

⑤ 「韓国は処理水に問題ないことはわかっている」「韓国では科学的説明も政治的理由で黙殺される」、MBSNEWS、2023 年 5 月 23 日、https：//www.mbs.jp/news/feature/specialist/article/2023/05/094822.shtml［2023-12-10］。

核污染水排海问题上的有恃无恐，与美国的纵容密切相关。美国希望维持西方主导的国际秩序，需要日本这一在东亚的忠诚代言人，而日本也利用各种国际场合进行公关，建立"形象受损对策基金"，从中可见双方清晰的利益交换。

### （四）参与北约"史上最大规模"空演，为"修宪"铺路

2023 年 6 月 12 日，北约"史上最大规模"的空军演习在德国拉开序幕，以美国为首的 25 个国家参演，除正在申请加入北约的瑞典外，日本是唯一参加演习的非北约成员国。[1] 2023 年 7 月 12 日，日本和北约发布了新的安全合作四年计划，重点是应对不受地理因素制约的网络和信息战，深化日欧之间的防务合作。双方还将统一步调推进制定关于无人武器研发和利用的国际规则，此举旨在防止形成"对中俄有利"的秩序。岸田强调，"日本和北约不仅有'自由和民主'等相同价值观，还有共同的战略利益"[2]。

日本试图进一步深化与北约的安全合作主要有两个方面的原因。一方面，日本意在借北约之船练兵，突破"专守防卫"。日本是二战战败国，受"和平宪法"的限制，奉行"专守防卫"的基本方针。2015 年，日本出台《国际和平支援法》，此后，日本借助日美同盟关系向海外派兵，日本自卫队开始以"维护海外利益"的名义走向全球，由此不断提高日本的防卫实力。此次借北约军演，日本力图展示自身防卫实力，提高自卫队海外行动的频度，为最终修改"和平宪法"铺路。

另一方面，以"主导"维护国际秩序为名，深度参与国际事务。乌克兰危机发生后，日本一直强调"反对以武力改变现状"，并在新版《国家安全保障战略》中全力提升自身"防卫力量"，提出"主导"维护国际秩序的

---

① 「NATO 発足以来最大規模の空軍演習始まる　ロシアを強くけん制か」、NHK、2023 年 6 月 12 日、https：//www3. nhk. or. jp/news/html/20230612/k10014097411000. html［2023-12-10］。

② 「NATO 首脳会議　岸田首相　安保面での協力強化図る新文書を発出へ」、NHK、2023 年 7 月 12 日、https：//www3. nhk. or. jp/news/html/20230712/k10014126391000. html［2023-12-10］。

意愿。日本不甘于当前的战败国形象，试图深度参与国际事务，不仅通过"自由开放的印太"构想、美日印澳"四边机制"参与东亚地区的事务，还要走向全球和海外，希望把英法德意等北约成员国纳入美国"印太战略"体系之中，从政治与军事两个方面深度参与国际事务。

北约作为本应消亡的冷战产物，却不断膨胀、东扩，并把触角伸到北大西洋以外的地区，所到之处战事频发。日本与北约的接近，无异于人为在国际社会制造分裂和对立，势必会破坏东亚地区的稳定，威胁东亚地区的和平与安全。

### （五）岸田任内首访中东，在政治、安全领域凸显存在感

二战结束以来，"能源外交"一直是日本推进其中东战略的核心，尤其是现在国际局势风云变幻。从能源安全角度讲，岸田政府需要加强布局和擘画。日本对中东外交虽然以"能源外交"为核心，但已不局限于此，而是逐渐从能源、经济层面向政治、安全层面纵深发展，试图在政治、安全领域凸显存在感。

2023 年 7 月 16~19 日，日本首相岸田文雄访问沙特阿拉伯、阿联酋和卡塔尔三国。这是岸田任内首访中东，也是日本首相时隔三年多再次访问中东。在中东访问期间，岸田文雄在 16 日与 17 日分别与沙特王储兼首相穆罕默德·本·萨勒曼及阿联酋总统穆罕默德·本·扎耶德·阿勒纳哈扬举行会谈，就向两国提供氢、氨相关脱碳技术达成共识，并签署了一系列开发清洁氢气、生产氨和再生燃料的协议。沙特能源部发表声明称，沙方将保障对日本的石油供应。岸田还与海湾阿拉伯国家合作委员会（GCC）秘书长贾西姆·穆罕默德·布达维举行会谈，双方同意重启旨在缔结自由贸易协定（FTA）的谈判，还就定期召开日本与海湾阿拉伯国家合作委员会成员国的外长会议达成一致。[①] 2023 年 11 月 7 日，日本政府决定将自卫队在中东的

---

① 「岸田首相　きょうから中東 3 か国を歴訪　首脳会談へ出発」、NHK、2023 年 7 月 16 日、https://www3.nhk.or.jp/news/html/20230716/k10014131881000.html［2023-12-10］。

部署期限延长一年，称："中东地区仍处于高度紧张状态，有必要采取一切可能的措施，确保这条极其重要的海上交通线的航行安全。"① 一方面，这显示出日本对能源供应问题的高度重视，有意从更长远的战略角度来因应可能的国际变局，以便在政治、外交上确保能源长期供应安全；另一方面，日本可能试图借部长级会谈从能源议题入手，进而更多介入中东政治、安全等其他议题。此外，岸田政府的中东政策延续了向政治、安全层面发展的外交铺陈，其在很大程度上源于对冲中国影响力的考虑，特别是中国成功斡旋沙特与伊朗复交。岸田还在与布达维的会谈中强调中国的动向，渲染周边威胁②。

虽然日本自视为中东国家的战略伙伴，但无法掩盖其在中东的真正角色与真实意图。首先，日本充当价值观与规则的输出者，并以此来规范、塑造中东国家。其次，日本试图在政治上拉拢、争取中东国家站队以美国为首的西方阵营，并认同日本作为维护现行国际秩序的引领者的角色。最后，日本扩大自身参与甚至主导地区及国际事务的影响力，实现其所追求的政治大国的既定目标。

### （六）美日韩召开"戴维营峰会"，宣布深化三边安全合作

2023 年 8 月 18 日，美日韩三国在戴维营举行了正式领导人峰会，达成《戴维营原则》《戴维营精神》《协商约定》三份政治性文件以及"加强三边磋商机制、强化安全协作、深化地区合作、加深经济技术合作"四个共识，戴维营峰会被称为开创了"开启三边伙伴关系的新时代"③。在戴维营峰会之后，美日韩三边关系得到实质性提升。在美国拜登政府的推动下，日本积极推进三边安全合作，试图将其影响力范围从东北亚地区扩大到整个

---

① 「中東地域で情報収集の護衛艦・哨戒機　派遣期間延長を決定政府」、NHK、2023 年 11 月 7 日、https：//www3. nhk. or. jp/news/html/20231107/k10014249411000. html［2023-12-10］。

② 「岸田首相　きょうから中東 3 か国を歴訪　首脳会談へ出発」、NHK、2023 年 7 月 16 日、https：//www3. nhk. or. jp/news/html/20230716/k10014131881000. html［2023-12-10］。

③ The White House, "The Spirit of Camp David: Joint Statement of Japan, the Republic of Korea, and the United State," August 18, 2023, https：//www. whitehouse. gov/briefing – room/statements– releases/2023/08/18/thespirit – of – camp – david – joint – statement – of – japan – the – republic–of–korea–and–the–united–states/［2023–12–10］.

"印太"地区。

美日韩三国强化以应对"朝核威胁"为名义的军事安全合作。自2022年以来，朝鲜增加了导弹试射的频度，全年试射各类型导弹90余枚，甚至还包括"火星-17"洲际弹道导弹。①从美日韩的角度看，朝鲜大力发展核武器，将对美日韩尤其是韩国的国家安全造成巨大的威胁。2023年6月15日，韩国联合参谋本部表示，朝鲜从顺安一带向朝鲜半岛东部海域发射了两枚近程弹道导弹。日本防卫省对此指出，两枚导弹均落入日本专属经济区。美国、日本和韩国随后发表联合声明，谴责朝鲜当天发射弹道导弹的行为，称"朝鲜以前所未有的频率和方式反复发射导弹，既对地区安全构成了迫在眉睫的威胁，也是对国际社会明确严峻的挑战。三国将继续密切合作，增强地区威慑和应对能力"②。在此背景下，美日韩针对朝鲜的合作行动进一步升级，共同举行了导弹预警和弹道导弹搜索跟踪演习并共享了战术数据链信息，应对朝鲜威胁也在美日韩三方会晤的议程中处于优先于"牵制中国"的位置。2023年11月12日，在美国国防部部长奥斯汀访问韩国之际，日本、美国、韩国三国防长举行会谈。三方一致同意在年内制订为期多年的联合演习计划，确认实时共享朝鲜弹道导弹情报的机制进入最终阶段的测试。三国防长还就朝鲜发射人造卫星进行谴责，称其违反了联合国安理会禁止使用弹道导弹技术进行发射的决议。为应对朝鲜的军事活动，三方讨论了加强安全合作的措施。日本自卫队和韩国军队探测的情报将通过美国连接。③可以说，应对"朝核威胁"，是美日韩强化三边合作的重要因素，更为三国加强安全合作提供了直接理由。随着美日韩三边关系的提升，东亚地区"安全困境"不断升级，东北亚地区的战略安全格局将经历急剧动荡。

综上所述，日本试图通过强化日美同盟关系，突出日本对所谓"国际

---

① Choe Sang-hun, "Tracking North Korea's Missile Launches," https：//www.nytimes.com/article/northkorea-missile-launches.html［2023-12-10］.

② 「北朝鮮から2発の弾道ミサイル EEZ内に落下か」、NHK、2023年6月15日、https：//www3.nhk.or.jp/news/html/20230615/k10014100531000.html［2024-04-29］。

③ 防衛省「日米韓防衛相テレビ会談について」、2023年11月12日、https：//www.mod.go.jp/j/approach/anpo/2023/1112a_usa_kor-j.html［2024-04-28］。

秩序和规则"的维护和影响，积极推动"自由开放的印度洋-太平洋"构想战略性落实。尽管岸田政府提出了"新现实主义"外交理念，力求在对外关系方面有所作为，但周边外交的前景仍难有作为。在处理国际事务层面，作为二战始作俑者的日本仍未吸取历史教训，不仅渲染周边威胁，而且不断松绑武器出口，力求突破"和平宪法"限制。这不仅给东亚地区安全带来新的威胁，更是在破坏世界和平、稳定与发展。

# 三　日本外交及中日关系走向

　　未来，日本试图通过强化日美同盟关系，借俄罗斯与乌克兰冲突的时机，突出日本对所谓"国际秩序和规则"的维护和影响，积极推动"自由开放的印度洋-太平洋"构想战略性落实。岸田政府通过"新现实主义"外交力求在对外关系方面有所作为。在处理国际事务层面，日本企图将乌克兰危机的祸水东引，不断渲染在东亚同样存在爆发冲突的可能性，意图制造东亚乱局，借机提升"防卫力量"并推动自卫队"入宪"。日本仍然会利用乌克兰危机，加快推动自卫队"走出去"的步伐、松绑武器出口，力求突破"和平宪法"限制，谋求实质性提升军事实力。日本继续渲染台海紧张局势，进一步召唤并联合美西方在东亚制造新的冲突策源地，这些举动都将为东亚安全形势带来深刻复杂的变化。

　　中日关系事关东亚的和平、稳定和发展。为此，在 APEC 会议期间，中日领导人会晤，重新确认"战略互惠关系"定位及发展方向。2023 年 11 月 16 日，习近平主席在出席 APEC 第三十次领导人非正式会议期间与日本首相岸田文雄举行会晤。两国领导人重申恪守中日四个政治文件的原则和共识，重新确认全面推进战略互惠关系的两国关系定位，致力于构建契合新时代要求的建设性、稳定的中日关系。①

---

　　① 《习近平会见日本首相岸田文雄》，中华人民共和国外交部网站，2023 年 11 月 17 日，https：// www. fmprc. gov. cn/web/ziliao_ 674904/zt_ 674979/dnzt_ 674981/xjpfmgjxzmyshwtscxytjhzzds scldrfzshy/zxxx_ 136234/202311/t20231117_ 11182335. shtml ［2023-12-10］。

首先，会谈中，两国领导人重新确认了推进"战略互惠关系"的共识。"战略互惠关系"这一术语首次出现在 2008 年的《中日联合声明》中，当时，这预示着中日关系的一个黄金期。然而，由于历史、领土等敏感问题，两国关系出现过波折。现在，重新提及"战略互惠"，无疑预示着双方希望回到合作的轨道上，寻找共同发展的可能性。其次，中日两国领导人讨论了福岛核污染水排海问题，这一问题是当前中日关系中的一个症结所在。中方明确表示，福岛核污染水排海这一问题，事关全人类健康和全球海洋环境，是国际公共利益方面的问题。双方同意以建设性态度通过磋商谈判寻找解决问题的途径，这是对问题的重视和解决意愿的体现。最后，中方在会晤中提到，2023 年是《中日和平友好条约》缔结 45 周年，中方强调了条约中反对霸权主义的精神。这一表述在当前亚太地区复杂的地缘政治环境中显得格外重要，它提醒双方坚守当年的承诺，反对任何国家或国家集团在该地区谋求霸权。

然而，在中美元首会晤、中日领导人刚刚结束会晤后，美国国务院便宣布已经批准向日本出口美制"战斧"巡航导弹，并已于 2023 年 11 月 17 日通知国会。此轮出口最多包含 400 枚"战斧"巡航导弹，加上相关装备，总价值高达 23.5 亿美元。日本将可使用"战斧"巡航导弹进行"包括破坏他国域内导弹基地在内的反击"。[①] 此举将加剧军备竞赛，冲击地区和平与安全。2023 年 11 月 25 日，中共中央政治局委员、外交部长王毅在韩国釜山出席中日韩外长会期间会见日本外务大臣上川阳子时阐明了"战略互惠"的内涵："重建战略互惠关系，一要树立正确相互认知，明确双方互不构成威胁、互为合作伙伴，各自坚持和平发展。二要尊重彼此正当关切。日方应在台湾问题上信守承诺，切实恪守一个中国原则，不得干涉中国内政。福岛核污染水排海事关海洋安全和民众健康，中方反对日方的不负责任做法。当前需要建立各利益攸关方全面、有效、独立推进的长期监测机制。三要加强

---

① 『巡航ミサイル「トマホーク」米から日本へ最大 400 発の売却承認』、NHK、2023 年 11 月 18 日、https：//www3.nhk.or.jp/news/html/20231118/k10014261951000.html［2023 - 12 - 10］。

互利合作，共同抵制逆全球化和保护主义，切实维护产供链稳定畅通。"①
这表明只有中日双方共同努力，才能实现真正意义上的"战略互惠"。而日
本不仅反复要求中国撤销对日本水产品实施的进口禁令，而且力求贯彻新版
《国家安全保障战略》及其外交政策，更多关注自身国家利益。

总之，在日本谋求摆脱"战后体制"和修改"和平宪法"的政治右倾
化背景下，日本的历史修正主义已经外溢到国际社会，中日关系业已存在的
问题随时可能凸显和尖锐化，因此两国关系仍然存在反复的可能性。

# 结　语

无论局势如何变幻，中日四个政治文件的原则精神不能变，中日达成的
四点原则共识作为两国关系稳定与和平发展的原则必须遵守。而妥善处理两
国不时出现的分歧与矛盾，找到推进两国关系发展的利益契合点和共同行动
议程，至关重要。可以说，能否全面及时地把握中日关系中的发展与矛盾，
以"正视历史、面向未来"的精神，抑制负面因素上升为政治障碍，是考
验日本政府是否遵守中日四个政治文件及四点原则共识的关键。

总之，把握机遇，从战略高度减轻乃至消弭分歧与矛盾带来的负面影
响，努力寻找和扩大两国战略利益的交汇点，保持双边良性互动的可持续
性，还需两国继续以中日四个政治文件及四点原则共识发展中日关系。

（审读专家：张　勇）

---

① 《王毅会见日本外相上川阳子》，中华人民共和国外交部网站，2023 年 11 月 25 日，https：//
www.fmprc.gov.cn/web/wjb_673085/zzjg_673183/xws_674681/xgxw_674683/202311/t202311
25_11187214.shtml［2023-12-10］。

# B.5

# 2023年日本社会：在挑战与变革中
# 探索新路径

郭 佩 胡 澎*

**摘 要：** 2023年，日本社会面临诸多挑战与变革。人口深度老龄化问题对日本的社会保障体系构成了严峻考验。少子化趋势给经济增长和劳动力市场带来阻力。这一年，为应对少子老龄化，日本政府和企业努力推进医疗和护理等领域数字化转型、提高护理员待遇，以期构建可持续的社会保障体系；提出"异次元少子化对策"，通过继续引入外国劳动力等多种手段缓解劳动力短缺的问题。尽管2023年日本国会针对性取向少数群体通过了"LGBT理解增进法案"，但该法案依然面临社会对其理解不足、不同政治派别对其存在意见分歧以及法案如何实施和监管等诸多挑战。另外，生成式AI技术的兴起对日本社会产生了深远影响，并推动科学技术创新，但同时也带来了伦理、就业等新的挑战。

**关键词：** 日本 深度老龄化 异次元少子化对策 LGBT理解增进法案 生成式人工智能

2023年对日本而言是挑战与机遇并存的一年。2023年5月，日本政府将新冠疫情法律分类从原先的特殊分类转变为与季节性流感相同的"5类"，大幅放宽医疗与防疫限制，标志着恢复正常生活的日子正式到来。这一年，

---

* 郭佩，文学博士，中国社会科学院日本研究所社会文化研究室副主任、助理研究员，主要研究方向为日本人口老龄化、少子化、社会福利；胡澎，历史学博士，中国社会科学院日本研究所社会文化研究室研究员、博士生导师，主要研究方向为日本社会、日本史。

对许多领域来说都是一个转折点。从"LGBT①理解增进法案"（即《关于增进国民对性倾向及性别认同的多样性理解的法律》）的通过，到生成式AI技术的兴起等，蕴含了日本社会不断调整既有法律和规则，以适应新时代变革的努力和进步。与此同时，日本社会仍然面临人口方面的压力，特别是少子化和老龄化问题越发严重。这一人口趋势不仅对经济增长、劳动力市场以及社会福利方面造成压力，其带来的劳动力短缺问题也成为制约日本经济发展的一个重要因素，迫使政府和企业探索通过提高生育率、延长退休年龄和吸引外籍劳动力等多种措施来应对。面向未来，日本社会需要在保持技术创新和建设更为包容的社会的同时，制定解决人口问题的长期策略，以实现社会和经济的可持续发展。

# 一 构建可持续的社会保障体系：深度老龄社会的挑战与应对

随着人口老龄化的进一步演进，日本正在迈入一个前所未有的深度老龄化社会。人口老龄化带来的一个直接后果，是对整个社会保障体系造成极大的压力，特别是在医疗、照护和年金等关键领域。

## （一）2023年日本老年人口状况与家庭结构

根据日本总务省统计局数据，截至2023年10月1日，日本总人口为1.2435亿人，其中，65岁及以上的老年人口达到3622.7万人，占比高达29.1%；而75岁及以上的高龄老年人口为2007.8万人，占总人口的比例为16.1%。② 这意味着日本平均每3人中有1人是65岁及以上的老年人，平均每6人中就有1人是75岁及以上的高龄老人。与上一年同期相比，15岁以

---

① LGBT源自女同性恋者（Lesbians）、男同性恋者（Gays）、双性恋者（Bisexuals）与跨性别者（Transgender）的英文首字母。20世纪90年代，"LGBT"一词应运而生并逐渐普及。

② 総務省統計局「人口推計（令和5年（2023年）10月確定値）」、2024年3月21日、https://www.stat.go.jp/data/jinsui/new.html.pdf［2024-03-21］。

下儿童人口、15~64 岁成年人口与 65 岁及以上老年人口均有所减少，而 75 岁及以上高龄老年人口的数量则呈现增加趋势。

此外，国立社会保障与人口问题研究所发布的"令和 5 年（2023）日本未来人口预测"指出，日本总人口自 2008 年达到峰值后开始减少，而 65 岁及以上老年人口的增长预计将持续到 2044 年。不过，这一增长速度将放缓，由于 1947~1949 年出生的"团块世代"在 2014 年之前已经达到 65 岁，2010~2020 年老年人口的增长率为 22.2%，而 2020~2030 年将放缓至 2.5%。但是，随着"团块世代"在 2024 年之前达到 75 岁，75 岁及以上高龄老年人口预计从 2020 年的 1860 万人增加到 2030 年的 2258 万人，增长率为 21.4%。[①] 也就是说，高龄老年人口在总人口中的比例将接近 20%。

另外，从日本的家庭结构来看，65 岁及以上老年人所在的家庭数量已经接近 2581 万户，几乎占全国家庭总数的一半（49.7%）。回望 20 世纪 80 年代，三代同堂的家庭在各类家庭中曾占据半壁江山。在不到 50 年的时间里，这种情况发生了根本性变化，以老年夫妇和单身老年人为主的家庭成为主流。与此同时，无论是男性还是女性，65 岁及以上的独居老年人口所占比例都在稳步上升。1980 年，独居老年男性占同龄人口的 4.3%，独居老年女性占 11.2%；到了 2020 年，这一数据分别上升至 15.0% 和 22.1%。[②] 家庭结构的变化也从一个侧面凸显了人口老龄化演变的趋势，深度老龄化对日本社会的影响不容低估。

## （二）日本人口深度老龄化对社会保障制度的影响

随着人口深度老龄化的加速，日本社会保障制度面临前所未有的压力。国立社会保障与人口问题研究所的报告表明，基于国际劳工组织（ILO）标

① 三井物産戦略研究所「日本における 2030 年に向けた高齢化のインパクト」、2023 年 7 月 1 日、https：//www. mitsui. com/mgssi/ja/report/detail/_ _ icsFiles/afieldfile/2023/08/30/ 2307k_ suzuki. pdf［2023-12-25］。

② 内閣府「令和 5 年版高齢社会白書（全体版）（PDF 版）」、2023 年 12 月 25 日、https：// www8. cao. go. jp/kourei/whitepaper/w-2023/zenbun/05pdf_ index. html［2023-12-25］。

准，2021 年，日本的社会保障支出已达到 138.7 万亿日元，刷新了自 1950 年进行统计以来的最高纪录，与上一年相比增加了 6.5 万亿日元，增长率为 4.9%。社会保障支出占 GDP 的比例为 25.2%，比上一年增加 0.61 个百分点。其中，人均社会保障支出为 110.5 万日元，比上一年增加 5.7 万日元，增长率为 5.5%。① 同时，回顾 2017~2021 年的社会保障支出数据可以看出，不仅社会保障支出呈持续增长趋势，从 2017 年的约 120 万亿日元增加到 2021 年的约 138 万亿日元，而且社会保障支出占 GDP 的比例也在同步增加，从 2017 年的 21.61% 增加到 2021 年的 25.20%。② 此外，2023 年，社会保障相关费用的预算支出达到了历史最高值，为 36.89 万亿日元，占一般会计预算的比例为 32.3%。其中，养老金给付费为 13.09 万亿日元，医疗给付费为 12.15 万亿日元，护理给付费为 3.68 万亿日元，三者较上一年的增幅分别为 2.5%、0.5% 与 2.8%。③ 上述数据反映了随着人口深度老龄化的发展，日本政府在社会保障领域的支出不断增加，尤其在医疗和养老等方面的投入显著增长，以应对社会保障需求的增加。面对不断持续的人口深度老龄化挑战，确保社会保障制度的可持续性成为日本政府迫切需要解决的问题。

### （三）数字化助力医疗与护理服务

面对人口深度老龄化带来的挑战，日本政府在 2024 年度的财政预算中做出了重要决策，加大了对医疗领域的投入力度，新加入了对未来传染病研发的支持以及强调医疗、护理服务数字化转型的必要性。这一系列举措旨在构建一个更加健康、可持续发展的社会，同时提高国家面对未来健康危机的

① 国立社会保障·人口問題研究所「令和 3 年（2021）年度社会保障費用統計の概要」、2023 年 5 月 8 日、https：//www.ipss.go.jp/ss-cost/j/fsss-R03/R03-houdougaiyou.pdf ［2023-12-25］。

② 国立社会保障·人口問題研究所「令和 3 年（2021）年度社会保障費用統計の概要」、2023 年 5 月 8 日、https：//www.ipss.go.jp/ss-cost/j/fsss-R03/R03-houdougaiyou.pdf ［2023-12-25］。

③ 厚生労働委員会調査室「令和 5 年度社会保障関係予算」、2023 年 2 月 8 日、https：//www.sangiin.go.jp/japanese/annai/chousa/rippou_ chousa/backnumber/2023pdf/20230208122.pdf ［2023-12-25］。

应对能力。

2023 年底公布的 2024 财政年度预算案指出，2024 年，社会保障相关财政预算①包括医疗、养老金、护理等方面，总额达到 37.72 万亿日元，首次突破 37 万亿日元大关。与 2023 财年初步预算相比，增加了约 8500 亿日元，其中，医疗费用约占总额的 1/3，达到 12.3 万亿日元。② 2024 年，日本还将投入 30 亿日元用于推进医疗及护理领域的数字化转型，包括加快电子病历的应用和完善信息基础设施。再者，为了减轻护理机构工作人员的负担并改善工作环境，财政将提供资金支持护理机构引进护理机器人等设备。除此以外，政府也着手推广将个人编号卡与健康保险卡整合的"个人保险卡"及电子处方，以促进患者医疗信息在全国范围内共享。另外一个值得关注的内容是，为了应对未来的传染病，政府新投入 77 亿日元。这是基于对新冠疫情的反思，目的是推动传染病相关药物的研究与开发。

为应对日益严重的护理人员短缺问题，日本政府使用专项资金提升护理员工资。2024 年也是对护理服务价格进行调整的年份，这样的调整每 3 年进行 1 次，2023 年底已决定将护理报酬正向调整 1.59%，其中，0.98% 的增幅专门用于护理人员薪资的提升。③ 政府旨在通过这些措施有效缓解护理人员短缺问题，为护理工作人员创造一个更加公平和有利的薪酬环境。

此外，在信息技术不断发展的背景下，日本政府还将致力于支持信息通信技术（ICT）设备和护理机器人的引进，其中包括护理记录和信息共享软件等，旨在减轻护理人员的工作负担，提升护理服务的效率与质量。这些技术投资项目的资金，已明确将由 137 亿日元规模的地区医疗护理综合保障基

---

① 社会保障相关财政预算主要指国家和地方财政用于社会保障的相关费用，而上文的社会保障支出则包括财政支出与保险支出的总额。

② 「24 年度予算案、社保费膨張で初の37 兆円、総额112 兆円」、『日本経済新聞』2023 年 12 月 22 日、https：//www. nikkei. com/article/DGXZQOUA1111E0R11C23A2000000/［2023 - 12-25］。

③ 「24 年度予算案、社保费膨張で初の37 兆円、総额112 兆円」、『日本経済新聞』2023 年 12 月 22 日、https：//www. nikkei. com/article/DGXZQOUA1111E0R11C23A2000000/［2023 - 12-25］。

金支付。同时，为缓解护理行业劳动力短缺的压力，日本政府推出一项创新机制，专门评估并奖励在护理一线积极采用 ICT 设备的实践。此举不仅旨在支持那些致力于提高生产效率和改善工作环境的企业，而且进一步促进了护理行业的可持续发展，这是日本政府利用技术创新应对护理行业所面临的挑战的一次新尝试。

## 二　直面生育危机：少子化问题的新对策

少子化不仅关乎人口数量的减少，更深刻地触及未来的经济结构以及社会保障制度的稳定性，被称为"静默的危机"。如何解决少子化问题已成为摆在日本政府面前一道棘手难题。2023 年，日本出生人口低于 76 万人，已连续第八年刷新历史最低纪录。这一数据的背后，是日益增长的社会经济压力、不断上升的生活成本，以及年轻一代对于结婚与育儿观念的改变。日本政府和社会各界对于这一趋势的应对措施，将直接影响到国家的长远发展和经济社会的稳定。

### （一）2023年少子化状况与"异次元少子化对策"

厚生劳动省人口动态统计数据显示，2023 年 1～12 月的出生人口（包括外国人的初步数据）为 75.86 万人，与前一年首次跌破 80 万人的初步数据（79.97 万人）相比，减少了 4.11 万人（下降 5.1%），与 1983 年的约 150 万人相比减少了约一半。[①] 由于新冠疫情的传播，2020 年和 2021 年，日本的结婚人数创下战后新低，更是加速了少子化趋势。国立社会保障与人口问题研究所的预测显示，日本面临前所未有的人口减少趋势，到 2056 年，日本总人口将减少到 1 亿人以下，到 2070 年将进一步减少到 8700 万人。同时，日本经历了从第一次、第二次婴儿潮的高出生率到 2016 年后出生人口

---

① 「出生数、過去最少 75 万人＝8 年連続減、少子化加速鮮明に——23 年人口動態統計速報・厚労省」、『時事通信』2024 年 2 月 27 日、https://sp.m.jiji.com/article/show/3174824 ［2024-02-27］。

显著下滑的趋势，2019 年跌破 90 万人，2022 年更是低于 80 万人。结婚人口数量的减少和死亡人数的增加进一步加剧了人口下降的问题，显示出日本人口结构性问题的严重性以及迫切需要有效的政策应对少子化的现实。

2023 年初，首相岸田文雄在记者会上提出了"异次元少子化对策"，主要有四个方面的内容，即"工作与生活平衡的支持"、"托儿与幼儿教育支持"、"扩充儿童津贴"以及"其他补贴扩充措施"。其中，"扩充儿童津贴"政策计划于 2024 年 10 月开始实施，内容包括取消发放儿童津贴的家庭收入限制、延长津贴发放至孩子高中毕业以及对第三个及以后的孩子增加津贴至 3 万日元。政策评论员是枝俊悟认为，这些措施主要受益的是原本受到收入限制的家庭、有高中生的家庭以及有三个及以上孩子的家庭。受益的家庭并不多，且对于计划生育的人群并没有提供更多的补贴，因此，这些措施的效果是有限的。[①]"工作与生活的平衡支持"政策预计从 2025 年开始实施，包括提高育儿假福利金的支付比例。在休育儿假超过 14 天的条件下，最多支付 28 天的育儿假福利金的支付比例将从当前的 67%（实际领取相当于工资的 80%）提高到大约 80%（实际领取相当于工资的 100%）。大和总研预测显示，2010~2020 年，"工作与生活平衡的支持"政策对日本出生率的提高效果相对显著。具体来说，在这段时间内，若"工作与生活平衡的支持"预算（如育儿休假津贴、弹性工作安排等方面的预算）与 GDP 相比的比例每增加 1 个百分点，出生率的提高效果即增加 0.66 个百分点。相比之下，其他生育鼓励措施对日本出生率的提高效果相对较小，其效应在 0.11~0.27 个百分点之间。[②] 此外，还有研究表明，男性休长期育儿假有助于家庭中家务和育儿责任的分担，从而创造一个更加支持女性持续工作的环境。但厚生劳动省的数据显示，尽管 2023 年日本男性育儿假获得率达到 17%，创下自 1996 年以来的历史最高纪录，但仍然远低于日本

---

① 是枝俊悟「異次元の少子化対策分析　出生率上昇のカギとなる支援施策」、『事業構想』2024 年 2 月、https://www.projectdesign.jp/202402［2024-02-27］。

② 是枝俊悟「異次元の少子化対策分析　出生率上昇のカギとなる支援施策」、『事業構想』2024 年 2 月、https://www.projectdesign.jp/202402［2024-02-27］。

政府设定的到 2025 年达到 50% 的目标。① 因此，日本如果将私营部门女性正式员工的就业持续率提升至与公务员相同的水平，预计可在 10 年内使总和生育率提升至 1.6，达到公务员的总和生育率标准。

另外，日本政府计划为非正规劳动者（如临时工、兼职工等）、无法获得育儿假的劳动者和自营业者群体，建立新的育儿支持补贴制度。这个新的补贴制度旨在帮助那些在现有制度下未能获得足够支持的人群，例如那些在育儿假后选择短时工作的劳动者。实施这些措施需要确保年度内有数千亿日元到 1 万亿日元的稳定财源。为了给这个新制度提供资金，日本政府正在考虑从养老金以及医疗、护理和雇佣的社会保险中提取资金，同时，计划将国民每人每月的保险费用总额提高，以建立所有年龄层参与支持育儿的系统。在增加针对育儿家庭的服务方面，日本政府还在考虑减免针对产后护理服务的用户自付金额，建设能应对儿童突发病的保育设施等。

日本政府多年来持续关注少子化问题，实施了一系列政策以应对这一日益严峻的问题，然而，效果有限。2023 年的新措施体现出政府加大了应对力度。例如，对工作与生活平衡的支持、扩大儿童津贴的覆盖群体，尤其是加强对非正规劳动者和自营业者的支持，意图解决以往政策未能覆盖相关群体的问题。中央大学社会学家山田昌弘教授指出："目前对策存在不足，特别是对育儿家庭的财政支持还远远不够；政府需要向不同类型的家庭和社会群体提供更有针对性的支持，包括进行经济援助、减轻教育成本负担，以及推动工作方式进行根本性改革。"他警告说，如果不从当前没有养育孩子的人群中调配资源支持养育孩子的家庭，日本社会将因少子化导致的劳动力缺乏而趋于贫困。② 此外，山田教授的论断也揭示了一个更深层次的社会现实：经济安全感的缺失与教育及生活成本的高昂正使年轻人对婚育犹豫不决，不愿意承担养育后代的责任。他提出的解决方案涵盖了经济支持和工作方式改革两个方面，这意味着必须同时考虑提高家庭收入和提升工作灵活性。

---

① 「男性の育休取得率　過去最高」、NHK、2023 年 8 月 7 日、https：//www.nhk.or.jp/shutoken/newsup/20230807a.html［2023-12-25］。

② 「少子化対策、政治も国民も覚悟を」、『朝日新聞』2023 年 3 月 26 日。

上述措施的实施显示了日本政府对少子化危机的认真态度和解决问题的决心，但其财政可持续性和实际效果仍然是未知数。如果增加保险费用来筹集资金，虽然可以在短期内提供所需的经费，但可能会引起公众的担忧，特别是在经济波动时期。此外，确保这些资金能够有效并公正地用于提高生育率，而不仅仅是减轻家庭负担，是政策成功的关键。

因此，虽然日本政府的新措施在理论上是积极的，但实际效果、公众接受度以及财政负担的公平性都需要在未来几年仔细观察和评估。政策的可持续性和有效性程度，将是决定日本能否逆转少子化趋势的重要影响因素。

## （二）外国劳动力政策的调整

由日本民间专家组成的"令和临时调查委员会"在 2023 年 6 月 21 日发布了旨在应对日本人口减少问题的第一份倡议"正视人口减少危机"。报告提到，"仅仅通过少子化对策已无法阻止日本人口的急剧减少"，主张"将日本社会变得更加开放，创建一个环境，让来自世界各地的多样化人群包括外国人能够合作并相互学习"。① 也就是说，作为应对人口减少的策略之一，该报告提出积极接纳外国人。

为应对劳动力不足的挑战，日本政府近年来逐步调整了外国劳动力的接纳政策，扩大了特定技能外国劳动者的居留资格范围，从最初的 2 个领域扩展到 11 个领域。这一政策调整旨在缓解劳动力市场的压力，并尝试通过吸引外国劳动力来补充国内的劳动力缺口。截至 2023 年底，日本在留外国人数为 341.992 万人，比 2022 年底增加 11%，创历史新高。从在留资格来看，永住者最多，达 89.1569 万人，其次是具有技能实习资格者，达 40.4556 万人。按国籍来看，中国人最多，达到 82.1838 万人，比上年增加 6.275 万人，其次为越南人和韩国人。② 不过，日本政府在政策制定过程中面临来自

---

① 令和临调「人口减少危机を直视せよ」、2023 年 6 月 21 日、https://www.reiwarincho.jp/news/2023/pdf/20230621_001_01.pdf?v=23062102［2023-12-27］。

② 《在日外国人数量达 341 万人，中国人最多》，日经中文网，2024 年 3 月 25 日，https://cn.nikkei.com/career/humanresource/55175-2024-03-25-09-32-16.html［2024-03-25］。

保守派和公众的不同意见，这些多元化声音反映了日本社会在接纳移民问题上一贯谨慎的态度。

无论是日本政府在 6 月 21 日的倡议，还是对特定技能制度的扩展，都至少表明其在进行尝试，即通过有限度地放宽外国劳动力的接纳标准来应对人口和劳动力市场的挑战。日本长期以来被认为没有移民政策，此次政府将"接受一定规模的外国人及其家庭，以维持国家人口"的政策定义为移民政策，明显与传统意义上的移民政策有所不同。同时，在人口减少对经济和社会稳定构成日益严峻威胁的背景下，引入或讨论移民政策已不再是禁忌。

然而，需要注意的是，随着全球化的发展和国际劳动力流动的加速，有效吸引和利用外国人才，尤其是高质量的劳动力，成为日本乃至其他许多国家面临的共同挑战。同时，外国劳动力的增加和社会整合是一个复杂的过程，涉及语言、文化适应和社会服务等多个方面。这不仅要求政府在法律和政策层面提供支持，也需要社会各界共同努力，例如提供必要的语言教育和文化适应支持，确保外国劳动者能够平等地融入日本社会，享有与日本国民相同的权利和机会。总之，面对人口老龄化和劳动力短缺的挑战，日本需要一个更开放的政策环境来吸引和保留外国人才。

## 三　促进多样性理解："LGBT 理解增进法案"的实施与影响

根据 2022 年瑞可利（Recruit）发布的调查，日本的性少数群体占总人口的比例为 11.2%；而在 10~20 岁的人群中，性少数群体的比例超过 20%，相对较高，这可能部分源于年轻一代对性议题认知的增加。然而，厚生劳动省的报告显示，在工作场所中不担心受到歧视和偏见而敢于公开自己性倾向的人仅占被调查总人数的 7.7%。除此之外，有 37.6% 的人表示对自己的性倾向由于"私人话题难以谈论"等原因而感到难以启齿。①

---

① 「『LGBT』性は多様に、職場で困っている人 4 割」、『日本経済新聞』2023 年 10 月 3 日。

2023 年 6 月，日本国会表决通过了"LGBT 理解增进法案"，旨在通过一些措施来促进国民对于性的倾向和性别认同多样性的理解。① 该法案规定，"所有公民，无论其性倾向或性别认同如何，都应作为享有固有和不可侵犯的基本人权的个人受到尊重"。该法案还规定政府有义务制订一项基本实施计划，以促进民众对所有女同性恋者、男同性恋者、双性恋者和跨性别者的理解，并保护他们免受不公平与歧视。政府实体、企业和学校也需要努力采取类似行动。该法案的通过反映了日本政府在促进性别平等和性少数群体权利保护方面迈出了一步，但性少数群体想真正获得平等权利还有很漫长的路要走。

## （一）"LGBT 理解增进法案"的主要内容与实施

"LGBT 理解增进法案"的通过经历了一个复杂的过程，法案起初由于自民党内保守派议员的反对而推迟提交。东京奥运会举行期间，国际社会对性少数群体权利的关注增加，为法案获得更多民众的支持营造了有利氛围。直到 2023 年，日本政府考虑到即将到来的 G7 峰会以及日本在性少数群体法律保护方面相对落后的情况，加速了法案的讨论进程，不同政党间也就法案进行了协商和议论，并对一些措辞进行了修改，最终国会通过了这一法案。

该法案的目的是通过提高公众意识和接受度来培养对性别身份多样性的尊重，并制订基本计划及采取其他必要措施推动相关政策的实施。法案中定义了"性倾向"为个人对恋爱或性感情的对象性别的倾向，而"性别身份"则是个体对自己所属性别的认知和感受。此外，该法案强调，所有国民应享有基本人权并受到尊重，不应存在基于性别身份的歧视。该法案的核心内容包括政府需制订基本计划来促进对 LGBT 群体的理解，并建立相关部门间的协调机制以确保计划的实施。同时，该法案还要求地方政府、企业和学校等建立咨询机制，以履行促进理解的义务。政府必须定期公布政策的实施状

---

① 内閣府「性的指向・ジェンダーアイデンティティ理解増進」、2023 年 6 月 23 日、https：//www8. cao. go. jp/rikaizoshin/index. html#law［2023-12-25］。

况，并根据效果评估情况进行调整。此外，"LGBT 理解增进法案"提出鼓励相关机构进行性取向和性别身份多样性的学术研究，以支持政策的发展和有效实施。① 日本政府希望通过这些措施建立一个更包容和尊重多样性的社会。

近年来，经济界尤其是大企业，从多元性与包容性（D&I）的视角出发，为确保 LGBT 员工工作的舒适度，正在逐步完善硬件和软件环境。日本经济团体联合会（经团联）会长十仓雅和就"LGBT 理解增进法案"的通过表示，"这将成为推进整个日本社会对 LGBTQ 理解的起点，是一个进步"。他提到经团联在其"企业行动宪章"中提出尊重人权和多样性，并在指南中规定了促进考量性少数群体的工作环境和相关制度的建设，同时表达了"希望全国共同推进这一努力"的意愿。② 根据《日本经济新闻》报道，越来越多的企业开始支持 LGBT 群体，一些公司开始实施对 LGBT 群体友好的措施，以支持性少数群体。如"日之丸交通"公司在 2017 年就开始聘用跨性别者，同时公司为员工进行了 LGBT 意识培训，并逐步完善了相关制度，对更衣室和卫生间也进行了改造。截至 2023 年 10 月，该公司已经有超过 10 位 LGBT 员工。③ 又如，"山田镀金工业所"也在企业内部开展了 LGBT 意识提升活动。该公司为管理层举办了关于 LGBTQ 的培训，更新了公司内部规章制度，包括将同性伴侣视为配偶并提供相应的福利待遇。据悉，越来越多的企业通过了与 LGBT 相关的 PRIDE（骄傲）指标认证，认可了他们在内部制度和宣传活动方面的积极做法。此外，日本的一些地区已经开始承认同性伴侣关系。"东京都伴侣宣誓制度"自 2015 年起在部分区域开始实施，并逐渐在更多地区推广。该制度允许符合条件的情侣提交宣誓书，经过区政府的审核后，会为其发放证明。该制度不仅限于同性情侣，也适用于异

---

① 内閣府「性的指向・ジェンダーアイデンティティ理解増進」、2023 年 6 月 23 日、https：//www8. cao. go. jp/rikaizoshin/index. html#law［2023-12-25］。
② TBSNEWS『経団連会長「一歩前進だ」、LGBT 法成立受け」、2023 年 6 月 19 日、https：//newsdig. tbs. co. jp/articles/-/551755［2023-12-25］。
③ 「LGBTQ 支援、中小も認定取得の比率向上、手当支給やアライ宣言」、『日経産業新聞』2023 年 10 月 31 日。

性情侣。这一制度旨在增进对 LGBT 群体的理解和尊重，保障他们的权益。涩谷区和世田谷区等已有 200 多个自治体实施了伴侣制度。同时在东京，伴侣关系得到的认可还扩展到了诸如申请政府保障房、在都立医院获得伴侣的诊疗信息甚至成为认证的寄养家庭等。

## （二）日本"LGBT 理解增进法案"实施后的问题及社会反响

虽然"LGBT 理解增进法案"已通过，但一些性少数群体组织和支持者对法案的某些内容表示担忧，他们认为法案在某些言辞上没有充分体现对 LGBT 群体的保护和尊重。例如，法案条款"在实施本法所定措施时，应注意确保所有国民不论性倾向或性别身份均能安心生活"引起了争议。一些 LGBT 认为这种表述可能被解释为 LGBT 群体是威胁国民安全的存在。此外，该措辞可能被用作借口，任何人声称感到"不安"就可能阻碍具体政策的执行。根据株式会社 JobRainbow 进行的"LGBT 理解增进法案问卷调查结果报告"，只有大约 20% 的 LGBT 能够理解法案的目的和内容。在对法案的态度方面，虽然约 25% 的 LGBTQ +[①]表示支持或较为支持，但约 38% 的 LGBTQ+表示反对或较为反对。[②] 相当一部分人担心这个法案可能反而促进了歧视和偏见。

另外，日本社会上关于性别多样性的误解和恐慌情绪也在增加。例如，有关"男性打扮成女性后可以进入女性厕所或浴室"的谣言在社交媒体和传单上广泛传播，这导致出现将性犯罪者与跨性别者等同看待的错误观念，加重了一些 LGBT 的心理负担。这种误解甚至可能引发针对 LGBT 群体的仇恨犯罪。

日本社会传统上较为保守，尤其在性别角色和家庭结构方面有独特的定位。例如，作为社会的基本单位，家庭的结构和功能往往围绕传统的婚姻关

---

① 在"LGBTQ+"中的"+"号用来表示除了常见的几个类别（同性恋者、双性恋者、跨性别者、酷儿/质疑者）之外的所有性别身份和性取向者。这个符号承认了还有其他尚未被这些初始类别明确覆盖的性别身份和性取向者。

② 「『LGBT 理解増進法』成立の背景と企業への影響」、2024 年 4 月 3 日、https：//www. kokuyo-furniture. co. jp/solution/mana-biz/2024/04/lgbt. php［2024-04-03］。

系来构建。然而，随着 LGBT 权益的逐步提升和对 LGBT 相关社会认知的增加，这种传统的家庭和性别观念受到了前所未有的挑战。同性婚姻和伴侣制度的推广，尤其是该制度在东京和大阪等地的实施，挑战了传统婚姻和家庭的定义，促使社会重新思考关于家庭、爱情和个人身份的理解。这种挑战不仅仅是法律层面的，更会使文化和道德观念产生深刻变革。

# 四　技术变革与安全挑战：生成式 AI 对日本社会的影响

2023 年，以 ChatGPT 为代表的生成式人工智能（GAI）又称"生成式 AI"，其发展和普及进程非常迅速，在日本医疗领域、金融领域、教育领域、艺术领域等得到越来越广泛的应用，已成为推动技术进步的关键力量。生成式 AI 技术正帮助解决一些最为迫切的社会问题，同时也为传统文化的传承与创新提供了新的可能。

## （一）生成式 AI 在日本社会的应用

随着人工智能技术的飞速发展，越来越多的公共部门开始探索和实施 AI 解决方案以提升行政效率和服务质量。在日本首都圈，一些地方自治体已经开始实践，将生成式 AI 技术纳入日常运营中。例如，神奈川县横须贺市和埼玉县户田市于 2023 年 4 月在全国范围内率先采用对话型 AI 技术 "ChatGPT"，这标志着一个重要转变。横须贺市将已经使用的商务聊天工具与 ChatGPT 结合，进行撰写文档和检查错别字等工作。据说超过 80%的员工感觉提高了效率。为了与其他自治体分享经验，其还建立了信息分享平台 "自治体 AI 应用交流"，目前已有多个自治体参与。[①] 从 8 月起，东京约有 5 万名职员在资料制作等方面使用 ChatGPT。职员自行编写代码，建立使用环

---

① 「2023 年首都圈、人流回復・人手不足・物価高・AI 活用」、『日本経済新聞』2023 年 12 月 29 日、https：//www.nikkei.com/article/DGXZQOCC12DBF0S3A211C2000000/ ［2023-12-29］。

境。各部门实施"创意马拉松"，以更好地交流应用想法。为了制定使用规则，部分公司还专门成立了由数字领域人才组成的项目团队。

同时，随着日本人口老龄化水平和未婚率的持续上升，如何确保独居老年人的安全和健康成了公众关注的焦点。生成式 AI 技术的应用显示出巨大潜力，尤其是在监测和支持高风险群体方面提供了一个别样的路径。例如，日本邮政全国直营邮局中，约 2 万个邮局的职员每月会到老年人家中检查他们的健康状况，并将信息传达给自治体等，以便及时发现问题。自 2022 年起，该检查工作还启动了配备人工智能的智能扬声器服务，该服务能够每天检查独居老年人的健康状况，有助于及时发现和响应潜在的健康问题，降低老年人"孤独死"的风险。①

此外，人工智能不仅提高了生产、数据处理等领域的效率，而且扩展到了文化艺术领域。香川大学的一项创新研究成功地将这一前沿技术应用于复现传统书法艺术，重现了平安时代著名书法家、弘法大师空海的笔迹，成为对日本传统文化的一种全新诠释和传承。② 总之，人工智能技术正成为社会创新的重要推动力。随着技术的不断进步，日本社会各界期待生成式 AI 在更多领域展现积极影响，为社会带来更全面的福祉。

## （二）日本生成式 AI 技术发展中的伦理与安全挑战

生成式 AI 技术虽然带来了众多益处，但也面临一系列挑战和潜在问题，需要政府和社会认真对待和解决。首先，生成式 AI 的发展可能导致撰写新闻报道的成本降低，进而导致新闻更容易以假乱真，因此保证内容的真实性需要特别关注。生成式 AI 可能会侵犯他人的著作权。

其次，生成式 AI 的出现对就业市场也产生一定影响。尽管大多数人对

---

① 「5 人に 1 人が『ひとり死』後顧の憂い、なくせる社会に」、『日本経済新聞』2023 年 12 月 24 日、https：//www. nikkei. com/article/DGXZQOUF309EW0Q3A131C2000000/［2023－12－25］。

② 「『弘法の筆』AIで再現　香川大、書道文化に光」、『日本経済新聞』2023 年 12 月 29 日、https：//www. nikkei. com/article/DGXZQOUE291X50Z21C23A2000000/［2023－12－29］。

生成式 AI 的普及持积极态度，认为它能够提高工作效率并在更多领域被广泛使用。但也有不少日本年轻人担心自己的工作会被生成式 AI 抢走。预计这将扩大可能被替代的劳动者范围，并加速替代进程，从而给劳动力市场带来超出预期的影响。日本政府于 2023 年 5 月设立了"AI 战略会议"，开始讨论关于未来的劳动需求、与 AI 合作的劳动形态以及国家利用 AI 面临的挑战和风险等。同时，厚生劳动省的"雇佣政策研究会"也开始讨论生成式 AI 对劳动需求的影响。

最后，随着人工智能技术的迅猛发展，生成式 AI 已经成为改变劳动过程和沟通方式的重要工具。然而，伴随着这项技术的广泛应用出现了很多恶意诈骗事件。有报告显示，对生成式 AI 的恶意使用在全球范围内导致商业相关诈骗案件急剧增加。在日本，据警察厅报告，2023 年上半年，此类诈骗案件达到 2322 件，是之前的 16 倍，涉案金额达到 30 亿日元，件数和金额均创历史新高。[①] 相关非法转账通常基于窃取密码或信用卡信息的钓鱼诈骗，并且犯罪者使用生成式 AI 创建虚假网站。由于犯罪者的身份难以确定，将其抓捕归案变得更加困难。面对上述挑战，日本仍需要制定相应的法律和政策，规范 AI 工具的使用，特别是在涉及个人信息和安全的应用中，以及确保有足够的法律以阻止滥用。再者，要加强对公众的相关教育，帮助其更好地识别潜在欺诈信息，同时开发相关检测系统，利用机器学习和其他技术更好地识别和阻止 AI 生成的诈骗内容。

总体来看，日本在采纳生成式 AI 方面展现出显著的积极性，特别是在公共服务、健康监护、企业运营和文化保护领域。但同时，与全球其他国家一样，日本在生成式 AI 应用中也面临数据安全和隐私保护的挑战。生成式 AI 技术的快速发展引发了对个人信息安全的关注，尤其是处理敏感数据。此外，伦理问题，如 AI 在招聘和监控中的使用，也引起了公众和政策制定者的广泛关注。

---

① 「詐欺師の正体は生成 AI、素早い模倣、ビジネス被害 2 倍」、『日本経済新聞』2023 年 12 月 30 日、https://www.nikkei.com/article/DGXZQOUC064RI0W3A101C2000000/［2023 - 12-30］。

# 结　语

　　2023 年的日本社会处于多个复杂多变的节点，充满前所未有的困境与挑战。人口深度老龄化的加速和出生率的持续下降，迫使政府采取更为积极的措施，以维持社会的稳定和经济的活力。从增加公共服务支持到提供更多的养老和医疗资源，均显示了日本政府对人口问题、社会保障问题的持续关注和下大力气解决这些社会问题的决心。

　　与此同时，尽管 2023 年日本国会通过了"LGBT 理解增进法案"，但面临社会对其理解不足、不同政治派别对其存在意见分歧以及具体实施和监管中的诸多挑战。在技术领域，生成式 AI 的应用和其带来的挑战也成为 2023 年的一个重要话题。生成式 AI 技术的广泛应用在提高工作效率、医疗服务、老年人护理等方面显示出巨大的潜力，同时也引发了社会关于隐私、数据安全以及伦理问题的广泛讨论。这些挑战提示我们，在享受技术带来的便利的同时，也需要制定严格的规范和法律，以保护公众的利益不受侵犯。

　　展望 2024 年，预计这些变革还将进一步深化。政府可能会进一步加大对老龄化和少子化问题的关注，包括推动实施更加友好的家庭政策和数字医疗、护理实践等。在技术应用方面，随着生成式 AI 技术的不断发展和完善，其在日常生活中的应用将变得更加广泛和深入，同时相应的法规和技术创新也将持续更新，以跟上这一变革的步伐。

（审读专家：张建立）

# B.6

# 2023年日本文化：助力地方创生的
# 文化政策与实践

张建立*

**摘　要：** 2023年是日本实施地方创生政策10周年。日本政府一直在探索如何发挥文化的作用，来助力地方创生。2023年，在文化政策方面，作为以文化推动地方创生的重要政策之一、酝酿多年的日本文化厅迁址京都一事终于得以落实。在助力地方创生的文化实践方面，风靡全球的日本动漫文化发挥了重要作用，新潟市因地制宜举办长片动画电影节打造世界动画中心，通过促进动漫文化与产业融合来推动地方创生，未来可期。一年一度的"国民文化节"，不仅有机地融合了传统与现代文化艺术资源的力量，助力地方创生，而且其隐含的树立令和天皇威望、构建国民认同的作用也不容小觑。

**关键词：** 地方创生　文化厅　动漫　国民文化节

地方创生政策是日本政府为改善东京都圈一极独大、实现城市与地方协调发展而制定的一系列政策。近年来，由于地方社会的产业空洞化无法为年轻人提供富有竞争力的就业机会，地方年轻人纷纷涌向东京都等大城市圈谋发展，使日本逐渐出现一个人口、各种资源等都高度聚集在空间有限的大都市圈的"极点"社会现象。另外，随着日本社会人口少子老龄化问题日益严峻，不仅深受人口过疏化等影响的地方，人口相对集中的大城市也因受到单

---

* 张建立，文学博士，中国社会科学院大学国际政治经济学院教授、中国社会科学院日本研究所社会文化研究室主任、中日社会文化研究中心副主任、研究员，主要研究方向为日本文化、社会思潮、国民性。

身家庭增加等影响，出现了地域社区衰退与文化艺术传承者人手不足等问题。人们在日常生活中培育起来的丰富多彩的独具地域特色的文化艺术，不仅是社会经济发展的源泉，也是提升国家形象的重要软实力资源。日本政府提出地方创生构想以来，一直在探索如何因地制宜地发挥地域特色，将文化艺术、地域历史等资源优化组合进行战略性活用，以吸引国内年轻人回归地方就业，实现城市与地方协调发展，进而通过地方创生事业展示日本地方的魅力，提升日本国家的软实力，塑造日本良好的国家形象。本报告从文化政策与实践两大方面，对 2023 年日本助力地方创生的主要文化建设举措予以浅析。

# 一 助力地方创生的文化政策新动向

2023 年是日本实施地方创生政策 10 周年。日本政府一直在探索如何发挥文化艺术的作用，来助力地方创生。2023 年，在文化政策方面，作为以文化推动地方创生的重要政策之一、酝酿多年的日本文化厅整体迁址京都一事终于得以落实。这也是从明治维新以来，中央政府机关首次迁址地方。

京都作为 150 多年前的日本古都，不仅拥有很多历史文化遗产，而且如今是日本重要的国际化大都市。2023 年 3 月 27 日文化厅本部迁址京都当天，文化厅长官都仓俊一接受采访时说："京都的品牌力非常大。从东京向世界宣传日本文化艺术与从京都向世界宣传日本文化艺术，意义是不同的。"① 2023 年 4 月 2 日，文化厅长官都仓俊一接受共同通信社等媒体采访时再次明确指出，文化厅迁址京都的意义在于将其"作为地方创生的核心，发掘全国的文化资源，从千年之都向全世界宣传日本"，并特别强调这并"不是为了刺激京都发展的迁址"。②

2023 年文化厅彻底整体迁址京都，从开始酝酿、政策出台到最终落实，

---

① 「（社説）文化庁の移転　東京との距離を強みに」、『朝日新聞』2023 年 3 月 30 日、朝刊、14 頁。

② 京都移転「地方創生の核に」、2023 年 4 月 3 日、https：//news. yahoo. co. jp/articles/4b84cf64d5d64ebc1045bd 338529c868edf9864a［2023-04-03］。

经过了一个漫长曲折的历程。近年来，日本各界一直在热议的话题之一就是，关于日本社会未来发展方向是走大都市集中型发展道路，还是地方分散型发展道路。其中，讨论的最核心的内容是首都功能的迁移与分散问题。由于战后日本经济高速增长造成首都东京都圈过密发展对地方发展造成负面影响，以及出于对东京都地区直下型地震可能造成首都功能瘫痪的担心，日本社会从 20 世纪 70 年代就已经掀起了有关迁都的讨论。获第 27 届日本推理作家协会奖和第 5 届星云奖日本长篇组奖的小松左京的科幻小说《日本沉没》[①] 被改编制作成电影、特摄电视剧、漫画和广播剧热播，大大轰动了日本社会，对日本各界的迁都论起到了推波助澜的作用。日本国家层面开始正式对待迁都问题始于 20 世纪 90 年代。1990 年，日本众议院与参议院批准"关于迁移国会等的决议"，1992 年出台了"关于迁移国会等的法律"。其后的 1995 年 1 月发生的阪神淡路大震灾、3 月发生的东京地铁沙林事件等，促使人们从危机管理角度讨论首都功能迁移问题越发热烈。1996 年日本政府设立了首相的咨询机构"迁移国会等问题审议会"。日本社会也一直在热烈讨论哪些地方适合作为迁都地，但究竟哪个地方合适，众说纷纭，莫衷一是。电视剧《日本沉没》将日本首都功能的迁移地设在了北海道。此外，人口仅 1 万多人的冈山县吉备中央町也曾成为人们热议的迁都候选地。原因是在 2017 年在爱媛县召开的日本地质学会上，有学者报告称，横亘在冈山、广岛、兵库县的"吉备高原"地下岩盘没有活动断层，是日本列岛与亚洲大陆板块 3400 万年前就连接在一起的地层，一直未受到地震及火山活动变动的影响，作为一整块岩盘一直稳定维持至今。吉备中央町恰好位于吉备高原的核心区域，吉备高原的面积大约是东京都的 4 倍。高原地带也不会有发生海啸灾害的可能。虽然没有铁路，但冈山桃太郎机场与羽田机场之间有 1 日 10 架次往返航班，吉备中央町距离冈山桃太郎机场也仅有 25 分钟的车程而已。该报告一经报道，由于其土地的安全性，特别是东日本大震灾以后，

---

[①] 注：『日本沈没』、光文社、1973。中文译本为：〔日〕小松左京《日本沉没》，高晓钢等译，四川科学技术出版社，2005；〔日〕小松左京《日本沉没》，高晓钢等译，天津人民出版社，2016。

移住吉备中央町者激增。2021年10月，日本经济产业省与总务省开始探讨将电脑数据存储中心设置在该地。日本政府在1999年一度探讨将"栃木、福岛地域""岐阜、爱知地域""三重、畿央地域"这三个地域作为首都迁移候补地域。

但是，日本政府历经多年讨论的最终结果不是"迁都"，而是"扩都"，即以东京为中心将中央政府的各个省厅向各地分散迁移以打造一个扩大了的首都。如此一来，从东京来看是东京在扩大，从地方来看是自己也承担了首都的一部分功能，这避免了各地争夺首都的僵局，有望实现东京与地方都满意的协调发展。于是，便出现了将专利厅迁移至冲绳、将环境省迁移至那须（栃木县那须盐原市）、将观光厅迁移至轻井泽（长野县轻井泽町）、将文化厅迁移至京都等提议，① 进而将中央省厅迁址地方以作为此后应运而生的地方创生政策中的招牌。

2014年9月3日，日本政府正式成立了由石破茂担任地方创生大臣的地方创生本部。从2014年以来，日本历届首相在国会的施政方针演说中都会专门强调地方创生对日本社会发展的重要性，强调日本的发展离不开地方创生，地方是日本的宝贵财富，也是日本的潜力所在。中央与地方通力合作，各地方根据实际情况制定地方版的创生综合战略，并联合各种团体、组织、企业等社会力量构建起支持地方创生的运营体制和制定相关对策，中央政府则从信息、人才与财政三个方面支持地方创生战略。在各类地方创生政策中，将中央政府的一些省厅从首都东京迁址地方一直被视为地方创生的招牌政策。2015年12月18日，作为地方创生的一环，日本政府确定将42道、府、县申报愿意接纳的69个机构中的34个机构作为迁址地方的对象。但是，这34个机构中的大半仅同意转移其中的一部分职能部门，而非机构全体迁移，地方期待最高的中央省厅向地方的迁移并无明确结论。2016年，日本终于确定了将中央政府一些省厅迁址地方的基本方针，结果是虽然一些

---

① 『岡山や軽井沢「分散」の条件　遷都、移転、分散…首都機能をアップデートする』、『朝日新聞』2021年11月29日、週刊、17頁。

地方城市申请接纳消费者厅、中小企业厅、专利厅、观光厅、气象厅等，但均被以无法确保各自行政职能的维系与提升为理由而不了了之，最终只明确了文化厅将在数年内迁址京都。①

　　日本文化厅原本只是日本内务省、文部省下辖的一个小部门，1968年中央省厅调整时，文部省的文化局与文化遗产保护委员会合并后成立了文化厅，作家今日出海被任命为文化厅初代长官。当然，文化厅的工作不仅限于文化遗产的保护与利用，其还负责与著作权法相关的工作以及向海外宣传日本文化等工作。② 京都作为文化古都，早在日本社会上下热议迁都问题时，就已经在着手筹划文化厅迁址京都事宜。文化厅从2007年就已经开始在京都设立"关西分室"。在日本政府确定文化厅整体迁址京都一事后，2017年春天，文化厅首先将其"地域文化创生本部"迁址到观光客云集的京都东山脚下的八坂神社附近，目的就是为文化厅整体迁址京都做好前期准备工作。2023年3月27日，文化厅将本部及文化遗产相关部门与宗务科等总计6个部署迁址京都，文化厅长官以及大部分干部开始在京都办公。由于文化行政的对象纷繁复杂，相关团体多在东京等，文化厅将部分干部以及负责著作权、文化设施、文化艺术振兴等的7个部署暂时留在了东京。特别是为了应对围绕"世界和平统一家庭联合会"（"统一教"）的一系列问题，将负责该问题的宗务科职员也暂时留在了东京。2023年5月才得以实现文化厅全部迁移京都。

　　文化艺术具有广泛的社会波及力，文化政策的制定与实施多会充分考虑其与教育、福祉、城镇建设、观光、产业等广泛领域的关联性及其对周边领域的波及效果，以打造地方新的经济增长点。文化厅迁址"文化首都"的大都市京都，与其说是为了追求将人与工作等转移到地方为地方带来活力这种效果，莫如说其象征意义更强。③ 恰如原地方创生大臣石破茂在谈到文化

---

① 「（社説）省庁移転　骨太の理念が見えない」、『朝日新聞』2016年3月23日、朝刊、16頁。

② 「（文化の扉）はじめての文化庁　文化財・著作権・国際交流…分野幅広く」、『朝日新聞』2016年3月13日、朝刊、36頁。

③ 「（社説）文化庁京都へ　全国の振興を見据えて」、『朝日新聞』2016年5月7日、朝刊、12頁。

厅迁移京都的意义时所言："这是迁移中央省厅的初次尝试，说实话不尝试一下谁也不清楚效果如何。此举的目的是探讨如何才能打破东京一极集中，文化厅的迁移是手段之一。对民间企业，无论如何劝其向地域分散都是很难奏效的，因为权力的源泉在东京，所以企业才会集聚东京。既然一味地讨论首都迁移等很难得出结论，那就尝试将中央省厅迁移地方好了。作为一种象征性的举措，选择了将文化厅迁址京都。之所以在中央省厅中选择推动文化厅迁址京都，原因还在于文化厅是一个需要在东京应对国会答辩以及与海外交涉等较少的机构，加之人们一提到文化，首先想到的还是京都。拥有国宝以及重要文化遗产最多的是东京，第二就是京都。距离第一线越近，越有助于更好地开展文化行政工作。"①

## 二 助力地方创生的文化实践新举措

2023 年，日本官民合作在发挥其动漫产业国内外优势助力地方创生的文化实践方面，有了一些新举措。

近年来，日本产动画的市场规模逐年递增，2012 年才 1.3 万亿日元的市场规模，到 2022 年已经扩至 2.9 万亿日元，仅 10 年间就有了 1 倍多的增长。其中，海外销售额从 0.2 万亿日元增加至近 1.5 万亿日元，达到了与日本国内销售额相匹敌的规模。② 日本动漫产品潜力巨大，有望创造 6 万亿~34 万亿日元的经济收益。③ 当然，动漫产业为日本创造的经济效益，不仅体现在影视行业的收益上，而且体现为对观光旅游业的关联效应。动画片中出现的实景地点往往会成为动漫迷们拜访的"圣地"，每年会不断地吸引国内外动漫迷进行参观，从而带动地方经济发展。例如，2018 年人气动漫作品

---

① 「文化庁、京都で業務開始」、『朝日新聞』2023 年 3 月 28 日、朝刊、4 頁。
② 安井洋輔「わが国アニメ産業の現状と課題」、『リサーチ・フォーカス』、No. 2023-043、日本総研 2024 年 1 月 9 日、2-3 頁。
③ 安井洋輔「わが国アニメ産業の現状と課題」、『リサーチ・フォーカス』、No. 2023-043、日本総研 2024 年 1 月 9 日、10 頁。

《佐贺偶像是传奇》，就为唐津市历史民俗资料馆迎来了许多拜访"圣地"的外国旅客。据日本观光厅进行的"访日外国人消费动向调查（2023 年 4~6 月期）"，访日外国人中的大约 7%回答"访问了动画片中出现的实景地"。日本地方政府也正是看到了动漫产业这一优势，提出将动画作品的传播作为地方振兴的手段之一，将动画作品作为当地的宣传片，介绍区域文化促进深度旅游，以带动地方经济发展。

2023 年 3 月 17~22 日，新潟市因地制宜举办了长片动画电影节。此次"新潟国际动画电影节"，也是世界首创的只展映长片动画作品的电影节。动画电影是当今世界影坛中最具创造性和多样性的片种之一。在动画电影领域，既有相当数量的艺术影片，也存在许多大众喜闻乐见的商业影片。兴起于 20 世纪 60 年代的动画电影专门类节展，经历了一个从专注艺术动画电影到追求艺术与商业并行，乃至今天越发专业化及产业化的演进过程。许多国家认识到动画电影节的科教文卫功能，纷纷着手建立自己的主题影展，于是陆续出现一批动画电影节展。例如，法国安纳西（Annecy）国际动画电影节（1960 年）、罗马尼亚马马亚动画节（1966~1970 年）、克罗地亚萨格勒布动画节（1972 年）、加拿大渥太华国际动画节（1975 年）、葡萄牙埃斯皮尼奥国际动画电影节（1979 年）、德国斯图加特国际动画电影节（1982 年）、保加利亚瓦尔纳国际动画电影节（1979~1989 年）、日本广岛国际动画节（1985 年）、荷兰动画电影节（1985 年）、巴西世界动画电影节（1993 年）、韩国首尔国际动漫节（1995 年）、韩国富川国际动画节（1999 年）、澳大利亚墨尔本国际动画节（2001 年）、阿根廷科尔多瓦国际动画节（2001 年）、巴西伯南布哥国际动画节（2008 年）、厦门国际动漫节（2008 年）、南非开普敦国际动画电影节（2011 年）等。这些动画电影节的共同特点是，展映的作品以短片居多，而且以艺术领域的作品为中心。①

2023 年"新潟国际动画电影节"的特色在于，主办者旨在将"新潟国

---

① 孙滟琳：《国际动画电影节的历史溯源、形态流变与现状分析》，《当代动画》2023 年第 4 期，第 21~22 页。

际动画电影节"打造成动漫文化与产业融合的枢纽，通过创建一个电影节，不仅有助于艺术创作，而且有助于将这个电影节上聚集的情感和能量与工业规模的全球动画创作联系起来，打造世界动画中心与学院项目、人才发展项目的国际价值创造中心，从而推动地方创生。"新潟国际动画电影节"展映了押井守、大友克洋、新海诚等日本引以为豪的动画界巨匠的作品、世界关注的作品。"新潟国际动画电影节"的主要活动之一是从世界各国出品的动画电影中遴选优秀作品。能够在此次电影节中参展的作品的基本条件是，胶片时长在 40 分钟以上并可转化为电影的长片作品。担任"新潟国际动画电影节"参展作品大奖赛审查委员会委员长的押井守导演谈到设定这些条件的理由时说："其实，展映商业作品的动画电影节，此前几乎没有，仅法国昂西国际动画电影节涉猎过一些。这次只限定在长片，出乎意料地从世界汇集了优质的、雅俗共赏的作品。这些作品在电影节上引发了前所未有的关注。因此，作为电影节，这可谓一次新的尝试。"① 其实，直白地讲，2023年"新潟国际动画电影节"参展条件的设定追求专业化与产业化，就是为了早日达成促进地方创生的目的。

"新潟国际动画电影节"参展作品大奖赛评奖结果是，来自阿尔及利亚、荷兰、法国、美国等总计 10 部作品入选。其中，获得最优秀奖的动画片改编自村上春树的短篇小说《盲柳与睡女》。该片讲述了三个互相印证的故事，一个是女孩的幻想，一个发生在过去，一个发生在当下，故事情节看似平淡无奇，无甚意义，其实淡而无味叙述的深层下隐藏着深刻的含义。作者将这三个故事巧妙地记述在一起，表达了一个共同的意思，那就是，一方面每个人都只活在自己的世界，活得像是一座孤岛，只关注自己，对别人的关心多是例行公事，缺乏真情，或者说并不真正关注别人的生活。另一方面，每个人其实都渴望得到别人的关注和关心。这部片了刻画了个体化日益凸显的现代社会的人际关系状态，成为 2023 年"新潟国际动画电影节"参

---

① 「"世界初"の長編映画祭で、地域おこしと人材育成を目指す　新潟が世界のアニメ業界の中心になる」、『朝日新聞』2023 年 4 月 14 日、159 頁。

展作品大奖赛评委们一致推举的优秀作品。

2023 年"新潟国际动画电影节"的成功举办，得益于新潟地方政府与各界的大力支持，以及新潟地方深厚的动漫文化底蕴。新潟市从 17 世纪末开始就已经发展成为日本海沿岸最大的港口城市。在明治时代，新潟市所在的新潟县甚至拥有超过东京市的人口。新潟人大川浩创立了东映动画，并制作了日本第一部彩色动画长片《白蛇传》。新潟市是产生过赤冢不二夫、高桥留美子等很多漫画家的地方。从 2012 年开始，就曾经推行"新潟市活用动漫进行城镇建设的构想"计划，开设"新潟市动漫信息馆"和"新潟市漫画之家"等很多专业性的文化设施。也正是因为有这样的文化土壤，仅仅用了短短 1 年多的筹备时间便成功举办了 2023 年"新潟国际动画电影节"。

另外，新潟市一直很注重培育动漫领域相关人才。开志专门职业大学是2020 年新潟市开办的私立学校。仅仅是 2021 年新开设的动漫学部的在籍学生就有 100 多人。此外，新潟市还有很多关于动漫、游戏的专门技校。学生不仅限于来自本县内，还有来自北陆和东北地区的学生。2023 年"新潟国际动画电影节"除了举办参展作品大奖赛积极促进参展作品的商业转化外，还通过在电影节会场之一的开志专门职业大学举办多场研讨会、押井守等日本动画界著名导演的讲座等，来培养新潟的地方动漫人才。日本动画行业界存在严重的东京一极集中的现象，那就是大半动画制作公司集中在东京。近年来，由于动画制作的数据化水平突飞猛进，仅通过对数据的操作就可以制作动画，对场所的限制越来越小，一些动画制作公司开始陆续将动画制作场所迁向地方，为地方提供了新的就业机会。例如，新潟市在 2014 年（日本开始实施地方创生政策的元年）成立了动画制作公司"新潟动漫"。该动画公司为那些希望在动画行业工作，但又想要在本地持续工作的学生，或者虽然在东京就业但还是想要回到新潟工作的人提供了新的舞台，也为地方创生提供了大量的人才。新潟市对 2023 年"新潟国际动画电影节"寄予厚望，在电影节举办期间，新潟市市中心的古町到处飘扬着宣传彩旗以渲染气氛。电影节必将成为新潟的新面孔，助力其地方创生。

# 三 助力地方创生的传统文化资源新赋能

如何发掘传统文化资源助力地方创生，是日本政府、地方自治体以及传统文化传承者们一直在探讨的问题。梳理有"文化之国体"① 称号的国民文化节的历史，再结合"石川百万石文化节"的举办情况，则会发现发掘传统文化资源的目的似乎不仅仅是助力地方创生，还被赋予了潜移默化地建构对天皇的文化认同的新功能。

国民文化节是由日本文化厅与都道府县、市町村及文化团体等共同举办，将观光、城镇化建设、国际交流、福祉、教育、产业及其他各相关领域的施策有机联合，发挥地域文化资源等特色的文化祭典。国民文化节举办期间，主办方将进行传统艺能、文学、音乐、工艺美术、食文化等文化艺术展演，以此助力文化的继承、发展，推动艺术文化的振兴。由于国民文化节较为侧重于对传统文化的振兴，因而，其又被称为"文化之国体"。从 1986 年第一次举办国民文化节开始，现在的令和天皇在还是浩宫时就出席了国民文化节，成为皇太子后也继续出席。从 2019 年（令和元年）开始，天皇夫妇每次都会一同出席。从这个意义上讲，国民文化节甚至可以被理解是为了提升国民对令和天皇的认同而设。从 2017 年开始，日本政府将每年的国民文化节与"全国残疾人艺术文化节"合并在一起举办。这无疑会进一步增强国民对天皇的文化认同。

在 2023 年 10 月 14 日至 11 月 26 日的 44 天里，以"文化绚烂"为口号，第 38 届国民文化节在石川县举办。现在的石川县是德川幕府时期枭雄一方的大名前田利家（1539~1599 年）的领地，当时中部北陆地区为加贺藩，包括加贺国、能登国和越中国大半，领地面积总计 100 多万石，因此，前田利家又被称为"加贺百万石"。因此，这次国民文化节又被统称为"石川百万石文化

---

① 「国文祭、多彩 151 事業　31 年ぶり県内開催　あす開幕」、『朝日新聞』2023 年 10 月 13 日、朝刊、25 頁。

节"。这也是石川县自 1992 年以来第二次承办国民文化节。与此同时，第 23 届"全国残疾人艺术文化节"也一起举办。2023 年 10 月 15 日，开幕式在金泽市的石川综合体育中心举行，令和天皇、皇后一同出席。令和天皇在致辞中说："期待此次国民文化节成为人们认识地域气息浓郁的传统文化优秀之处的机会，拓展文化艺术活动的范围，创造新的文化。"① 日本文化政策学会会长、富山大学教授伊藤裕夫曾指出，国民文化节的意义不仅在于创造文化活动的全国规模的发表机会与交流场所，更主要在于重振地域的传统文化。借助举办国民文化节可以刺激地域文化活动发展，完善地域文化设施。② 有现任天皇参加的国民文化节，对地方创生的助力作用自然毋庸讳言。

2023 年 12 月 26 日，石川县公布此次国民文化节的参加人数大约为 128.4933 万人，远远超过了 1992 年举办国民文化节时的参加人数（大约 50.4700 万人）。在 2023 年 10 月 14 日至 11 月 26 日的 44 天里，全体 19 个市、町总计 151 项文化事业得以顺利开展。招牌活动如投影金泽城的灯光秀招揽游客 15.9585 万人，能够观赏伊藤若冲绘画等的"皇居三之丸尚藏馆收藏品展"招揽游客 5.250 万人，全国残疾人艺术文化节的"灿烂的伞艺项目"招揽游客 21.5 万人。③

总体来看，"石川百万石文化节"还是比较成功的。一年一度的"国民文化节"，不仅有机地融合了传统文化资源与现代文化艺术资源的力量，助力地方创生，而且其隐含的树立令和天皇威望、构建国民认同的作用不容小觑。

# 结　语

上文从文化政策与实践两个方面，对 2023 年日本文化领域的三个主要

---

① 「石川の文化、歌・踊りで表現　国文祭開会式、両陛下が出席」、『朝日新聞』2023 年 10 月 16 日、朝刊、21 頁。

② 「『文化の国体』曲がり角」、『朝日新聞』2014 年 11 月 1 日、夕刊、1 頁。

③ 「百万石文化祭、128 万人が来場」、『朝日新聞』2023 年 12 月 27 日、朝刊、23 頁。

事项进行了扼要梳理。由上文可知，2023 年日本文化建设无论是从政策层面，还是从实践层面，都紧紧围绕"地方创生"这个日本国家发展方针而展开。但是，文化厅整体搬迁京都，是否能够成为地方创生的助推器，尚未可知。京都府市政界、财界、传统文化界对文化厅整体搬迁京都的评价，大都比较积极，但也存在一些不同意见。

例如，京都国际日本文化研究中心所长井上章一表示："京都国际日本文化研究中心原所长河合隼雄担任文化厅长官时，促成了文化厅关西分室在京都的开设，作为官方意见，这实在是可喜可贺的事情。但是，作为我个人，倒是觉得文化厅的各位有些可怜。我一直主张，迁址京都虽然是地方创生事业的一环，但文化厅承担着各种各样的文化、艺术行政工作，还是在东京益处更大一些。我似乎能够听到文化厅各位职员得知迁址京都决定时那些失魂落魄的心声。从地方创生的意义上来说，将一些规模大的艺能事务所迁址到京都的社会影响力远比想象的要大很多。文化厅并没有多大的诉求力。"历任文化厅文化审议会委员、文化经济学会（日本）会长，专攻文化政策、文化经济学的京都同志社大学教授河岛伸子则对文化厅迁址京都满怀期待地指出："对于促进地方经济这种国家级课题，必须明确展示出文化亦能有所贡献。作为日本文化政策，期待文化厅迁址京都后能够看到不同以往的风景。"日本花道家池坊专宗则主张："文化很难形诸数字，其对社会的影响是间接的。单纯分割内容进行果实期货般的观光买卖，将失去潜在的文化力。文化厅不应该仅仅关注某些特定的商品、品牌等，而应该发掘地域的魅力，并努力展现给世界。"[①] 恰如京都各界有识之士所言，文化艺术对社会与个人的影响难以用短期的经济价值来估量，文化管理部门有必要看得更加长远一些。日本政府虽然期待文化厅迁址京都推动地方创生，但就二者之间的转化机制并无具体的方案。其效果如何，还有待日后的验证。

比较而言，新潟市基于地方的动漫文化底蕴，举办只展映可以商业化的

① 「文化庁の京都移転を考える　井上章一さん、河島伸子さん、池坊専宗さん」、『朝日新聞』2023 年 5 月 22 日、朝刊、21 頁。

长片动画片的年度动画节，打造世界动画中心。这一新举措对推动地方创生的效果还是可以期待的。从 1986 年开始举办的国民文化节，虽然本非为了地方创生事业而设立，但其主旨及举办机制与地方创生事业主旨有很多契合之处，加之有令和天皇的参与，其对地方创生也会发挥很大的推动作用。

（审读专家：胡　澎）

# B.7

# 2023年中日关系态势与展望

吴怀中*

**摘　要：**　2023 年，中日政治外交关系在《中日和平友好条约》缔结 45 周年的背景下不断发展，但日方屡次违背在台湾问题上所做的承诺，释放错误政治信号，制约两国关系深度改善。中日经贸关系在产业结构上具有很强的互补性，但受美国拜登政府强化对华战略竞争影响，日本在经济领域随美制华力度不断加大。中日安全对话逐渐恢复并增加，但日本对华安全政策表现出明显对抗性，加强对华构建安全包围圈。日本强推福岛核污染水排放，成为牵动中日关系的新增突出干扰因素。展望未来，中日关系的发展仍不乐观，为改善和发展中日关系，两国应把握正确方向，努力排除干扰，增强互信，妥善处理分歧与矛盾，开展更多高水平、多样化的交流合作。

**关键词：**　《中日和平友好条约》　中日关系　核污染水　印太战略

继 2022 年邦交正常化 50 周年后，2023 年，中日两国迎来了《中日和平友好条约》缔结 45 周年，双方以此为契机，共同重温缔约初心，坚定和平友好信念，积极开展一系列对话互动，恢复、加强各领域交流合作。与此同时，中日关系来到关键十字路口，面临邦交正常化以来最复杂局面，遇到一系列新问题、新风险、新挑战。2023 年 11 月，习近平主席同岸田文雄首相在旧金山举行会晤，双方重申恪守中日四个政治文件的各

---

* 吴怀中，法学博士，中国社会科学院日本研究所副所长、研究员，主要研究方向为日本政治与外交。

项原则，重新确认全面推进战略互惠关系的两国关系定位，致力于构建契合新时代要求的建设性、稳定的中日关系，为两国关系提供了重要政治引领。未来，中日需落实好两国领导人达成的重要共识，不断巩固互信，深化合作，妥善管控分歧，努力构建契合新时代要求的建设性、稳定的中日关系。

## 一 政治外交关系：高层互动明显加强，矛盾分歧依然突出

为在《中日和平友好条约》缔结45周年的背景下进一步推进中日关系的发展，并落实好2022年11月两国领导人曼谷会谈达成的重要共识，中日在外交层面加强沟通与互动，推进相关工作并形成共识。2023年2月18日，中共中央政治局委员、中央外事工作委员会办公室主任王毅在出席慕尼黑安全会议期间会见了日本外务大臣林芳正，强调日方应以2023年《中日和平友好条约》缔结45周年为契机同中方相向而行，确保中日关系在正确轨道上稳定前行。林芳正也表示愿同中方加强各层级沟通对话，加强经贸、青少年交流等领域的合作。4月1~2日，林芳正访问中国。这是自2019年12月茂木敏充访华以来，日本外务大臣首次访问中国。4月2日，中国国务院总理李强，中共中央政治局委员、中央外办主任王毅在北京分别会见了林芳正，充分表达中国对发展、改善中日关系的诚意。为改善和推进中日关系，中日还多次举行司局长级机制性磋商，就中日关系及共同关心的国际地区问题深入交换意见。

在工作机制磋商和对话上，2023年4月10日，中日举行海洋事务高级别磋商机制第十五轮磋商。中日海洋事务高级别磋商自2012年5月启动，是中日涉海事务的综合性沟通协调机制，双方在这一机制下就东海防务、执法、油气、科考、渔业等方方面面的问题进行沟通。此次磋商是自2019年5月以来时隔约4年后再次以面对面方式举行。磋商包括全体会议和海上防务、海上执法与安全、海洋经济三个工作组会议，双方就两国间

涉海事务交换意见。中日一致认为，2023 年是《中日和平友好条约》缔结 45 周年，应以两国领导人重要共识为引领，重温和恪守条约精神，根据中日四点原则共识，通过对话妥善处理涉海矛盾分歧，深化海洋领域务实合作，为将东海建设成为和平、合作、友好之海，推动构建契合新时代要求的中日关系做出积极努力。达成的主要共识如下。（1）双方积极评价中日防务部门建成海空联络机制直通电话，将尽早启用，并进一步完善海空联络机制，继续加强防务领域交流。（2）双方就加强中国海警局与日本海上保安厅对话合作达成一致，包括合作打击海上跨境犯罪、进一步发挥两国海警联络窗口作用、加强在多边海上执法合作机制下对话合作等。继续推进海上执法人员、海警院校学员交流。（3）双方同意继续在《中日海上搜救协定》框架下深化海上搜救领域务实合作，支持两国地方海上搜救部门举行通信演习。（4）双方同意就办好 2023 年中日海洋垃圾合作专家对话平台第四次会议和第四届中日海洋垃圾研讨会加强合作，并在多边框架下积极推进应对海洋塑料垃圾务实合作。（5）双方同意全面落实《中日渔业协定》，争取尽快重启中日渔委会，继续就打击非法捕鱼、北太平洋渔业资源养护、鳗鱼资源保护等开展合作。（6）双方就开展海洋科研、海洋生态保护修复、发展蓝色经济创新技术等领域合作交换了意见，同意继续加强对口部门交流对接。（7）双方同意继续开展外交部门涉海人员互访，支持涉海智库、学术及教育机构间的交往合作。[①] 也是根据此次磋商达成的共识，10 月 13 日，中日举行海洋事务高级别磋商机制第十六轮磋商，就两国间涉海事务深入交换意见。

在《中日和平友好条约》缔结 45 周年之际，10 月 23 日，中国国务院总理李强与岸田互致贺电，表达坚守和约精神和发展中日关系的决心。李强指出，"条约以法律形式为中日这两个邻国确立了和平共处、世代友好的大方向，强调反对霸权主义，成为两国关系发展进程中的重要里程碑"，强调

---

[①]《中日举行海洋事务高级别磋商机制第十五轮磋商》，中华人民共和国外交部网站，2023 年 4 月 10 日，https：//www.mfa.gov.cn/wjb_ 673085/zzjg_ 673183/bjhysws_ 674671/xgxw_ 674673/202304/t20230410_ 11057064.shtml ［2024-01-06］。

"致力于构建契合新时代要求的中日关系"。岸田表示,"日中两国对地区乃至世界的和平与繁荣肩负重要责任",表示"努力推动日中关系取得更大发展"。① 当天,在日本,由中日交流促进实行委员会主办的纪念《中日和平友好条约》缔结45周年招待会在东京举行,日本政界、经济界、友好团体及华侨华人团体代表约1000人出席。日本外务大臣上川阳子、中国驻日本大使吴江浩等出席活动并致辞。在北京,中共中央政治局委员、中央外办主任王毅,日本前首相福田康夫和约200名中日各界代表,出席纪念《中日和平友好条约》缔结45周年招待会,招待会由中国人民对外友好协会和中国日本友好协会共同举办。

中日致力于开展高层对话。11月9日,中共中央政治局委员、中央外办主任王毅在北京会见日本内阁特别顾问、国家安全保障局局长秋叶刚男并举行中日高级别政治对话机制磋商,双方重申恪守中日四个政治文件确定的各项原则,努力推动两国关系重回健康稳定发展轨道,并同意继续就此保持沟通。11月16日,中日在美国旧金山亚太经合组织会议期间举行了首脑会谈,两国领导人重申恪守中日四个政治文件的原则和共识,重新确认全面推进战略互惠关系的两国关系定位,致力于构建契合新时代要求的建设性、稳定的中日关系。双方积极评价刚成立的中日出口管制对话机制,同意保持各层级对话沟通,适时举办新一轮中日经济高层对话、中日高级别人文交流磋商机制会议,就国际地区事务保持沟通协调,共同应对气候变化等全球性挑战。②

在中日实现首脑会谈和两国关系出现改善的势头下,11月22日,日本公明党党首山口那津男时隔四年开启了对中国为期两天的访问,并向中方转交岸田写给中国领导人的亲笔信,推动中日在政治外交层面增

---

① 《李强同日本首相岸田文雄就中日和平友好条约缔结45周年互致贺电》,中国政府网,2023年10月23日,https://www.gov.cn/yaowen/liebiao/202310/content_6910975.htm [2024-01-12]。

② 《习近平会见日本首相岸田文雄》,中华人民共和国外交部网站,2023年11月17日,https://www.fmprc.gov.cn/web/zyxw/202311/t20231117_11182335.shtml [2024-01-11]。

进相互理解和互信。22 日，中共中央政治局常委、中央书记处书记蔡奇会见山口那津男。23 日，中共中央政治局委员、中央外办主任王毅会见山口那津男，表示双方要落实好两国领导人达成的重要共识，确定正确认知，推动中日关系重回健康发展轨道，期待公明党继续为中日友好合作做出努力。王毅在会谈期间还对公明党的支持团体、创价学会名誉会长池田大作的去世表示哀悼，并称赞池田和公明党为中日关系发展所发挥的建设作用。

## 二 经济关系：经贸互补属性未变，地缘政治冲击不断增大

中日双方在产业结构上具有很强的互补性，2023 年，中国仍是日本最大贸易伙伴，经济合作持续深化。对日本而言，撤回和转移生产基地并非易事，中国作为巨大市场的吸引力依然强劲。但受地缘政治特别是美国拜登政府强化对华战略竞争的影响，日本在经济领域随美制华力度也在加大。

### （一）中日经济合作持续深化

尽管受地缘政治因素的扰乱，中日经济关系依旧展现出较强的黏性与活力。2023 年，中日双边贸易额高达 3179 亿美元。2023 年 2 月 11 日，第十六届中日节能环保综合论坛以线上线下相结合方式在北京举办，包括主论坛和能效提高、汽车电动化智能化、氢能、中日长期贸易 4 个分论坛。2 月 22 日，围绕落实两国领导人经贸领域重要共识，中日政府以视频方式召开第 16 次中日经济伙伴关系磋商，就宏观经济形势、产业链供应链稳定畅通、贸易投资、绿色低碳、医疗康养等领域合作，以及多边和区域合作等议题深入交流，并就筹备中日经济高层对话交换了意见。7 月 5 日，由日本前众议长、日本国际贸易促进协会会长河野洋平率领的以对华经济交流为目的的访华团在北京与中国国务院总理李强进行了 70 分钟会谈。比较突出的是，与传

统经济领域的合作相比，中日开始深化绿色低碳产业合作。11 月，在上海举行的中国国际进口博览会有 300 多家日本企业积极参展，居外企数量首位。

## （二）日本对华经济合作的负面动向增强

日本财务省相关贸易统计数据显示，与 2022 年同期相比，2023 年，日本对华出口额和进口额双双下降。其中，从中国内地的进口额下降 1.7%，对中国内地的出口额下降 6.5%，对中国内地和中国香港的合计出口额下降 9.4%。① 日本对华贸易额减少的原因，包括中国内需不足和日本出口商品限制等；而日本对华投资减少的原因，则包括日本调整海外产业结构和对制造业的投资恢复缓慢等。受日本政府渲染地缘政治和经济安全风险的影响，日企对华投资意向发生消极变化。6 月 27 日，日本经济产业省公布了 2023 年版《通商白皮书》，其中称虽然日本制造业企业对中国的投资规模持续扩大，但鉴于地缘政治和经济安全的风险，越来越多的日本企业开始重视对东南亚的投资。② 10 月 12 日，由进驻中国的日本企业组成的"中国日本商会"公布了 2023 年 9 月以会员企业为对象进行的问卷调查结果，结果显示：一方面在给出回答的 1400 家企业中，表示 2023 年的对华投资额与上年相比将"增加"和"大幅增加"的企业合计仅占 13%；另一方面，表示当年"不会投资"和投资额将"减少"的企业合计共占 57%。③

特别是，日本跟随美国对中国采取的半导体出口管制措施冲击了中日正常经贸关系。2022 年 10 月，美国针对中国加强了尖端半导体产品的制造设备和技术的出口管制。尽管中方多次对日方在对华半导体出口管制问题上的有关动向表达高度关切，希望日方切实遵守契约精神和国际规则，为企业营造公平、非歧视、可预期的营商环境，维护中日经贸合作大局；但是，日本

---

① 财务省『貿易統計』、https：//www.customs.go.jp/toukei/shinbun/trade-st/2023/202328g.xml［2024-03-12］。

② 经济产业省『通商白書 2023』、2023 年 6 月、https：//www.meti.go.jp/report/tsuhaku2023/index.html［2024-01-12］。

③ 「中国への新たな投資　日系企業の4割以上が慎重な見方示す」、NHK、2023 年 10 月 12 日、https：//www3.nhk.or.jp/news/html/20231012/k10014223501000.html［2024-01-11］。

政府还是积极配合美国步调，针对中国实施尖端半导体出口管制。2023 年 5 月 23 日，日本经济产业省修订《外汇与外贸法》相关法令，针对尖端半导体制造设备出口实施更严格的管理，适用对象为半导体制造过程中不可或缺的"光刻机"等 23 种设备。从 7 月 23 日起，日本政府开始加强对这 23 种高性能半导体制造设备的出口管制，除日本政府判定出口管理机制达标的美国、韩国等 42 个国家和地区以外，日方在向包括中国在内的其他国家和地区出口相关半导体制造设备时，每份订单均需获得经济产业大臣的批准，出口手续更加严格。半导体是日本仅次于汽车的第二大出口商品，也是对华出口第一大商品。日本此举对中日经贸关系造成很大冲击。

在广泛的经济层面，日本政府还有意主导摆脱经济上的"对华依赖"，相关企业也采取了一些行动。2023 年 3 月 7 日，日本经济产业省宣布综合商贸企业双日公司以及独立行政法人能源和金属矿物资源机构（JOGMEC）获得了澳大利亚矿山的稀土类镝矿、铽矿最高产量 65% 的权益，这是日本首次获得这些稀土类矿产的权益，意在摆脱对中国稀土的依赖。松下公司在空调生产方面也进一步摆脱"依赖中国"。7 月 19 日，日本松下控股公司宣布将把在日本国内销售的楼宇空调的大部分生产业务从海外转移到位于群马县大泉町的大泉工厂。本来松下公司的楼宇空调主要在中国大连市生产，其海外生产量占整体的约九成，背后反映出日本摆脱对作为生产基地的中国的依赖。

## 三 安全关系：管控对话有序推进，日本军扩渐失理性

中日安全对话逐渐恢复并增加。2023 年 2 月 22 日，中日外交、防务部门在日本举行"中日安全对话"，本次对话时隔 4 年再次举行，就加强两国防务安全领域的沟通达成了一致，并确认将力争在春季启用旨在避免偶发性军事冲突的"直通电话"。经双方商定，3 月 21 日在东京举行第十七次中日安全对话和第二十九次中日外交当局定期磋商，就中日关系、两国防务安全政策和共同关心的国际地区问题广泛深入交换意

见。5 月 16 日，中日防长首次使用热线电话举行会谈，并就两国继续保持磋商达成一致。

安全关系层面，日本对华表现出明显的对抗性。2023 年 4 月，日本政府公布的《外交蓝皮书》采用与 2022 年 12 月日本内阁会议通过的《国家安全保障战略》等新"安保三文件"相同的表述，将中国定义为"迄今为止最大的战略挑战"①。7 月 28 日，日本防卫省公布了 2023 年版《防卫白皮书》，其中也将中国定位为"迄今为止最大的战略挑战"②。在对各国军事形势进行分析部分，《防卫白皮书》用 31 页篇幅介绍了中国的动向，从国别来看，篇幅最多。

日本恶意炒作"台湾有事"，渲染"中国威胁"，趁机推进日本军事实现大国化。2023 年 1 月 9 日，日本自民党副总裁麻生太郎在福冈县直方市发表演讲时表示，一旦"台湾有事"，必将波及靠近中国台湾的冲绳县与那国岛等日本的领土。在此基础上，他强调日本有必要从根本上增强防卫能力。3 月 16 日，日本政府在此前完全没有自卫队基地的冲绳县石垣岛开设了陆上自卫队驻屯地，除内配弹药库外，还部署了基地警备队以及地对舰和地对空导弹部队，约有 570 名自卫队队员。

日本加强国际安全合作，对华构建安全包围圈。针对中国，日本持续深化"印太战略"。积极配合美国，积极打造美日韩"铁三角"，提出所谓的"戴维营精神"，推进三国安全关系"一体化"。岸田政府新设"友军支援框架"，营造针对中国的安全合作圈。日本还深化了与北约（NATO）的合作关系。2023 年 7 月 12 日，日本首相岸田文雄在立陶宛首都维尔纽斯与北大西洋公约组织秘书长斯托尔滕贝格举行会谈，就双方签署安全保障领域的新合作文件《个别针对性伙伴关系计划》（ITPP）达成一致，日本与北约将在网络安全、应对虚假信息、太空、先进技术等面临安保新课题的 16 个领域

---

① 外务省『令和 5 年版外交青書』、2023 年 4 月、https：//www.mofa.go.jp/mofaj/gaiko/bluebook/2023/pdf/pdfs/2_2.pdf［2024-01-07］。
② 防衛省『令和 5 年版防衛白書』、2023 年 8 月、https：//www.mod.go.jp/j/press/wp/wp2023/pdf/R05zenpen.pdf［2024-01-07］。

加强合作。①

对于日本大幅增加防卫预算，持续发展、采购高端进攻性武器，在地区制造紧张态势，重走军事化道路的趋向，中国国防部发言人在 3 月 16 日表示，日本近年来大肆渲染所谓"外部威胁"，大幅增加防卫预算，持续发展、采购高端进攻性武器，在地区制造紧张态势，重走军事化道路的趋向十分危险，值得国际社会和地区国家高度警惕。我们敦促日方切实汲取历史教训，在军事安全领域谨言慎行，停止做损害地区和平稳定的事。② 中国外交部发言人也表示，日本曾步入军国主义歧途，发动侵略战争，犯下严重反人类罪行，给地区和世界带来深重灾难。但日方非但不认真反省，反而再次表现出强军扩武的危险态势，防卫预算连续 11 年大幅增长，不断调整安保政策，大力谋求军力突破，还颠倒黑白地渲染地区紧张局势，为自身整军经武找借口，甚至谋求将北约引入亚太地区。日方所作所为不得不令人怀疑，日本正在脱离战后和平发展轨道，重蹈历史覆辙的危险正在不断积聚。"我们正告日方，做亚太安全稳定的破坏者、搅局者，必将遭到地区国家的普遍反对和强烈反制。"③

## 四　环境领域：福岛核污染水排海，新增突出干扰因素

自 2011 年东日本大地震以来，福岛第一核电站事故一直备受世人关注，尤其是其持续产生并存放在站内的 100 多万吨核污染水，不仅成为日本政府不得不正视的头疼问题，也是牵动国际舆情关注的焦点。然而，日本政府无

---

① 防衛省『岸田総理大臣とストルテンベルグNATO 事務総長との共同記者発表及び会談』、2023 年 7 月 12 日、https：//www. mofa. go. jp/mofaj/erp/ep/page7_ 000043. html［2024-01-07］。

② 《国防部：日方应切实汲取历史教训　在军事安全领域谨言慎行》，中华人民共和国国防部网站，2023 年 3 月 16 日，http：//www. mod. gov. cn/gfbw/xwfyr/yzxwfb/16278280. html［2024-01-04］。

③ 《外交部正告日方：做亚太安全稳定的破坏者，必将遭到强烈反制》，上观新闻，2023 年 1 月 16 日，https：//www. shobserver. com/wx/detail. do？id=573324［2024-01-23］。

视国内和国际社会的反对声音，不顾国际社会对其排海计划正当性、合法性、安全性提出的诸多质疑与反对，执意在 2023 年 8 月 24 日启动了福岛第一核电站核污染水排放入海计划。在 2023 年，日本一共实施了三次核污染水排海，具体排放情况如下：第一次从 8 月 24 日开始至 9 月 11 日结束，共排放核污染水 7788 吨；第二次从 10 月 5 日开始至 10 月 23 日结束，共排放核污染水 7810 吨；第三次从 11 月 2 日开始至 11 月 20 日结束，共排放核污染水 7753 吨。①

中国作为日本的近邻和重要利益攸关方，自日本政府于 2023 年 4 月正式宣布将福岛核污染水向大海排放之时起，就明确对其这一决定表示坚决反对，并敦促日本重新考虑和撤销这一错误决定。面对日本执意将核污染水排放入海，中国断然采取了一系列反制措施对日施压和警告，并"持续加强有关监测工作，及时跟踪研判福岛核污染水排海对我海洋辐射环境可能的影响，切实维护我国家利益和人民健康"②。中国方面强烈要求日方应停止为排海行为"洗白"，以真正负责任的态度同周边邻国诚实沟通，接受国际社会严格监督，切实采取科学、安全、透明的方式处置核污染水，并希望日方能够认真回应为何始终对放射性核素闪烁其词？为何不进行全面系统的海洋环境监测？为何拒绝其他利益攸关方共同参与建立国际监测机制？③ 此外，中国还与国际原子能机构等相关组织保持沟通和协调，要求其对日本核污染水排放进行严格的审查与监督。

鉴于日本政府执意实施核污染水排海行为不仅违反了国际法和国际公约，而且很可能对周边国家的利益与民众健康造成伤害。中国自 2023 年 8

① 東京電力ホールディングス株式会社「ALPS 処理水海洋放出の状況について」、2023 年 12 月 21 日、https：//www.env.go.jp/content/000183693.pdf［2024-03-01］。

② 《生态环境部（国家核安全局）相关负责人就日本启动福岛核污染水排海答记者问》，中华人民共和国生态环境部网站，2023 年 8 月 24 日，https：//www.mee.gov.cn/ywdt/xwfb/202308/t20230824_1039228.shtml［2024-02-23］。

③ 《吴江浩大使就福岛核污染水排海问题进一步向日方阐明严正立场》，中华人民共和国驻日本国大使馆网站，2023 年 8 月 28 日，http：//jp.china-embassy.gov.cn/sgkxnew/202308/t20230828_11133714.htm［2023-12-19］。

月24日起全面暂停进口原产地为日本的水产品。此举对日本的水产品行业造成了一定的打击，2022年，中国内地和香港进口日本水产品金额总计1626亿日元，约占日本水产品出口额的42%。虽然，水产品的出口额仅占日本总出口额的0.17%，中国暂停进口日本水产品对日本GDP的影响约为0.03%，但日本企业界普遍担心这些措施会扩大到其他领域。① 作为应对措施，日本政府于2023年9月5日决定在用于国际公关和维护渔业生产的800亿日元基金之外，从本年度预算的预备费中拨出207亿日元，向水产从业者提供紧急支援。②

中国消费者对于食品安全的担忧不仅现实，而且十分强烈。中国政府一贯秉持以人民为中心，从维护海洋环境安全、维护中国民众健康方面考虑，多次通过外交渠道向日本提出严正交涉和抗议，并在多种国际场合揭露和批评日本的错误做法，还与太平洋沿岸相关国家呼吁审慎处理核污染水。福岛核污染水排放问题成为本年度牵动中日关系的新增突出干扰因素，并引发中国民众的极大愤慨。中日在福岛核污染水排海问题上的分歧与较量，凸显了中国在核领域治理中的积极作用和负责任态度。中国还将在今后持续敦促日本解决好福岛核污染水排海安全性、净化装置长期可靠性、国际监测安排有效性等关切，环境领域的争锋与博弈也将对中日关系产生更多影响。

# 五　中日关系展望

2023年，两国本应以纪念《中日和平友好条约》缔结45周年为契机，坚守初心，接续中日和平友好的历史使命，为推动构建契合新时代要求的中日关系不懈努力。2023年11月16日，习近平主席在美国旧金山会见岸田时就指出，

---

① 木内登英「中国による日本の水産物輸入停止の経済的打撃は大きくないが、貿易規制のエスカレーションに注意」、野村綜合研究所、2023年8月24日、https：//www.nri.com/jp/knowledge/blog/lst/2023/fis/kiuchi/0824_2［2023-12-19］。
② 「首相『水産業を守り抜く』　新たな支援策発表、予備費から207億円」、『朝日新聞』2023年9月5日、https：//www.asahi.com/articles/ASR946V5PR94UTFK00B.html［2024-03-01］。

"当前，中日关系正处于承前启后的关键时期"。① 如何发挥《中日和平友好条约》的精神，共同推进发展中日关系已是两国面临的重要战略议题。中日互为邻国，都是地区重要的国家，拥有广泛共同利益和广阔合作空间，经济利益深度交融，和平、友好、合作是双方唯一正确选择。中日旧金山首脑会晤再次确认了"战略互惠关系"，表明中日将继续从更宏观、更长远的角度来看待和推动双边关系健康稳定发展，超越具体的观念冲突与矛盾分歧而着眼构建高层次战略互惠关系。但具体来看，未来中日关系的发展仍不乐观。

日本在对华关系上采取的基本是消极姿态。2023 年 1 月 23 日，日本外务大臣林芳正在众议院全体会议上发表的外交演说就对华外交强调日本要坚持应当"坚持"的主张。② 更突出的是，美国因素已成为影响中日关系稳定发展的最大外部挑战，日本"挟美遏华"倾向增强，给中日政治安全互信和经济往来都造成很大的负面影响，日本更是配合美国并将"遏制中国"的举措蔓延至作为中日关系"压舱石"的经贸领域。在自身大国化战略背景下，日本在安全上的动向也成为影响中日关系的特殊因素。岸田内阁支持率在 2023 年不断创下新低，执政前景堪忧，其与中方领导人达成的各项共识究竟在多大程度上能得以落实成为不确定因素。更令人担心的是，当前中日民间情感不容乐观。2023 年 10 月，日本"言论 NPO"联合中国外文局发表了 2023 年度《日中共同民意调查》，相关调查结果显示，对于中日关系的现在和未来，两国民众的判断都有所后退，41.2% 的中国受访者和 68.4%的日本受访者认为两国关系"不好"和"将恶化"；对于中日关系重要性的判断，在两国受访者那里都有所下降，中日分别有 60.1% 和 65.1% 的受访者认可两国关系的重要性。③

---

① 《习近平会见日本首相岸田文雄》，中国政府网，2023 年 11 月 16 日，https：//www. gov. cn/yaowen/liebiao/202311/content_ 6915827. htm［2023-11-30］。

② 自民党「第 211 回国会における林外務大臣の外交演説」、2023 年 1 月 23 日、https：//www. jimin. jp/news/policy/205046. html［2023-12-25］。

③ 《第十九届北京-东京论坛"中日关系舆论调查"结果发布》，中国外文出版发行事业局网站，2023 年 10 月 11 日，http：//www. cicg. org. cn/2023－10/11/content_ 42547823. htm［2023-11-30］。

　　展望未来，为改善和发展中日关系，两国应把握正确方向，努力排除干扰，增强互信，妥善处理分歧与矛盾，开展更多高水平、多样化的交流合作。政治上，中日双方应坚守中日四个政治文件精神，筑牢两国政治关系。历史、台湾等重大原则问题关乎两国关系政治基础，日方必须恪守信义，确保中日关系的政治基础不受损、不动摇。特别是日方应停止一切侵犯中方领土主权、损害中方海洋权益及导致局势复杂化的言行，加强对话、管控分歧。切实将"互为合作伙伴、互不构成威胁"落实到行动中。日方更不应出于各种目的干涉中国内政、打压中国发展。经济上，加强经贸合作，更不应打着"经济安保"的旗号在"去风险化"的名义下搞"脱钩断链"，加强绿色低碳、医疗养老、数字经济等领域的合作，通过合作稳定产业链、供应链，切实维护全球自由贸易体系，实现更高水平的互利双赢。国民感情上，要加强交流，改善两国民意基础。两国更应立足更高站位，秉持更广阔视野，弘扬亚洲价值观，践行真正的多边主义，共同构建人类命运共同体。

（审读专家：张伯玉）

# 日本国内形势与政策调整 ▷

## B.8
## 日本《第四期海洋基本计划》评析

张晓磊*

**摘　要：** 自 2013 年《第二期海洋基本计划》出台以来的十年间，日本在国家战略、海洋战略的认知、定位、演变上开始出现一条日趋明显的轨迹，即在国家战略泛安全化的背景下，海洋战略也趋于泛安全化，海洋战略和国家安全战略深度融合，国家战略海权化态势明显。《第四期海洋基本计划》是反映当前日本国家战略和海洋战略融合程度以及两个战略安全化程度的最新政策性文本。《第三期海洋基本计划》和《第四期海洋基本计划》的延续性、连接性、继承性更强，通过对照《第三期海洋基本计划》的制定过程、主要内容及其实施效果评估的方式，可以更准确、深入地理解日本政府出台《第四期海洋基本计划》的战略意图、政策内涵及其潜在影响。随着《第四期海洋基本计划》出台，日本海洋战略的泛安全化倾向和趋势已经非常明显。

* 张晓磊，法学博士，中国社会科学院日本研究所政治研究室研究员，主要研究方向为日本政治和日本安全政策。

**关键词：** 日本　国家安全战略　海洋战略　泛安全化　《第四期海洋基本计划》

十余年来，日本国家安全战略加速调整，不但连续出台两部《国家安全战略》，更出现了各领域发展战略泛安全化的态势，其中以海洋领域的发展战略最为突出，海洋战略的泛安全化发展脉络在日本出台的四期《海洋基本计划》中体现得最为明显。本报告试图以《第四期海洋基本计划》的主要内容为评析基础，通过政策背景挖掘、全方位纵向对比、战略方向窥探的方式，对日本《第四期海洋基本计划》进行综合评估。

## 一　背景：日本国家战略、海洋战略深度融合下的安全化

《第四期海洋基本计划》是日本政府为配合 2007 年首部《海洋基本法》的落实，推进海洋政策制度化、战略化，按照《海洋基本法》规定，继 2008 年、2013 年、2018 年相继出台并实施完毕三期《海洋基本计划》后，于 2023 年 4 月 28 日出台的涉海政策文件。

从《第二期海洋基本计划》出台开始也就是 2013 年前后，日本在国家战略、海洋战略的认知、定位、演变上开始出现一条日趋明显的轨迹，即在国家战略泛安全化的背景下，海洋战略也趋于泛安全化，海洋战略和国家安全战略深度融合，国家战略海权化态势明显。

2013 年、2018 年和 2023 年前后均具有一个重要的相同特征，即在当年或前一年日本政府在国家安全战略和海洋战略的两个层面都出台了重量级新政策文件，也就是 2013 年 4 月的《第二期海洋基本计划》和同年 12 月的战后日本首部《国家安全战略》、2018 年 5 月的《第三期海洋基本计划》和同年 12 月的新版《防卫计划大纲》、2023 年 4 月的《第四期海洋基本计划》和 2022 年 12 月的新"安保三文件"（新版《国家安全保障战略》《国家防

卫战略》《防卫力量整备计划》）。这些每五年就更新的政策文件反映了日本政府国家战略定位的变迁，以及内嵌在其中的执政者群体对国际和地区秩序等外部环境的认知脉络。从这个角度看，《第四期海洋基本计划》是反映当前日本国家战略和海洋战略融合程度以及两个战略安全化程度的最新政策性文本，无论是从国家安全学来看还是从区域国别学层次来看，均具有重要的学术文献价值和政策参考意义。

上述三个历史节点的政策文件反映了近十年来日本执政者的国家安全观、海洋战略观的深刻变迁，归结到一点就是不断增加的海洋安全需求在其国家战略和海洋战略中的集中投射。

2013 年 4 月，安倍第二次执政后制定了《第二期海洋基本计划》，这一计划最大的变化是开始明确提出"确保海洋安全"的战略目标；同年 12 月，日本首部《国家安全战略》出台，进一步增加了"海洋安全与风险"的评估内容，海洋安全与风险作为"国际公域相关风险"的一部分被着重强调，文件认为，"海洋方面，虽有《联合国海洋法公约》等规范海洋活动的国际法，但不尊重国际法、试图凭'实力'单方面改变现状的趋势不断凸显……近年来，各国因资源能源及安全问题矛盾加剧，导致海上冲突和不测事态的风险进一步增加……给推进海洋法治、维护航行自由及东南亚地区稳定带来诸多挑战"①。

2018 年 5 月，《第三期海洋基本计划》高度重视海洋安全与风险问题，鉴于日本海洋安全情势上的复杂性（文件在描述情势变化时，还举了一些具体的事例，特别是有关海洋安全保障方面，比如外国公务船侵入领海、外国渔船非法捕捞和漂流、外国调查船未经审批的科考以及落入专属经济区的导弹威胁等）和海洋权益的综合性，提出"日本政府有必要采取涵盖多个领域的综合性海洋安全保障政策。今后 10 年日本海洋安全保障的主要方向包括三个方面：一是确保领海权益，二是确保包括同盟国和友好国在内重要

---

① 内閣官房「国家安全保障戦略について」、2013 年 12 月 16 日、https：//www.cas.go.jp/jp/siryou/221216anzenhoshou.html［2024-01-05］。

航线的安全,三是为确保自由利用海洋而强化国际海洋秩序如与相关各国合作推进'自由开放的印度洋-太平洋'战略等"①。2018 年 12 月,日本政府修改后的新版《防卫计划大纲》对海洋风险的认知开始上升到国际秩序安全的高度,文件称,"在海洋中,可以看到在与现存的国际秩序不相容的独自主张的基础上通过单方面主张或行动以维护本国权利的事例,以及在公海中的自由受到不正当侵害的状况",并且提及中国②。

2022 年 12 月,日本政府出台新版《国家安全战略》,对海洋领域中国际秩序变动风险的认知扩展到了整个国家安全领域,文件称,"自由开放的稳定国际秩序在冷战结束后在世界范围内扩大,但随着力量平衡的历史变化和地缘政治竞争的加剧,如今面临重大挑战……另外,海洋中单方面改变现状的活动也在继续……在这样一个世界历史转折时期,我国正处于战后最为严峻和复杂的安全保障环境之中"③。与新版《国家安全战略》的安全风险评估相呼应,2023 年 4 月出台的《第四期海洋基本计划》不但突出强调日本周边海域的严峻形势和安全风险前所未有,更认为全球经济结构和竞争环境正在发生前所未有的深层次变化。文件称,"从《第三期海洋基本计划》实施 5 年后的海洋政策状况来看,我国周边海域的形势更加严峻,全世界的经济结构和竞争环境受到严重冲击,国家海洋利益面临前所未有的严重威胁和风险"④。日本内阁府综合海洋政策推进事务局海洋政策调整官认为所谓的"经济结构和竞争环境"是指"'碳中和'目标的制定、俄罗斯与乌克兰冲突背后的能源安全以及产业结构转型等诸多结构性问题"⑤。

2018 年《第三期海洋基本计划》出台以来恰逢联合国海洋战略发展的

① 日本内阁府「海洋基本計画第 3 期」、2018 年 5 月、http://www8.cao.go.jp/ocean/policies/plan/plan.html［2024-02-06］。
② 「平成 31 年度以降に係る防衛計画の大綱について」、2018 年 12 月 18 日。
③ 首相官邸「国家安全保障戦略について」、2022 年 12 月 16 日、https://www.kantei.go.jp/jp/kakugikettei/2010/1217boueitaikou.pdf［2024-01-05］。
④ 日本内阁府「海洋基本計画第 4 期」、2023 年 4 月 28 日、https://www8.cao.go.jp/ocean/policies/plan/plan04/plan04.html［2024-02-06］。
⑤ 諏訪達郎「第 4 期海洋基本計画の策定について」、2023 年 10 月 3 日、https://www.kantei.go.jp/jp/singi/kaiyou/kaisai.html［2024-12-24］。

变革期，2021 年联合国出台《联合国海洋科学促进可持续发展国际十年（2021-2030）》①，全球发展战略与海洋发展战略深度融合，全球发展战略与海洋战略在推进战略利益海权化的过程中实现对接。为应对此种情况，《第四期海洋基本计划》开篇宣称，"我国现在正是集结产学官智慧，推进海洋政策结构性变革（Ocean Transformation）的时候，有必要通过加强海洋安全保障、培育海洋资源开发等新产业、进一步发展现有产业、进行环境相关技术开发、实现可持续发展目标等国际努力来做出积极贡献"②。

## 二 《第四期海洋基本计划》与《第三期海洋基本计划》的对比

从结构上看，目前已经通过的全部四期《海洋基本计划》总体上均保留了序言加方针、对策、必要事项三个主体部分的框架结构，但从《第三期海洋基本计划》开始，不但在政策理念、目标和举措上有了大幅度的修正，还在人员和机构设置上做了深改，比如将综合海洋政策本部事务局从隶属于内阁官房转移到内阁府并改为综合海洋政策推进事务局，以进一步强化政府推动海洋政策实施的中央集权和权威。可见，《第三期海洋基本计划》和《第四期海洋基本计划》的延续性、连接性、继承性更强，通过对照《第三期海洋基本计划》的制定过程、主要内容及其实施效果评估的方式，

---

① 《联合国海洋科学促进可持续发展国际十年（2021-2030）》，联合国教科文组织网站，https：//www.unesco.org/zh/decades/ocean-decade［2024-02-06］。《联合国海洋科学促进可持续发展国际十年（2021-2030）》旨在扭转海洋健康衰退趋势并召集全球海洋利益相关方形成共同框架。框架将确保海洋科学能够为各国创造更好的条件，进而实现海洋可持续发展。2020 年第 75 届联合国大会批准了"海洋十年"的实施计划，明确了其愿景、目标、预期成果、面临的挑战、行动框架、管理和协调机制、评估程序等内容，为跨地区、跨部门、跨学科和跨世代的海洋科学行动提供了框架性方案。2021 年 1 月，"海洋十年"正式启动。

② 日本内阁府『海洋基本計画第 4 期（令和 5 年 4 月 28 日閣議決定）』、2023 年 4 月 28 日、https：//www8.cao.go.jp/ocean/policies/plan/plan04/plan04.html［2024-02-06］。

可以更准确、深入地理解日本政府出台《第四期海洋基本计划》的战略意图、政策内涵及其潜在影响。

### （一）制定过程的对比

岸田政府酝酿制定《第四期海洋基本计划》的过程延续了《第三期海洋基本计划》制定时成熟起来的日本海洋政策推进体制，即设置由内阁总理大臣兼任本部长、内阁官房长官和海洋政策担当大臣担任副本部长的综合海洋政策本部，并由综合海洋政策本部主导制定《海洋基本计划》并推动计划的实施。日本海洋政策推进体制见图 1。从内阁官房转移到内阁府综合海洋政策推进事务局作为综合海洋政策本部的协调和执行部门，同时作为首相顾问的综合海洋政策本部参与会议以及干事会（各省局长级干部参加综合海洋政策本部议事）也在计划制定过程中发挥了关键作用。

官民融合、产官学多方参与也是《第三期海洋基本计划》和《第四期海洋基本计划》制定过程中的一个重要惯例和特征。比如《第三期海洋基本计划》出台的前一年即 2017 年 7 月，日本经济界最大组织——经团联就向政府提交了一份《策定新海洋基本计划的建言——社会 5.0 时代的海洋政策》，提出日本应积极开发海洋产业，打造能赚大钱的海洋事业。另外，日本海洋政策学会、东京财团、东京大学公共政策大学院、中曾根康弘世界和平研究所、海洋政策研究所、国际问题研究所，甚至与中国关系密切的笹川和平财团等民间研究机构都先后针对日本《第三期海洋基本计划》发表论文、建议等，在海洋安全危机中，不约而同地主张海洋安全第一的意见也反映到了《第三期海洋基本计划》中。

《第四期海洋基本计划》制定过程中，综合海洋政策本部参与会议第 7 期顾问团（任期 2 年，从 2022 年到 2023 年）继续汇集产官学等各界政策精英以作为首相的政策顾问，包括座长国际协力机构理事长田中明彦、座长代理日本邮船株式会社特别顾问内藤忠显以及其他 10 位顾问：东京海上日动火灾保险株式会社常务董事长井上登纪子、三菱重工业株式会社工厂基础设施行业企划管理部顾问岩并秀一、日本财团理事长尾形武寿、深田鼠尾草建设株式会社专务董事长坂本隆、东京大学大学院教授佐藤彻、东京大学大学院教授田岛芳满、国立研究水产开发法人水产研究教育机构理事中田薰、东京大学大学院教授西村弓、东京大学大气海洋研究所国际地区合作研究中心教授原田尚美、株式会社 NTT 数据特别顾问村川丰。① 从 2022 年 7 月开始，参与会议通过设置基本计划委员会定期在同年 7 月、9 月、10 月、11 月召开几次讨论会，于同年 12 月 7 日汇总完成了《关于制定第四期海洋基本计划的建议意见书》，并于同月 23 日将其提交给综合海洋政策本部。在意见书基础上，2023 年 1 月，岸田政府开始对基本计划草案进行讨论，经过同年 3 月 13 日至 4 月 2 日的公众讨论，于同年 4 月 28 日最终以阁议决定的形式通过了《第四期海洋基本计划》。

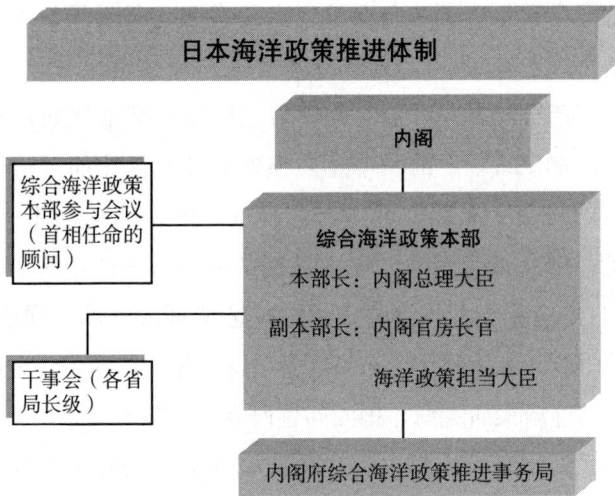

图 1　日本海洋政策推进体制

资料来源：笔者根据相关资料编制。

值得注意的是，《第四期海洋基本计划》制定过程中的国际化和法治化特征突出。2022 年下半年综合海洋政策本部参与会议召开的同时，恰逢日

---

① 諏訪達郎、内閣府総合海洋政策推進事務局海洋政策調整官「第 4 期海洋基本計画の策定について」、2023 年 10 月 3 日、https：//catalog. he. u-tokyo. ac. jp/detail？code＝5122501&year＝2023［2024-02-06］。

本主导召开海上风力国际研讨会〔会议目的主要是为推进日本专属经济区（EEZ）内海上风电合法发展，与专家等探讨与《联合国海洋法公约》的一致性等国际法课题。结论是政府认为若完善国内法律，则可在 EEZ 内设置海上风电设备①〕。2023 年《第四期海洋基本计划》出台的同时，岸田首相做了具体推进海洋资源开发、海洋科学技术振兴、以海上风力发电为首的可再生能源和 CCS 等措施的发言，表示为了实现"海洋立国"，要进一步加强国际合作等。

## （二）主要内容的对比

《第四期海洋基本计划》保留了序言加方针、对策、必要事项三个主体部分的框架结构，但在每个部分的内容和侧重点上与《第三期海洋基本计划》有着明显的区别。

这份 92 页的《海洋基本计划》② 分为四个部分，分别为序言、总论（海洋政策的理念、方向、基本方针）、分论（具体对策）、必要事项（体制机制与评价标准等）。

### 1.序言③

《第三期海洋基本计划》的序言部分首先对日本《海洋基本法》实施 10 年以来的总体政策效果做了一个评估，接下来则重点强调国际形势的变化及日本对现状的主观认知。主要分为两个部分：第一部分是回顾过去，主要是对《海洋基本法》的实施效果和海洋政策的推进过程进行总体评估；第二部分对近期日本的海洋周边情势进行梳理，分析了日本政府在当前体制下的各种应对政策，其后交代了《第三期海洋基本计划》的结构框架。《第四期海洋基本计划》的序言部分延续了《第三期海洋基本计划》的结构层次，但相对

---

① 「Global Offshore Wind Summit-Japan 2022を開催しました。」、2022 年 11 月 10 日、http：//jwpa.jp/information/6716/〔2024-03-01〕。

② 日本内閣府『海洋基本計画第 4 期（令和 5 年 4 月 28 日閣議決定）』、2022 年 4 月 28 日、https：//www8.cao.go.jp/ocean/policies/plan/plan04/plan04.html〔2024-02-06〕。

③ 张晓磊：《日本〈第三期海洋基本计划〉评析》，《日本问题研究》2018 年第 6 期。

比较简练，第一部分简要回顾《海洋基本法》和前三期《海洋基本计划》的实施进程，第二部分简要梳理《第三期海洋基本计划》实施五年以来日本周边海洋形势的变化及日本海洋政策的变革需求，第三部分则依照惯例交代《第四期海洋基本计划》的结构框架。在序言部分，《第四期海洋基本计划》与《第三期海洋基本计划》最大的区别在于其将对前一期《海洋基本计划》实施效果的评估下移到了总论部分，进一步凸显了两期《海洋基本计划》的高度关联和继承性。

2. 总论

《第四期海洋基本计划》的总论部分无论是就框架结构还是就基本方针相比，既有坚持和继承，也有充实和创新。

（1）对"综合性海洋安全保障"的坚持和继承

从坚持和继承角度看，"综合性海洋安全保障"成为《第四期海洋基本计划》坚持和继承的基本方针。《第三期海洋基本计划》的总论部分确定了海洋政策的新方向，即在政府指导下协调推进"综合性海洋安全保障"，包括三个层次：维护领海权益；保障日本的同盟国、友好国等航线的安全利益；强化国际海洋秩序，包括与地区相关国家共同推进"自由开放的印度洋-太平洋"战略。

《第四期海洋基本计划》首先在总论第一部分的评估中，肯定了防卫省、自卫队等维权部门在五年期间取得的一些成果，比如海上保安厅根据《关于强化海上保安能力的方针》（令和 4 年 12 月 16 日关于强化海上保安能力的相关阁僚会议决定）推进强化海上保安能力；水产厅针对所谓"专属经济区"内的外国渔船等违法作业，强化了渔业取缔体制；针对包括中国、俄罗斯的示威活动在内的各种问题，自卫队和海上保安厅等相关省厅间加强联合应对等。

但同时也指出近年来日本面临新的海洋安全态势，日本的国家利益受到了前所未有的严重威胁；各种灾害的危害程度进一步加深且灾害暴发频繁，发生了暴风雨天气造成重大事故等影响海上安全的各类事态。国际社会的力量变化加速海洋安全态势复杂化，特别是在印度洋-太平洋地区，地区国家的军事力量增强，军事平衡急速变化，安全保障上的问题变得广泛化、多样化，只有一国的应对变得更加困难。

为应对上述新形势，《第四期海洋基本计划》继续坚持"综合性海洋安全保障"的基本方针，并从政策维度继续完善两个层次的政策体系：一是具有核心性质的海洋安全保障政策，即外交、防卫、海上交通安全、执法、海上防灾应对等，包括继续强化日本的海上防卫能力和海上执法能力，强化海上保安厅与自卫队的合作，强化太空、海洋的情报收集体制等；二是基础性质的政策，包括海洋调查与海洋观测、海洋状况把握（MDA）机制的强化、科学技术与研究开发、离岛的保护与管理等，继续实施管辖海域的海洋调查，推进海洋资源如甲烷水合物、海底热水矿床、富钴熔渣、锰团块等的产业化、商业化以及推进第三期"战略性创新推进计划"（SIP）中的稀土泥等技术开发等，日本海上人员运输能力的强化，日本造船业基于提高国际竞争力的数字化推进，以及军民两用水下无人潜航器尖端技术的开发与应用。①

（2）增加"构筑可持续海洋"的基本方针

从框架结构看，《第三期海洋基本计划》和《第四期海洋基本计划》总论的三个部分除了第三部分均为基本方针以外，前两个部分有较大区别。《第三期海洋基本计划》总论的第一部分梳理了其后 10 年日本海洋政策的理念及方向，但《第四期海洋基本计划》总论的第一部分则聚焦《第三期海洋基本计划》提出的具体政策，从七个方面评估了《第三期海洋基本计划》实施的具体情况，详细梳理了近期的海洋形势，并在第二部分针对第一部分的新问题、新形势，提出了四个海洋政策方面的紧迫课题，包括周边海域形势的应对、气候变动和自然灾害的应对、国际竞争力的强化以及海洋人才的培养和强化。

更需引起注意的是总论的第三部分，除了提出继续强化综合性海洋安全保障这一基本方针之外，还提出了第二个基本方针即"构筑可持续海洋"。

---

① 日本内閣府『海洋基本計画第 4 期（令和 5 年 4 月 28 日閣議決定）』、2023 年 4 月 28 日、https：//www8. cao. go. jp/ocean/policies/plan/plan04/plan04. html［2024-02-06］。

关于"可持续"一词的渊源，《第四期海洋基本计划》在脚注中追溯了1987 年"环境与开发世界委员会"（委员长是当时的挪威首相布伦特兰特）报告中提到的"可持续社会"这一概念。"可持续社会"基于"环境和开发能共存"的理念，提出了建设关怀环境的有分寸的开发的社会的目标。根据这一理念，其计划提出建设未来海洋的目标是，既满足当代人的要求，同时不损害后代人所需要的海洋环境和服务。

日本认为，"碳中和"目标的提出、俄乌冲突引发的能源危机、产业结构的转型等，正在对世界整体经济结构和竞争环境产生巨大影响，"构筑可持续海洋"迫在眉睫。随着新兴海洋产业的培育和传统海洋产业的进一步发展，以及减少二氧化碳排放的环境关联技术的开发，以 2021 年《海洋科学十年可持续开发计划》为开端的旨在实现联合国可持续开发目标的国际化行动正在加速展开，国际社会的期待也更加高涨。在此背景下，日本将为实现"碳中和"目标而努力，并配合海洋产业的发展，通过国际化努力，把海洋环境的保护、再生、维持和可持续利用、开发作为"构筑可持续海洋"的主要目标。[①]

### 3. 分论

《第三期海洋基本计划》和《第四期海洋基本计划》的分论也就是第三部分的内容和框架没有发生太大变化，依然主要包括 9 个政策视角——海洋安全保障、海洋状况把握的能力强化、离岛保护与专属经济区的开发、海洋调查与海洋科学技术的研究开发、促进海洋产业利用、海洋环境维持和保护、国际合作、北极政策的推进、海洋人才的培育与增进国民理解，约 379 项具体对策以及实施这些对策的对应政府机构等。分论的主要区别在于各项政策视角的排序发生了细微变化，作为《第三期海洋基本计划》分论第 4 项的"海洋状况把握的能力强化"被调整到了《第四期海洋基本计划》分论的第 2 项；作为《第三期海洋基本计划》分论第 6 项的"离岛保护与专

---

① 日本内閣府『海洋基本計画第 4 期（令和 5 年 4 月 28 日閣議決定）』、2023 年 4 月 28 日、https：//www8. cao. go. jp/ocean/policies/plan/plan04/plan04. html［2024-02-06］。

属经济区的开发"被调整到了《第四期海洋基本计划》分论的第 3 项，从政策属性来看，《第四期海洋基本计划》分论前 3 项海洋安全保障、海洋状况把握的能力强化、离岛保护与专属经济区的开发均属于强化海洋安全保障的内容，从这些微调之处可以看出日本政府对综合性海洋安全保障的强化力度和深度。

**4. 必要事项**

《第四期海洋基本计划》在第三部分着重强调加强海洋政策推进机制的管理。日本认为海洋基本计划是确立海洋政策应有姿态的国家战略，需要打破各府省厅关联政策和机制上的条条框框，强化横向协调的效率。

作为打破条框、加强横向协调的一个核心原则是将综合海洋政策本部、内阁府综合海洋政策推进事务局融为一体，充分发挥政府"司令塔"的职能，并通过以下四项措施进一步强化治理。

（1）综合海洋政策本部的职能强化。充分了解参与会议的意见并进行讨论。以高效、快节奏地推进重要措施，进一步深化与民间事业者、大学、研究机构等的合作。

（2）强化内阁府综合海洋政策推进事务局的职能、体制。强化担负综合海洋政策本部实务的事务局的综合调整职能，进一步提高其作为基础的调查职能；强化事务局的人员和预算体制。

（3）充实参与会议的职能。必要时设置项目组等，就专业性的主题进行审议；对措施的实施状况的持续跟踪和主要的海洋政策的进展状况进行评价；审议政府为顺应时代灵活采取的重点应对措施。

（4）明确各年度重点实施措施。采用高效的管理模式；用代表性指标（KPI）等对主要海洋政策的进展状况进行多方面的评价。①

另外，如同《第三期海洋基本计划》一样，《第四期海洋基本计划》继续强调政府、地方公共团体、相关教育科研机构、民间企业、公益团体等海洋

---

① 日本内阁府『海洋基本計画第 4 期（令和 5 年 4 月 28 日閣議決定）』、2023 年 4 月 28 日、https：//www8. cao. go. jp/ocean/policies/plan/plan04/plan04. html［2024-02-06］。

政策相关各方找好各自的定位，确定好自身合适的角色，加强联合和合作，形成合力。继续加强《海洋基本计划》实施相关情况的信息公开体制建设。

# 三　日本海洋战略新动向窥探

早在《第三期海洋基本计划》出台之时，日本海洋战略的新动向就变得清晰、明确且持续，当时第一部分第一项内容的标题为"今后十年海洋政策的理念和方向"，其中暗含的战略意义不言自明，这也使《第三期海洋基本计划》和《第四期海洋基本计划》在战略认知、战略定位、战略举措上具有强连续性和关联性。随着《第四期海洋基本计划》出台，日本海洋战略的泛安全化倾向和趋势已经非常明显，这不仅体现在其进一步强化"综合性海洋安全保障"的基本方针和举措上，更可从其提出的一系列关于海洋开发的重点战略和举措上探知一二。

## （一）海洋军事战略进一步转向实战化、微操化、同盟和伙伴化

《第四期海洋基本计划》在继承《第三期海洋基本计划》综合性海洋安全保障原则和方针基础上，进一步突出海洋军事战略的比重，并进一步转向实战化、微操化以及同盟和伙伴化。《第四期海洋基本计划》强调要根据新"安保三文件"加强西南诸岛区域的军力部署和体制整备，特别是此区域相关军事和训练用基地的整备和强化；突出内阁府、外务省、防卫省、海上保安厅、国土交通省、农林水产省、警察厅、法务省等中央省厅间的统筹协调和情报共享，特别是要进一步强化自卫队与海上保安厅间的协同配合。

## （二）海洋开发战略泛安全化态势明显

海洋开发战略不仅是《第四期海洋基本计划》的核心内容，更是岸田政府的核心战略方向，政府出台的《2023年经济财政运营和改革基本方针》《新资本主义实行计划》中均提及海洋开发战略，认为"在海洋领域，应大

力推进中长期视野下海洋开发重点战略的制定以及通过确保预算而具有预见性的开发"①。在上述指导原则下，综合海洋政策本部提出了基本的工作方针，即在《第四期海洋基本计划》的基础上，从国家利益角度出发，打破省厅间的束缚，相关省厅人员团结一致推进工作，以多年规划为指引，由内阁府综合海洋政策推进事务局确保预算并强力推进其执行。

从《第四期海洋基本计划》的内容来看，以下三项任务是海洋开发战略的重点目标：一是自主型无人潜航器（Autonomous Underwater Vehicle，AUV）②的开发、利用；二是推进南鸟岛及其周边海域的开发；三是以海上风力发电为目的的专属经济区国内外制度整备等。当然，计划也提出会围绕海洋的形势变化，根据具体的战略需要不断对任务进行更新。另外，计划还提出会定期检查基于海洋开发重点战略的措施实施状况等，根据评价结果进行战略和措施的修改。

AUV 的开发战略尤其值得引起注意，这是日本海洋战略泛安全化的集中体现，更能折射出日本国家战略泛安全化的明显变化。《第四期海洋基本计划》提出，在海洋无人化、自动化、省人化的要求下，AUV、自主型无人艇（ASV）、远程操作型无人潜水器（ROV）等包括的海洋新一代可移动海洋机器人技术是海洋科学技术中的重要基础技术之一。海洋机器人有望用于解决沿岸、离岛地区海域的问题与海洋观测、监视，海洋资源探测，海上风力发电设置、维护管理等问题，因此有必要培育相关国内产业（涉及海洋资源开发，海上风力发电，海洋观测、监视、科学调查、研究，海洋环境保护、防灾、减灾，海洋安全保障等）。在致力于研究开发和实证的同时，应制定并执行社会化、产业化战略。

为稳妥、高效推进 AUV 战略，日本政府通过产管学等各方参与的战略项目平台方式推动 AUV 战略举措落地。从 2023 年 1 月 23 日到 4 月 13 日，AUV 战略项目平台密集召开了四次讨论会 [1 月 23 日第 1 次讨论会的议题

① 「経済財政運営と改革の基本方針 2023」、2023 年 6 月 26 日、https：//www.cao.go.jp/ press/new_ wave/20230626.html ［2024-02-06］。

② 其指机器不需要人的远程操纵，可以自主判断状况，在水中全自动航行。

为"关于 AUV 战略推进方法·关于 AUV 的产业状况（相关府省）·关于 AUV 战略的讨论"；2 月 27 日第 2 次讨论会的议题为"关于 AUV 的产业状况（民间、学术团体）·关于 AUV 战略的讨论·关于中间报告的核心内容"；3 月 29 日第 3 次讨论会的议题为"关于中间报告"；4 月 13 日第 4 次讨论会的议题为"AUV 战略方向公布"①〕，为最终形成 AUV 战略草案打下了基础。AUV 战略最终确定了七个大的推进方向：官民平台的建设；将来应用方向的前瞻；AUV 技术地图的制作；共同基础的构筑；制度环境的建设；企业活动的促进方案；研究开发的推进。

# 结　语

总的来看，日本《第四期海洋基本计划》的出台与实施凸显了执政者根深蒂固的零和博弈思想，特别是其针对中国的海洋军事战略更是充斥"浓重"的冷战思维，这将使日本的对华战略和政策变得非理性且无法实现其真正目标。日本需要在充满不确定性的国际复杂形势下，制定更为务实、理性的外交与安全战略和政策，否则将对其海洋战略产生极为负面的反噬效应。日本主流智库开始就上述问题进行反思，比如日本笹川和平财团安全保障研究项目组在 2024 年 2 月发布题为《面向现实有效的对华关系》的政策提案，建议为了有力地推进与中国的长期竞争，日美同盟的合作需进行灵活性调整。理由在于，对华关系不仅存在零和博弈的军事安全问题，更有众多与经济利益、对外关系相关的其他问题。鉴于国际社会的日益多元态势，建议日美根据各自国家利益、价值观、优势，以一定的自主性和灵活性推进外交政策，调整同盟关系。

（审读专家：张伯玉）

---

① 諏訪達郎、内閣府総合海洋政策推進事務局海洋政策調整官「第 4 期海洋基本計画の策定について」、2023 年 10 月 3 日、https：//catalog. he. u－tokyo. ac. jp/detail？code＝5122501& year＝2023〔2024－02－06〕。

# B.9
# 岸田政府经济安全保障战略评析

陈友骏　王星澳*

**摘　要：**　近年来，日本政府越发重视凭借政治安全思维指导或干预国家对外经济活动。在此背景下，岸田政府调整了关键供应链的地理布局，加强与供应链相关区域及国际合作，收紧敏感技术及进行信息管控，以迅速强化经济安全保障战略。岸田政府充分运用日本对经济安全保障问题的思考积累，试图在应对当前的经济不确定性风险的同时，推动日本产业战略及国家发展战略转型，并进一步落实其"自由开放的印太"构想。尽管如此，岸田政府强化经济安全保障战略却面临国内经济安全保障与经济发展关系失衡、"战略自主"拘囿于对美"战略追随"、地区经济及政治安全困境加剧、损害日本自身的结构性权力基础等现实困境，其效用及对华影响有待进一步观察与研究。

**关键词：**　经济安全保障战略　经济安全化　供应链　岸田政府

在中美竞合关系日趋复杂和地区性冲突持续爆发的大背景下，岸田政府高度关注经济安全保障问题，大力推进"经济安全保障战略"及相关政策的制定。岸田不仅将"经济安全保障"列为其"新资本主义"构想中成长战略的重要支柱之一。[1] 并且，岸田强调，在国家安全与经济活动密不可

---

* 陈友骏，经济学博士，上海国际问题研究院世界经济研究所研究员，主要研究方向为亚太政经关系、日本问题等；王星澳，上海外国语大学 2023 级博士研究生，主要研究方向为日本经济与外交。

[1] 首相官邸「第二百五回国会における岸田内閣総理大臣所信表明演説」、2021 年 10 月 8 日、https：//www.kantei.go.jp/jp/100_kishida/statement/2021/1008shoshinhyomei.html［2024-04-01］。

分、日本周边国际形势又急剧严峻化的当下，必须将经济安全保障纳入国家安全保障战略框架之内加以考虑。① 岸田主张，通过与同盟国及志同道合国家的合作，日本不仅要构建强韧的供应链、打造可信赖的基础设施以增强日本的经济自主性，还要培育人工智能、量子计算等重要技术以确保日本的技术优势进而确保日本技术的不可或缺性，最终实现维持并强化"基于基本价值和规则的国际秩序"这一战略目标。② 由是观之，岸田内阁已经将经济安全保障上升至国家总体战略的高度，经济安全相关议程将横跨经济、安全保障及外交等多个领域，服务于日本的国际秩序建构目标。本报告结合岸田政府经济安全保障战略的新动向，尝试分析岸田政府强化经济安全保障的实质性动因及可能面临的现实困境。

## 一　岸田政府的经济安全保障战略新动向

总体而言，岸田政府的经济安全保障战略主要表现出推动关键产业地理布局国产化、离散化发展，推动供应链多元化发展以及构筑技术及信息安全壁垒三大动向。

### （一）推动关键产业地理布局国产化、离散化发展

为提升经济"战略自主性"，岸田政府大力推动战略基础性产业的国产化、离散化发展，旨在降低日本在关键产业领域的对外依赖程度，并提升其抗风险能力。

第一，以巨额财政补贴及优惠税制推动关键产业供应链国产化发展，提升经济自给能力。岸田首相在首次施政演说中就向日本产业界展现了明确的供应链国产化的强烈意志与决心。2023 年 2 月，岸田政府出台新的补贴政

---

① 首相官邸「防衛·経済安全保障シンポジウム」、2021 年 12 月 3 日、https：//www. kantei. go. jp/jp/101_ kishida/actions/202112/03boueikeizai. html ［2024-04-02］。

② 首相官邸「経済安全保障推進会議」、2021 年 11 月 19 日、https：//www. kantei. go. jp/jp/101_ kishida/actions/202111/19keizaianpo. html ［2024-04-02］。

策，使日本在半导体领域的供应链补贴总额约为 2 万亿日元。① 除半导体外，电池、清洁能源等产业领域同样是岸田政府的财政补贴对象。岸田政府表示将大幅增加在"去碳"领域的资金投入，将去碳产业发展为新时代的引擎。2023 年 11 月，岸田政府发布了价值 17 万亿日元的经济刺激政策，将强化重要物资的供给列为重要支柱，计划向相关企业提供 5~10 年的中长期税收减免优惠。② 此外，岸田政府还计划将尖端电子零部件纳入需要稳定供应的"特定重要物资"清单中，③ 进一步扩大财政补贴及优惠税制对象范围。

第二，推动本国产业的离散化发展，降低产业聚集性风险。在"数字田园都市国家"构想下，岸田政府正在推动加快地方的 5G 等数字化基础设施建设，推动供电、信息通信、数据中心、金融基础系统等战略基础性产业设施的离散化发展，旨在规避"东京一极化集中"所带来的集群风险，同时，缓解央地发展失衡问题。经产省及总务省于 2023 年 5 月联合发布的报告提出，将于北海道及九州推进建设补充或代替东京圈及大阪圈的第三大、第四大核心数据中心，并铺设配套海底电缆，以继续推进数据中心的离散化发展，强化日本的国际数据流通枢纽功能。在算力资源的离散化方面，将推进对延迟不敏感用途的算力中心的去碳化、离散化发展；在数据生成地附近设置多接入边缘计算服务器，并在地方设置数据中心进行相关服务器的综合数据处理等。④ 2023 年，岸田政府不仅拨出 5000 万日元的年度预算，还计

① 《日本扩大半导体国产化支援的补贴范围》，日经中文网，2023 年 2 月 7 日，https：//cn. nikkei. com/politicsaeconomy/economic-policy/51329-2023-02-07-09-00-33. html［2023-03-14］。

② 《岸田发布 17 万亿日元经济刺激对策》，日经中文网，2023 年 11 月 3 日，https：//cn. nikkei. com/politicsaeconomy/economic-policy/53932-2023-11-03-09-19-49. html/? n_ cid = NKCHA020［2023-11-12］。

③ 《日本将把尖端电子零部件列入"重要物资"》，日经中文网，2023 年 10 月 12 日，https：//cn. nikkei. com/politicsaeconomy/commodity/53726-2023-10-12-10-11-19. html/? n_ cid=NKCHA020［2023-12-14］。

④ 经济产业省・总务省「デジタルインフラ（DC 等）整備に関する有識者会合　中間とりまとめ 2.0」、2023 年 5 月、https：//www. meti. go. jp/policy/mono _ info _ service/joho/ conference/digital_ infrastructure/0006/torimatome2_ 01. pdf［2024-04-02］。

划自 2023 年起的 4 年间以国库债务形式承担共计 455 亿日元的经费，以推进数据中心的离散化发展。[①]

## （二）开展供应链区域及国际合作，推动供应链多元化发展

在经济安全保障战略实施的背景下，岸田政府极为重视区域及全球供应链的调整与重塑，积极同伙伴国家合作打造多元化供应链。

首先，日美供应链合作是岸田政府供应链多元化战略的核心组成部分。2021 年 4 月日美首脑会谈宣布，两国将构建"日美竞争力与韧性伙伴关系"，在半导体等细微领域开展技术及供应链合作。[②] 此后，日美供应链合作不断发酵、深化。在 2022 年的"日美安全保障协议委员会（'2+2'）会议"中，两国共同表示将就采购及强化防卫领域的供应链开展合作。[③] 2023 年 5 月 27 日，美国主导的日本参与的"印太经济框架"就加强重要物资供应链的模块率先达成协议，其成为世界上首个关于供应链的多边协议。[④] 11 月 14 日，日美两国在经济版"2+2"磋商后发布的联合声明中表示将"构建透明、强韧且可持续的供应链"，以"对抗非市场性的政策和惯例"。具体而言，不仅将合作确保半导体、人工智能、量子信息等尖端技术的合作，还将联合确保重要矿物、能源、粮食等领域的供应安全，并在网络安全和出口管理方面强化合作。[⑤]

其次，在日美同盟基础上，与所谓"志同道合国家"组建多边、小多边供应链联盟。2023 年 5 月 20 日，美日印澳"四边机制"（QUAD）首脑

---

① 商务情报政策局情报产业課「データセンターの地方拠点整備」、経済産業省、https：//www. meti. go. jp/main/yosan/yosan_ fy2023/pr/ip/shojo_ 10. pdf［2024-04-02］。

② 外務省「日米首脳共同声明」、2021 年 4 月 16 日、https：//www. mofa. go. jp/mofaj/na/na1/us/page1_ 000948. html［2021-05-07］。

③ 外務省「日米安全保障協議委員会（「2＋2」）共同発表」、2022 年 1 月 7 日、https：//www. mofa. go. jp/mofaj/files/100284738. pdf［2022-01-08］。

④ 《IPEF 就加强供应链达成协议》，日经中文网，2023 年 5 月 29 日，https：//cn. nikkei. com/politicsaeconomy/economic-policy/52520-2023-05-29-10-07-33. html［2023-12-14］。

⑤ 外務省「日米経済政策協議委員会（EPCC）共同声明」、2023 年 11 月 14 日、https：//www. mofa. go. jp/mofaj/files/100581689. pdf［2023-12-17］。

会议发布了关于"印太"清洁能源供应链的原则声明，强调加强"印太"清洁能源供应链多元化合作，还要增强技术标准、政策和措施在 QUAD 国家中的互操作性等。[①] 5 月 19~21 日，七国集团（G7）广岛峰会发布的"首脑声明"强调，G7 并不寻求脱钩，而是以"去风险"深化伙伴关系多样性，协调强化经济韧性及经济安全保障。尽管如此，G7"首脑声明"的对华态度却一致且强硬，力求应对中国"非市场政策惯例"带来的挑战。[②] 需要指出的是，G7 所谓"去风险"的新战略理念的实质是构建"小院高墙"式的对华技术封锁，在芯片及半导体等高新技术领域打造"去中国化"的新型高端产业链供应链。2023 年 8 月 18 日，日美韩在戴维营会晤后发表的联合声明中表示，三国将针对关键矿物、蓄电池等重要物资定期交换相关信息，构建供应链"早期预警系统"并加强三国间的技术保护合作，以对抗经济威胁，应对全球供应链混乱。[③] 10 月 29 日，G7 贸易部长会议表示在重要矿产领域"对最近的出口管制措施感到担忧"，将就矿产资源、半导体和蓄电池等重要物资供应链构建开展合作。[④] 11 月 17 日，岸田首相又提议构建以日韩为中心的"氢氨国际供应链"和日美韩三国合作的半导体供应链。[⑤]

由此，岸田政府试图拉紧同美、印、澳、韩等伙伴的经济纽带，打造广范围、宽领域、深层次的地区供应链合作网络，促进日本供应链的多元化发展与强韧化建设，以提升供应链抗风险能力，尽可能降低日本经济对中国的依赖程度。

---

① 外務省「インド太平洋におけるクリーンエネルギー・サプライチェーンに関する原則声明」、2023 年 5 月 20 日、https：//www.mofa.go.jp/mofaj/files/100509242.pdf［2023-12-17］。

② 外務省「G7 広島首脳コミュニケ（骨子）」、2023 年 5 月 20 日、https：//www.mofa.go.jp/mofaj/files/100511008.pdf［2023-09-10］。

③ 外務省「日米韓首脳会合成果文書に関する参考資料」、2023 年 8 月 18 日、https：//www.mofa.go.jp/mofaj/files/100541767.pdf［2023-09-07］。

④ 《G7 贸易部长会议联合声明对"经济胁迫"表达担忧》，共同网，2023 年 10 月 29 日，https：//china.kyodonews.net/news/2023/10/1ad17fa5747f-g7.html［2023-10-29］。

⑤ 「岸田首相日韓両国で水素やアンモニア供給網の創設の考え示す」、NHK、2023 年 11 月 18 日、https：//www3.nhk.or.jp/news/html/20231118/k10014261961000.html［2023-12-15］。

### （三）收紧技术等敏感信息管控，构筑技术及信息安全壁垒

岸田政府将强化对技术等敏感信息的管控视为提升经济战略地位的重要路径，并主要从两个方面加以实施。

第一，收紧技术管控制度，防止技术信息外流。这主要体现为人才管理、出口管理和投资管理三个方面制度的整体性收紧。人才管理制度方面，除加强对外国留学生的限制外，日本政府还针对中国的人才引进计划，要求加强掌握日本学者参与海外联合研究的相关信息，试图扭转人才及技术外流趋势。受到政府影响，部分日本高校已经或者考虑对研究尖端技术的留学生实施更严格的身份审查。出口管理和投资管理方面，岸田政府通过修改《外汇与外贸法》等方式，扩大审查对象范围，细化管理制度，大幅强化了对关键性技术和军民两用技术出口的管控，也收紧了对外国资本投资拥有相关技术的日本企业行为的审查及限制。2023年4月24日，日本财务省将半导体及蓄电池等9个行业纳入对内直接投资的重点审查行业清单。[①] 自此，《经济安全保障推进法》所指定的11种"特定重要物资"全部成为重点的投资审查对象。同年5月23日，经产省又修改了出口管制相关省令，将尖端光刻机制造设备及刻蚀设备等纳入出口管制范围。[②] 8月25日，岸田政府召开了"推进研究开发和公共基础设施建设"的相关阁僚首次会议，将新能源、量子计算、人工智能等9大领域纳入"重要技术课题"。

第二，借助数字化转型进行网络安全能力建设，防止通过网络攻击窃取技术、国防、政府情报等敏感信息。岸田政府计划同供应链网络安全联盟合作，通过扩充"网络安全救助服务"内容并将其服务对象普及至中小企业，以提升

---

① 财务省「サプライチェーン保全等のためのコア業種の追加に関する外国為替及び外国貿易法関連告示の改正について（令和5年4月24日）」、2023年4月24日、https://www.mof.go.jp/policy/international_policy/gaitame_kawase/press_release/20230424.html［2023-12-14］。

② 「輸出貿易管理令別表第一及び外国為替令別表の規定に基づき貨物又は技術を定める省令（平成三年通商産業省令第四十九号）（令和五年経済産業省令第二十五号による改正）」、https://elaws.e-gov.go.jp/document? lawid=403M50000400049［2023-12-14］。

供应链整体的网络安全水平；继续推进脆弱性信息与软件物料清单（SOBM：
Software Bill of Materials）的自动化关联检验、在通信领域引入软件构件清单等
工作，提升软件安全性；修订政府统一标准，提升政府机关信息系统的韧性。
尤其是，要在政府终端设置日本产的传感器以收集终端信息，并将相关信息上
传至信息通信研究机构的网络安全中心以进行集中分析，其生成的信息也将由
数据厅及其他主管部门共享；强化对以医疗为首的重要基础设施从业者的网络
安全教育及事后协助等。<sup>①</sup> 国际合作方面，2023 年 5 月 20 日，QUAD 高级网络
小组发布了《四方网络安全伙伴关于软件安全的共同原则》，其内容包括在政府
采购中要求软件生产商提供软件安全自我声明等，并鼓励其他国家接纳这些原
则。<sup>②</sup> 9 月 20 日，岸田在联合国大会上发言时表示，将加强推动对发展中国家
的数字化及网络安全援助。<sup>③</sup> 9 月 27 日，日本联合美国发布了关于"中国背景"
的网络攻击组织的提醒。<sup>④</sup> 12 月 14 日，QUAD 高级网络小组发布联合声明，再
度强调开展网络安全合作以及援助"印太"地区的网络安全能力建设等。<sup>⑤</sup>

## 二　岸田政府强化经济安全保障的动因分析

岸田政府积极强化经济安全保障，主要是出于推动国家发展战略转型、
参与经济新秩序建构和开展权力博弈三大动因。

---

① 内閣サイバーセキュリティセンター「サイバーセキュリティ関係施策に関する令和6年度
予算重点化方針」、2023 年 7 月 4 日、https：//www. nisc. go. jp/pdf/policy/kihon – s/
yosanhosin_ r6. pdf［2024-04-03］。

② MOFA，"Quad Cybersecurity Partnership：Joint Principlesfor Secure Software," https：//www. mofa.
go. jp/mofaj/files/100509254. pdf［2024-04-03］.

③ 首相官邸「第78回国連総会における岸田内閣総理大臣一般討論演説」、2023 年 9 月 19
日、https：//www. kantei. go. jp/jp/101 _ kishida/statement/2023/0919onzetsu. html ［2024 –
04-03］。

④ 内閣サイバーセキュリティセンター「中国を背景とするサイバー攻撃グループBlackTech
によるサイバー攻撃について(注意喚起)」、2023 年 9 月 27 日、https：//
www. nisc. go. jp/pdf/press/20230927NISC_ press. pdf［2024-04-03］。

⑤ MOFA，"Joint Press Release of the Quad Senior Cyber Group," December 14，2023，https：//
www. mofa. go. jp/mofaj/files/100595367. pdf［2024-04-03］.

（一）战略转型：以强化经济安全保障为契机推动产业战略数字化转型及国家战略发展

首先，岸田政府试图借助强化经济安全保障所产生的政策需求，进一步落实半导体及数字产业战略布局，推动日本社会经济的数字化转型，使日本跻身世界数字经济产业前列。岸田政府深刻地意识到，未能紧跟经济数字化转型潮流是日本半导体产业由盛转衰的根源所在。通过强化经济安全保障，岸田政府试图将本国资源大幅向半导体、通信技术等尖端领域倾斜，巩固日本在全球产业分工中的技术主导和枢纽性地位。日本经产省于 2023 年 6 月 6 日发布了修订版《半导体与数字产业战略》，针对半导体、数字基建和数字产业的发展目标及重点进行了顶层设计和总体规划，① 以大力发展半导体等通信技术产业，推动日本经济及社会的数字化转型。

其次，日本当前的国内外形势使岸田政府需要继承并发展安倍时期的整体国家战略。岸田政府执政以来基本延续了安倍政府的国家战略，即对内继续发展进攻性军备，渐进式地推进"修宪"活动；对外继续强化日美同盟，推动实施"自由开放的印太"构想，构建制衡中国的亚太战略格局。② 值得一提的是，日美关系远近程度影响日本对华外交的操作空间。相较安倍及菅义伟政府时期，岸田政府的对华政策更具竞争性和挑战性。这是因为拜登政府摒弃了特朗普政府忽视盟友的外交方式，高度重视强化美日同盟关系，与此同时，岸田首相又缺乏大国平衡外交技巧，引致中日关系进一步降温，甚至转向战略性竞争。

（二）规范建构：推动落实"自由开放的印太"构想，提升日本的区域及国际政治地位

尽管发挥影响力的途径受到限制，但战后的日本一直试图通过发挥本国

---

① 経済産業省『半導体・デジタル産業戦略』、2023 年 6 月 6 日、https：//www.meti.go.jp/policy/mono_ info_ service/joho/conference/semiconductors_ and_ digital.pdf［2023-12-15］。

② 刘江永：《战后日本国家战略演进及岸田内阁战略走向》，《东北亚论坛》2022 年第 1 期，第 27~32 页。

影响力以影响和塑造外部的国际环境。强化经济安全保障则是岸田政府推行
"自由开放的印太"构想、参与国际规则构建、提升本国政治地位整体布局
中的重要一环。由于经济安全保障问题兼顾经济和安全保障两大问题，岸田
政府认为通过强化经济安全保障的国际合作，可以在经济的"合理"掩饰
下大力开展自主外交，谋求政治权力和国际政治地位的大幅提升。岸田政府
在其"新时代现实主义外交"构想中将价值观、全球性问题及安全保障列
为三大重点外交议题，试图在这些议题上发挥日本的影响力，以实现"新
资本主义"构想，应对来自所谓"威权主义国家"的"国家资本主义"的
制度性挑战。与此同时，日本可以打破长期以来资本主义改革均由欧美推动
的状况，使日本成为真正的"领导性力量"。① 可见，在岸田政府的视域
中，当前的经济安全问题源自中美之间的博弈。考虑到中国的快速发展是
当今国际政治经济格局中的最大变量这一客观事实，不难发现，在日本政
府的深层意识中就存在这样的认知，即当今中美经济博弈的本质是"中国
对美国主导的战后国际秩序的挑战"。基于此，日本在经济安全问题上将
自身定位为同美国平等的伙伴，将经济安全保障视为是可以同美国共同主
导相关国际合作，维护日本在既有国际秩序中的地位，并制衡中国的重要
议题。此外，军事实力在一定程度上也可以充当证明国家地位的"符
号"。② 岸田政府继承安倍及菅义伟政府的衣钵，继续强化"反击能力"③，
宣称各政党和民间可以讨论"核共享"等行为④，试图在日本经济增长面
临困境的背景下转变提升区域及国际地位的路径，并通过发展军事力量提

---

① 首相官邸「読売国際経済懇話会（YIES）講演会　岸田内閣総理大臣講演」、2021 年 12 月
22 日、http：//www. kantei. go. jp/jp/101_ kishida/statement/2021/1222yies. html ［2021-12-
24］。

② 王梓元：《国际政治中的地位与声望：一项研究议程》，《国际政治研究》（双月刊）2021
年第 3 期，第 119~120 页。

③ 防衛省・自衛隊『令和 5 年版防衛白書』、https：//www. mod. go. jp/j/press/wp/wp2023/
pdf/R05zenpen. pdf ［2024-04-01］。

④ 「核共有議論、首相が容認の意向　「一般論として行われるべき」」、『毎日新聞』2022
年 3 月 10 日、https：//mainichi. jp/articles/20220310/k00/00m/010/312000c ［2024-04-
01］。

升对区域乃至国际安全事务的影响力，获取国际社会对日本"政治大国"地位的认同。

### （三）权力博弈：相互依赖关系武器化，负向行使结构性权力

结构性权力和相互依赖关系武器化的概念可以较好地解释日本政府强化经济安全保障的一系列举措。相互依赖关系武器化是指占据国际经济网络中重要节点的国家，运用这种因不对称的相互依赖而产生的结构性优势，对他国实施强制的行为。[①] 在国际经济网络中，不同国家或行为体可以被视为不同的"节点"，它们之间的信息、资源及影响力的交互可以被视为一种"连接"。由于国际经济网络中连接的不对称性，不同的节点所拥有的连接数量是不同的。拥有或控制更多连接节点的关键节点国家，相对于其他国家拥有一种结构性权力。全球经济网络的发展使这类"关键节点国家"可以以两种方式武器化自己的结构性优势，行使结构性权力。首先，控制关键节点的国家可以凭借其枢纽性位置在信息获取方面获得优势。其次，关键节点国家还可以限制或阻止对手利用本国所控制的枢纽，阻滞对手的国际要素流动，从而获得相对优势。[②] 需要指出的是，除了以进攻性、武器性的方式负向行使结构性权力以外，关键节点国家还可以凭借自身的结构性地位，从国际经济网络中不断获取利益，强化本国的网络资源优势，正向行使结构性权力，最终使本国的节点在整个网络中"不可替代"。[③]

基于此，岸田政府经济安全保障战略中推动全球产业链布局重构的活动，实际上是在武器化国家间的相互依赖关系，凭借自身在不对称的全球产业分工体系中的优势地位，迟滞或阻断半导体等关键产业上下游要素的国际

---

① 详细参见 Farrell Henry, L. Newman Abraham, "Weaponized Interdependence: How Global Economic Networks Shape State Coercion," *International Security*, Vol. 44, No. 1, 2019；任琳、孙振民《经济安全化与霸权的网络性权力》，《世界经济与政治》2021 年第 6 期，第 83~109 页。

② Farrell Henry, L. Newman Abraham, "Weaponized Interdependence: How Global Economic Networks Shape State Coercion," *International Security*, Vol. 44, No. 1, 2019, pp. 50-56.

③ 任琳、孙振民：《经济安全化与霸权的网络性权力》，《世界经济与政治》2021 年第 6 期，第 90 页。

自由流动，负向行使"结构性权力"，由此配合美国削弱中国在全球供应体系中的地位，限制中国的经济技术发展，对中国实施强制措施。而岸田政府经济安全保障战略中强化"战略不可或缺性"的举措，则可以被理解为在联合所谓"志同道合国家"，正向行使结构性权力，集中政策及资本资源并向半导体等关键性技术倾斜，以进一步巩固并拓展日本所掌控的关键产业链，维护自身在全球经济体系中的关键性地位。

## 三　岸田政府经济安全保障战略的现实困境

尽管存在上述的战略意图，但受到现实困境制约，岸田政府经济安全保障战略存在较强的不确定性。

### （一）经济安全保障与经济发展关系失衡

纵观日本的经济安全保障政策不难发现，在其主要实施方式中，如加强政府对行业情况的把控、加强政府对技术的监管、推动供应链多元化、强化危机应对能力等，虽然冠以"官民合作"名号，但实际上都要强化政府在国家经济活动中的关键性作用。然而，强化经济安全保障的举措往往是违背经济发展规律的，大力推行经济安全保障政策可能严重降低经济效率。实际上，日本政府的经济安全保障举措引发了日本学界与经济界对经济发展前景的广泛担忧，也未能得到日本经济界的普遍理解。日本商工会议所于2023年12月14日发布的调查结果显示，74.9%的受访企业表示"不能理解"岸田政府颁布的《经济安全保障推进法》；表示"不知道"日本政府的经济安全保障生产和销售支援措施的受访企业的比例分别达73.5%和69%；表示尽管日本的安全审查制度不完善但"没有影响"和"不清楚影响"的企业的比例分别达40.4%和51.9%。[①] 日本经济团体联合会、日本商工会议所及

---

① 日本商工会議所・東京商工会議所「「国際情勢の変化を受けた企業経営への影響調査」調査結果」、2023 年 12 月 14 日、https://www.jcci.or.jp/20231214_tyosakekka.pdf［2024-04-03］。

关西经济联合会于 2022 年 3 月共同向政府提交请愿书，在转而表示支持强化经济安全保障方针的同时，要求政府尽可能缩小经济安全保障相关法律的适用对象范围并在运用相关法律时减轻受管制企业的负担。① 东京财团政策研究所研究员佐藤主光表示，在国家安全名义下实施的经济安全保障措施很可能阻碍自由经济活动，而且，只有企业共同协作才能调整国际供应链布局，规避供应链集中所带来的风险。企业自主决策是难以实现这一目标的。最后，以国家资助为前提实现民间主导的经济增长也是值得怀疑的。②

### （二）"战略自主"拘囿于"战略追随"

尽管有中国学者认为，日本同美国对华经济安全政策的差异性体现出日本不愿同中国"脱钩"的深层思想，也是日本坚持自身利益和原则的表现。③ 然而，岸田政府强化经济安全保障等举措的"对美跟随"色彩鲜明，难以称其为"战略自主"。

日本对美战略追随的一大潜在困境在于，日本可能在美国施压下选择在具体问题上对美妥协，但这严重制约日本的政策选择。以供应链调整问题为例，考虑到美国对华"技术战"的核心是要将中国排除在全球供应链或全球价值链之外，④ 岸田政府不断收紧技术管控相关制度的举措已经表明，日本将进一步跟随美国的对华制衡战略，加紧在芯片及半导体等领域的对华限制或遏制措施。这意味着，日本对华政策中对华竞争甚至对华遏制的战略含义将越发凸显，未来日本对华政策的合作因素将进一步下滑。

---

① 一般社団法人経済団体連合会、日本商工会議所、公益社団法人関西経済連合会「経済安全保障推進法案の早期成立を求める」、2022 年 3 月 14 日、https：//www. keidanren. or. jp/policy/2022/025. html ［2022-04-17］。

② 佐藤主光「経済安全保障と財政政策」、東京財団政策研究所、2023 年 11 月 28 日、https：//www. tkfd. or. jp/research/detail. php？ id＝4378 ［2024-04-03］。

③ 归泳涛：《经济方略、经济安全政策与美日对华战略新动向》，《日本学刊》2021 年第 6 期，第 60~61 页。

④ 余永定：《中美贸易战的深层根源及未来走向》，《财经问题研究》2019 年第 8 期，第 10 页。

与此同时，日本的"自由开放的印太"构想同样面临如何维持自身对华政策自主性的困境。有日本学者强调，尽管日本认为中国的日益强大及美国的相对衰弱对地区秩序的影响违背日本利益，但日本同样不能接受忽视或排挤快速发展的中国。他们认为，"自由开放的印太"构想在理论上并非一种对华制衡政策，而是一种经济接触及安全对冲的结合，旨在"构建非美国中心的地区秩序"。尽管如此，他们也承认日本尚未探索出可以将中国吸收进其秩序框架的现实路径。① 换言之，当前日本的"自由开放的印太"构想仍从属于美国的"印太战略"，未能发展出自主的对华战略定位。

### （三）损害日本自身的经济权力基础

从整体和长期来看，关键节点国家负向行使结构性权力、切断连接的行为会破坏其结构性权力的知识、物理和法理基础，产生"侵蚀效应"，减弱由其所控制的节点的中心性。② 固然，岸田政府负面运用结构性权力，利用出口管制等方式限制对华技术出口的确可以在短期内强化日本在特定领域的技术优势，然而，半导体技术作为一种累积效应明显的战略资产，依赖长期且持续的收益以覆盖其高技术壁垒成本。③ 因而，日本的最优策略是最大化相关产业在全球的利益，依托出口利润维持自身的先发技术优势。而且，若日本无法确保欧美国家进行与日本同等程度的对华技术封锁，那么可能使本应由日本企业占有的相关产业收益流至欧美，最终使日本企业因利润减少、研发投入降低而落后于欧美企业。因此，从中长期来看，出口管制等行为将从根本上损害日本基于技术优势而获得的经济权力基础，危及日本经济。

---

① Tomohiko Satake, Ryo Sahashi, "The Rise of China and Japan's 'Vision' for Free and Open Indo-Pacific," *Journal of Contemporary China*, Vol. 30, No. 127, 2021, pp. 6-18.

② 任琳、孙振民：《经济安全化与霸权的网络性权力》，《世界经济与政治》2021 年第 6 期，第 108 页。

③ Jeffrey Ding, Allan Dafoe, "The Logic of Strategic Assets: From Oil to AI," *Security Studies*, Vol. 30, No. 2, 2021, p. 192.

# 结　语

　　经济安全保障战略是岸田政府应对当前国际不确定性因素、促进本国经济数字化与绿色化转型、参与国际秩序博弈的重大战略举措，必将深刻影响日本未来的经济发展方向及日本在全球经济格局中的地位。需要承认的是，岸田政府的部分经济安全保障措施有助于填补日本当前在经济安全问题上的漏洞，巩固日本的经济安全基础。但考虑到安全的相对性，岸田政府经济安全保障战略势必将提升他国对日本的经济依赖程度，激化他国的经济脆弱性和经济安全风险，而他国试图提升本国经济安全的行为，反过来又将影响日本的经济安全环境，这构成一种"囚徒困境"，最终会演变为经济安全保障政策领域的"军备竞赛"，反而恶化日本的经济安全环境。这一困境或许需要通过建立包括出口管制对话框架在内的不同沟通渠道才能最终得以缓和。日本的安全保障政策的出台时间相较于欧美更晚，这在一定程度上或许也体现出日本国内对于经济安全保障政策的矛盾态度。岸田政府经济安全保障战略继承了以往利用"危机"推动国家发展转型的战略文化，也反映出日本自石油危机以来对资源供给稳定的高度重视。在可预见的未来，日本的安全保障战略将进一步突出关键技术及相关供应链的核心地位，继续为日本打造绝对性的技术优势而服务，但其成效仍有待进一步观察。

（审读专家：田　正）

# B.10

# 从日本2023年"战略性创新推进计划"的实施看其科技创新动向

王一晨　陈祥*

**摘　要：** 长期以来，日本坚持以政府引导政策推动科技发展。2014年，日本政府整合内部各部门职能并设立"综合科学技术创新会议"（CSTI），作为推动国家科技大战略的"司令塔"。自同年起，CSTI以五年为周期，已连续出台了三期"战略性创新推进计划"（SIP），助推其"五年科技发展规划"实施落地。2023年，日本在"战略性创新推进计划"第一、二期顺利完成的基础上，重点围绕实现"社会5.0"的整体目标，发布了第三期"战略性创新推进计划"，聚焦构建更具社会与市场应用价值的技术产业链。基于第三期"战略性创新推进计划"所带来的新一轮科技创新发展也体现出日本根据全球社会发展新方向、自身技术特点与产业格局做出重大战略调整。

**关键词：** SIP　综合创新战略2023　社会5.0　科技创新产业　综合科学技术创新会议

科技创新是一个国家经济和安全的生命线。随着当下大国博弈逐渐加剧，围绕尖端技术的竞争愈演愈烈，各国更加重视在科学技术领域实现自主性、创新性以提升国家综合竞争实力。自20世纪90年代以来，由于泡沫经济的破灭，日本经济陷入长期疲软状态，科技创新政策的效果也并不明显。

---

* 王一晨，法学博士，中国社会科学院日本研究所综合战略研究室副研究员，主要研究方向为日本对外战略、日非关系；陈祥，文学博士，中国社会科学院日本研究所《日本学刊》编辑部副主任、副研究员，主要研究方向为环境史、日本问题、日本侵华史。

在安倍晋三首相第二次执政期间，日本开始加大在国家层面对科技创新战略的主导与介入力度。特别是在 2014 年，日本成立了"综合科学技术创新会议"（CSTI），其由首相直接领导以统筹推进国家整体科技的创新发展。① 2020 年，日本将《科学技术基本法》更名为《科学技术创新基本法》，也突出了其在科技领域的创新内涵。② 日本政府高度重视通过顶层设计来加强科技规划的目标管理，自 1996 年已出台了六期日本版"五年科技发展规划"，即《科学技术创新基本计划》。同样，CSTI 作为最高科技决策机构，自 2014 年起也以 5 年为周期，连续发布了三期"战略性创新推进计划"（SIP），以作为配合推动"五年科技发展规划"实现落地的重要抓手。

# 一 日本"战略性创新推进计划"的发展进程

自"综合科学技术创新会议"于 2014 年成立以来，就在同年同步发布了第一期"战略性创新推进计划"，主要以承包课题项目的形式，协调配合《科学技术创新基本计划》实现落地发展。总的来说，"战略性创新推进计划"系在中央政府的统筹管理下，聚焦推动产业界、学术界以及科技界的协调合作，旨在促进绿色能源、基础设施、区域资源、农业生产、综合医疗等不同产业领域的各项科学技术的研究开发与实际应用。截至 2023 年，日本共发布了三期"战略性创新推进计划"，并将其视为实现自身科技发展目标、以科技助推经济社会发展的重要规划手段。

## （一）由 CSTI 统筹制定 SIP 的发展方向和战略目标

2012 年，安倍晋三第二次执政后，就提出要把日本建设成为"世界最适宜创新国家"，同时为进一步在科技政策领域推动从以往的"官僚主导"向

---

① 陈祥：《日本〈综合创新战略 2020〉的实施及其政策创新》，载杨伯江主编《日本研究报告（2021）》，社会科学文献出版社，2021，第 282~294 页。

② 闫坤、邓美薇：《日本科技政策体系的演变及其启示》，《中国经济时报》2023 年 8 月 4 日，第 A03 版。

"政治主导"转变,故而改组设立了由内阁主导的"综合科学技术创新会议"。此后,CSTI 就成为日本政府主导全国科技创新的主要参谋机构,负责科技创新政策的规划、拟订、调查、审议与推进,是政府与学术界和产业界的重要纽带。作为日本科技创新体系名副其实的"司令塔",CSTI 承担制定科学技术基本政策、统筹分配国家科技创新资源以及评估重大科技项目等职能,主导日本科技创新的发展方向。可以看到,CSTI 在决策与审议日本科技创新各项重大政策时具备统揽全局和横向串联的功能,破除各省厅间的纵向分割,一体化推进科技振兴及创新政策,实现了职能高度集中与资源的集中投入,大力提升了科技创新的管理效率。CSTI 的核心成员共有 14 名,其中议长由首相直接担任,主要成员有内阁官房长官、科学技术政策担当大臣、总务大臣、财务大臣、文部科学大臣、经济产业大臣六位内阁成员,其他还包括日本学术会议会长以及六名任期为 3 年的科技领域专家(主要为大学教授及企业负责人)。① 可以看到,由"内阁相关成员+科技领域专家"所组成的 CSTI,既确保了政府的决策引领和资金保障,也融合了大学的智力支持和企业的市场认知,有利于助推相关课题项目能够更好地实现落地。

为了强化 CSTI 在科技领域的指挥部职能,实现科学技术政策与创新政策的一体化,安倍内阁就推出了被称为"强化领导职能三支箭"的措施,具体包括:设置统筹财政的"科学技术创新预算战略会议";设立支持具有高风险的有关研究开发的"创新性研究开发推进项目";建立涉及跨越省厅及学科、产业领域边界的横向联合型项目的"战略性创新推进计划"。② "战略性创新推进计划"是日本内阁主导建立的科技创新计划,由 CSTI 具体负责统筹推进,主要经费来源于内阁府、总务省、文部科学省、经济产业省等十个政府省厅以用于作为科技振兴的相关预算。该计划旨在通过联合地方政府、产业界及学术界,以不同领域课题承包研究的形式,共同推动国家整体科技

---

① 内閣府『総合科学技術・イノベーション会議』、https://www8. cao. go. jp/cstp/index. html [2024-01-11]。

② 平力群:《日本科技创新政策形成机制的制度安排》,《日本学刊》2016 年第 5 期,第 106 页。

和创新的发展飞跃。可以看到，"战略性创新推进计划"作为CSTI的具体实施计划，一方面是日本政府推动"内阁主导型"科技创新战略的实际落地抓手，明确了CSTI在环境、能源、农业、医疗等科技创新领域的重点发展项目和具体路线图。另一方面，CSTI对于"战略性创新推进计划"的主导还有效地破除了各省厅等其他行政机关的纵向职权分割，使内阁在推进"战略性创新推进计划"等相关计划项目落地过程中能够高效、精准实施。因此，CSTI与"战略性创新推进计划"通过"主导统筹-项目实施"的自上而下的相互协调运作机制，进一步推动日本内阁主导下的国家科学技术创新战略的发展。

## （二）以"研究-应用"一体化为中心的"产学官"协作体制

为更好地提高项目研究与应用的一体化程度，"战略性创新推进计划"在CSTI的统筹管理下，在监管评价、实施运营以及研究开发等层面均采取了较为灵活的方式。如图1所示，首先，在监管评价层面设立管理委员会进行统筹规划。委员会成员主要为CSTI中的6名科技领域专家，通过监管课题项目的研究进展，提出必要的修改建议并进行最终成果评价。其评价结果将直接影响下一年度"战略性创新推进计划"的实施方针。其次，在实施运营层面设立项目统筹小组具体负责。项目统筹小组成员主要来自内阁府，主要依据管理委员会的指示，负责把握全部研究课题的进展情况、推动各部门间的协调合作并合理调整预算分配等日常管理工作。最后，在研究开发层面采取负责人课题制度。具体为在CSTI确定研究课题方向后，根据不同课题，通过公开形式从大学或企业中招募不同项目负责人来进行管理。负责人将主导设立由相关政府官员、专家学者、管理法人等组成的推进委员会并选择相应的政府科研机构、大学以及企业围绕相关项目开展合作研究。项目负责人制度的设立旨在由不隶属于任何政府部门的民间负责人来打破内部各省厅的原有纵向职权划分，继而可从横向角度高效地统筹推进课题的相关研究。①

---

① 内閣府『SIP（戦略的イノベーション創造プログラム）2021パンフレット』、2021年10月、https：//www8.cao.go.jp/cstp/panhu/sip2021/sip2021.html［2024-01-11］。

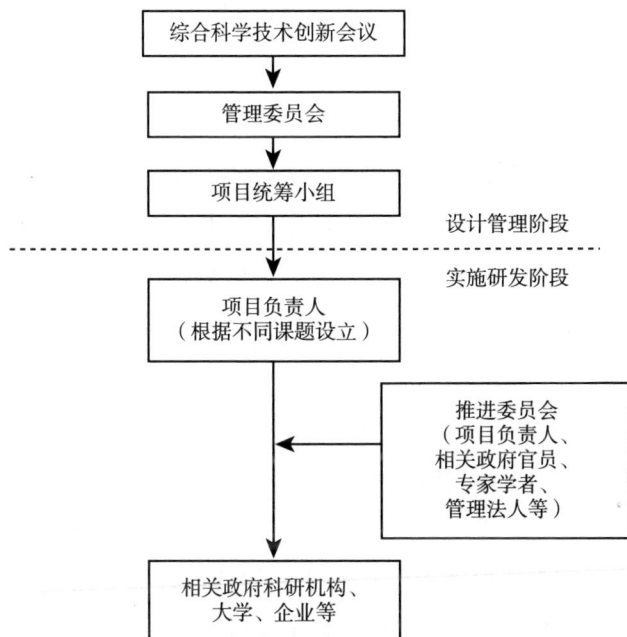

**图1 综合科学技术创新会议"战略性创新推进计划"实施机制**

资料来源：内閣府『戦略的イノベーション創造プログラム運用指針』、2023 年 5 月 18 日、https：//www8. cao. go. jp/cstp/gaiyo/sip/sipshishin. pdf［2024-01-11］。

## （三）第一、二期"战略性创新推进计划"的主要课题内容与成果评价

2014 年，CSTI 正式启动了第一期"战略性创新推进计划"，初始课题项目为 10 个，后又于 2015 年追加"重要基础设施的网络安全保障"课题项目，共计 11 个课题项目。第一期"战略性创新推进计划"研究周期为 5 年，投入研究经费共 1580 亿日元。11 个课题项目主要涵盖清洁能源、结构材料、海洋资源、基础设施、防灾减灾、农林水产、自动驾驶等领域，项目负责人均为大学或研究所的专家学者。第一期"战略性创新推进计划"历经 5 年，在年度审查评价中，除个别项目外，绝大多数课题项目均被评为 A 或 B 的良好以上等级，获得了社会各界的广泛认可与评价。其中值得注意

的是，清洁能源项目可进一步提升氨气燃烧发电效率并助力减少碳排放，预计到 2030 年将产生 3000 亿日元左右的收益；自动驾驶项目在动态地图领域实现技术突破，预计可在短期内投入市场并产生 100 亿日元的收益。[1] 日本经济团体联合会虽然在最终成果评价中认为课题项目研发的相关技术在实际应用环节仍与当前市场需求存在较大落差，提出增强企业方在项目研发过程中的靶向作用等建议，但仍高度肯定了"战略性创新推进计划"由大学、研究所人员牵头的项目负责人制度对于打破政府各部门横向壁垒以形成国家科技研发合力具有积极作用。[2]

2018 年，随着第一期"战略性创新推进计划"的正式结项，CSTI 也于同年立即发布并启动了第二期的相关课题项目。第二期共有 12 个课题项目，研究周期同样为 5 年，投入研究经费 1445 亿日元。虽然投入的总体经费额度较上一期有所下降，但课题项目所涵盖的领域更加多元化，除了网络空间、材料开发、光量子技术等高精尖技术领域的开发项目外，还包括环境保护、卫生医疗、物流技术等更具社会应用价值的科研项目。其中，如防灾减灾项目在提升对暴雨灾害的预测精准度上取得较大进展，为地方政府的防灾应急提供了更好的技术支持。[3] 与第一期"战略性创新推进计划"相比，第二期主要呈现如下两个重要特征。一是进一步优化了项目的管理机制。第二期项目在管理委员会与项目负责人之间设置了项目统筹小组，具体发挥了课题从立项到实施过程中的管理协调职能，既可以实时掌握各项目的进展情况并及时反馈给管理委员会以便其随时予以调整改善，又可以具体参与项目组与其他政府部门间的协调配合以保障课题项目顺利进行。二是增加了"阶段审查"与"配套资金"制度以增强社会市场对项目研发的靶向作用。前者为

---

① 内閣府『戦略的イノベーション創造プログラム（SIP）第 1 期課題評価最終報告書』、2019 年 2 月 28 日、https：//www8. cao. go. jp/cstp/gaiyo/sip/saishuhokoku. html［2024-01-11］。

② 経済団体連合会『SIP 第 1 期の制度評価について意見交換』、2019 年 2 月 21 日、https：//www. keidanren. or. jp/journal/times/2019/0221_ 07. html［2024-01-11］。

③ 《日本发布第 2 期战略性创新推进计划》，中国科学院科技战略咨询研究院网站，2018 年 10 月 11 日，http：//www. casisd. cn/zkcg/ydkb/kjqykb/2018/kjqykb20181011/201810/t20181011_ 5141098. html［2024-01-11］。

项目研发周期过半后加入的审查环节,旨在根据企业、地方政府的实际需求导向来审查项目技术是否具备市场应用的前景;后者则是由企业提供的经费支持,目的在于提高关联企业对于项目的投入占比从而提升企业在研发中的话语权,使该技术的发展更加符合市场需求。[①] 总的来说,第一期"战略性创新推进计划"在突破政府内部横向壁垒并凝聚合力上做出了积极尝试,而第二期"战略性创新推进计划"则在管理效率和市场目标导向上进一步明确了未来的发展方向,为第三期"战略性创新推进计划"打下了坚实基础。

## 二 第三期"战略性创新推进计划"的主要内容

2023年2月1日,CSTI发布了新一批"战略性创新推进计划"课题项目并同时开始项目招标,正式启动了第三期"战略性创新推进计划"。第三期"战略性创新推进计划"共发布了14个课题项目,数量上较前两期有所增加,研发周期同样为5年,且年度经费预算额与第二期保持一致,均为280亿日元。应该说,在前两期"战略性创新推进计划"顺利开展的基础上,第三期"战略性创新推进计划"的课题项目在内容、战略目标、实施方式以及实际应用等方面均较此前取得了进一步的发展。

### (一)基于实现"社会5.0"目标导向下的课题设计

日本政府在2016年制定的第五期《科学技术创新基本计划》中就首次提出了面向2050年的"超智能社会——社会5.0"这个概念,CSTI又于2018年提出"加速推进社会5.0战略"并视其为国家科技发展的重要目标。"社会5.0"聚焦在生产生活、能源经济、基础设施、社区企业等领域实现智能化发展。[②] 为配合实现"社会5.0"的综合战略目标,第三期"战略性创新推进计划"在课题设定方面也更多涉及如何在社会各领域进一步推广

---

① 冈田有策「戦略的イノベーション創造プログラム(SIP)の運営・管理」、『応用物理』2019年88巻8号、535—537頁。
② 『スマート社会計画ソサエティー5.0』、『日本経済新聞』2016年4月7日。

智能化技术的相关研发内容，具体如表 1 所示。可以看到，与前两期"战略性创新推进计划"不同，在第三期"战略性创新推进计划"的课题设计阶段，CSTI 采用了目标导向型的过程推定回溯方法，即整体课题的预期成果、设计思路以及研发内容均系基于如何助力实现"超智能社会——社会 5.0"的这一最终目的。因此，第三期"战略性创新推进计划"多项课题均以各领域的"智能化系统平台"为研发重心，且内容主要集中在食品、卫生、医疗、防灾、基建、社区等与日常生活关系紧密的社会各领域。课题在甄选项目负责人及进行预算分配时也更多聚焦如何解决社会现实问题并提升日本经济产业的综合竞争力。① 可见，第三期"战略性创新推进计划"高度迎合《科学技术创新基本计划》的目标要求，其服务于国家整体战略走向的特点也更加显著。

表 1　日本第三期"战略性创新推进计划"的课题项目

| 序号 | 课题名称 | 主要内容 |
| --- | --- | --- |
| 1 | 食品供应链技术 | 建立动物蛋白生产的新型养殖技术及肥料循环利用系统 |
| 2 | 综合性医保系统 | 构建医药、诊治方案研发的数字化医疗信息系统 |
| 3 | 包容性社区平台 | 开发提高老幼病残者生活保障水平的平台与技术 |
| 4 | 新型学习平台系统 | 开发实现自主新型学习的数字化虚拟空间、感知技术等 |
| 5 | 海洋安全保障平台 | 开发稀土生产技术，完善海洋环境评价系统 |
| 6 | 智能化能源管理系统 | 研发能源生产、转换、储藏、运输等数字化技术 |
| 7 | 循环经济系统 | 开发实现循环市场可视化、扩大商业规模的数字化技术 |
| 8 | 智能化防灾网络 | 开发实现灾害信息的瞬时掌控、共享技术 |
| 9 | 智能化基础设施管理 | 促进建立网络化、数字化相融合的基础设施数据平台 |
| 10 | 智能化移动平台 | 推出智能化移动服务，制定面向应用的发展战略 |
| 11 | 人机协调的技术规则 | 开发构建人-机器人-信息系统所必需的应用技术 |
| 12 | 虚拟经济的技术规则 | 开发实现听觉、视觉、触觉等相互感知和拓展的人体交互技术 |
| 13 | 量子技术的社会应用 | 开发量子计算机、传感器、信息处理器的基础系统技术 |
| 14 | 材料创新生态系统 | 开发促进技术发展、人才培养和数据网络化的基础协作技术 |

资料来源：《日本启动第三期战略创新推进计划》，中国科学院科技战略咨询研究院网站，2023年 5 月 12 日，http：//www.casisd.cn/zkcg/ydkb/kjzcyzxkb/2023/zczxkb202304/202305/t20230512_6753288.html［2024-01-11］。

---

① 内閣府『次期 SIP（SIP 第 3 期）各課題の概要』、2023 年 3 月 16 日、https：//www8.cao.go.jp/cstp/gaiyo/sip/sip_3/230324gaiyo.pdf［2024-01-11］。

## （二）由"技术"到"产业"：聚焦提升 SIP 的社会适用性

经过多轮成果审查，日本政府认为第一、二期"战略性创新推进计划"的成果多着眼于"技术从无到有的单向型研究开发"，而并未过多重视其社会适用性等方面。因此，相关技术取得进步突破的发展情况也未能实现全社会、大范围的共享，从而难以与社会实际需求形成有效对接。因此，在第三期"战略性创新推进计划"项目中，日本政府更加注重在设计、实施、审查等各阶段加入提升其社会适用性的战略考量。第三期"战略性创新推进计划"设立了五个层级的战略考量。鉴于前两期"战略性创新推进计划"更多聚焦"技术"，即课题项目重点关注如何在技术层面较此前取得突破进展，故而，CSTI 在第三期"战略性创新推进计划"中又新增加了"制度""商业""社会应用""人才"四个层级的战略考量。其中，"制度"就是做好该技术在投入社会市场时相关法律制度、行业规范的保障工作；"商业"即保障该技术在市场化过程中的可持续发展；"社会应用"是确保地方政府对于该技术研发、投入等各阶段的参与合作以强化项目成果与地方需求的对接；"人才"就是丰富相关人才资源以确保技术得以实现广泛应用。因此，CSTI 要求项目负责人基于上述五个战略考量，围绕课题项目推动政府各省厅、产学研等各机构、各相关领域的整体合作。此外，CSTI 还新设了"技术成熟度""商业成熟度""制度成熟度""社会应用成熟度""人才成熟度"五个具体指标，用于审查、考核第三期"战略性创新推进计划"各课题项目的实施执行程度，以便及时进行提醒改善。① 与之相对应，第三期"战略性创新推进计划"中新增了对课题项目的"后期追踪机制"。首先，在结项前，项目负责人需连同其他推进委员会成员共同探讨技术的社会市场适用前景。其次，在结项后，相关省厅需通过建立"桥梁机制"以持续推进该技术与"社会5.0"目标的应用对接。最后，在全阶段，内阁府需统筹

---

① 内閣府『次期戦略的イノベーション創造プログラム（SIP）の検討状況について』、2022 年 3 月 31 日、https://www8.cao.go.jp/cstp/gaiyo/sip/taskforce/smartbousai_3/siryo5.pdf ［2024-01-11］。

负责定期对项目成果的应用推广情况进行追踪审查。① 应该说，促进课题项目中技术研发成果在地方、市场乃至全社会的适用落地成为第三期"战略性创新推进计划"最显著的特征之一。

### （三）代表案例：构建海洋安全保障平台以助力实现"碳中和"目标

构建海洋安全保障平台作为第三期"战略性创新推进计划"中的重点项目，旨在进一步开发海底资源、保护海洋环境、监测海洋变化，从而进一步实现对于海洋资源的综合性广域开发。该项目共包括如下四个子课题：一是改善稀土生产技术，即提升日本在深水领域对稀土资源勘探、开发、精炼、生产等相关技术水平，以进一步降低本国在稀土等关键矿产资源领域的对外依赖度；二是开发进行海洋资源调查的机器人技术，即开发新型水下航行器以进一步完善对海洋情况的长期监测；三是建立海洋环境评价系统，即建立海洋环境数据电子数据库以做到对海洋保护区环境的实时监测掌握；四是完成对海洋玄武岩的基础调查研究，即进一步探讨海洋玄武岩对于二氧化碳的封存相关技术。② 可以看到，构建海洋安全保障平台项目是在第二期"战略性创新推进计划"海洋资源调查技术的基础上展开的后续课题项目。与第二期"战略性创新推进计划"注重技术层面的海洋资源调查有所不同，第三期"战略性创新推进计划"项目在社会市场层面的应用目的性特征则更加显著。具体而言，该项目一方面着眼实现经济（能源）安全保障，即通过技术革新来降低自身在稀土等关键矿产资源领域的对外依赖度；另一方面通过进一步完善海洋环境评价监测体系、开发海洋地质碳封存技术等，聚焦提升海洋资源在实现国家整体碳中和目标中的现实功能性。2023 年以来，该项目负责人已召开了 8 次工作小组会议，探讨具体子课题、成员构成、未

---

① 内閣府『戦略的イノベーション創造プログラム運用指針』、2023 年 5 月 18 日、https：//www. nedo. go. jp/content/100960677. pdf ［2024-01-11］。

② 内閣府『次期 SIP（SIP 第 3 期）各課題の概要』、2023 年 3 月 16 日、https：//www8. cao. go. jp/cstp/gaiyo/sip/sip_ 3/230324gaiyo. pdf ［2024-01-11］。

来计划等，并于 12 月初举办了首次年度成果报告会。① 目前，项目组已建立了南鸟岛海域稀土生产技术工作平台，同时已着手构建海洋广域监测体系并实施海洋玄武岩碳封存技术的相关调查研究。2023 年底，日本在阿联酋主办的《联合国气候变化框架公约》第二十八次缔约方大会（COP28）上就公开展示了海洋地质碳封存技术的相关成果进展，获得了国际社会的积极评价。② 可以说，构建海洋安全保障平台对于日本在海洋领域推进经济安全保障并助力实现"碳中和"目标具有十分重要的现实意义。

## 三 "综合创新战略2023"背景下的日本科技创新动向

自 2014 年启动以来，"战略性创新推进计划"已经成为日本实现科技发展目标、以科技助力经济社会发展的重要制度保障，其中关于坚持科技创新的理念始终贯穿日本整体的国家科技发展战略。2021 年，日本内阁决议通过的第六期《科学技术创新基本计划》就将创新视为科技发展的重中之重。2023 年 6 月 9 日，日本政府正式出台了"综合创新战略 2023"③，作为第六期《科学技术创新基本计划》的年度具体指引，统筹推进日本 2023 年的科技创新工作。应该说，"战略性创新推进计划"是以 5 年为周期的科技创新项目整体规划，而"综合创新战略 2023"则更着眼于引领本年度的科技创新发展方向。总的来看，"综合创新战略 2023"与"战略性创新推进计划"相辅相成，以实现"社会 5.0"为规划基础，重点在社会保障、知识开发、人才教育、地方振兴等领域全面推进科技创新发展。

---

① 海洋研究開発機構『「海洋安全保障プラットフォームの構築」2023 年度報告会』、2023 年 12 月 8 日、https://www.jamstec.go.jp/sip3/j/newstopics/20231208/index.html［2024-01-11］。

② 環境省『COP28 日本国政府の取組』、http://copjapan.env.go.jp/cop/cop28/topics［2024-01-11］。

③ 内閣府『統合イノベーション戦略 2023』、2023 年 6 月 9 日、https://www8.cao.go.jp/cstp/////////tougosenryaku/togo2023_honbun.pdf［2024-01-27］。

## （一）聚焦打造可持续发展型社会以保障国民稳定生活

强调着手重新打造日本社会，要成为解决全球性问题的领先国家，主张确保国民的安全并让他们安心，让每个国民都能够生活得丰富多彩。具体包括如下内容。（1）主张网络空间与物理空间融合。为实现"社会 5.0"，需要将数字世界和现实世界融合起来，创造新的价值，未来会有更多企业和行业使用数字孪生（Digital Twin）技术，并在此基础上积极应用 AI 技术改变现实的物理空间，将其结果再现于数字化的网络空间，最终形成持续发展的动态良性循环的社会。（2）推进解决全球性问题的社会变革和进行非连续性创新。到 2050 年，日本要实现温室气体排放的"碳中和"，要发展高效的废弃物处理和资源高度循环利用的循环经济。具体而言，要达到绿色产业发展与经济增长的协调，从而引领全球发展方向，创造经济和环境的良性循环社会。为此，解决生活方式、产业结构和经济社会变革的问题，需要朝着"脱碳社会""循环经济""分散型社会"三个里程碑目标进行经济社会的再设计，需要进行非连续性创新，提出更高的目标，产学官一体全力面向 2030 年积极采取措施。（3）打造具有韧性的安全和令人安心的社会。对于频发的极端自然灾害，除了应用先进的通信技术之外，还需要发挥人文、社会科学知识在综合防灾方面的作用，通过合理的避难行动实现受害最小化，尽早恢复生活和经济，打造韧性社会。（4）打造拥有价值共创型创新产业基础的"创新、环保体系"。以社会的需求为原动力，不断提出能解决经济社会发展问题的课题，通过企业、大学、公共研究机构等相互合作，形成以共创价值为基础的新产业社会。（5）建设具备下一代继续发展基础的城市和地方（智慧城市构建）。在推动城市和地方持续创造新价值的同时，在全国各地打造多种多样的可持续发展的城市和地方，消除各地区间的发展差距，消除自然灾害和传染性疾病等威胁以使居住环境安全，为居民、就业人员和游客等各种人群打造能够最大限度发挥"人的活力"的可持续性社会。（6）推进解决各种社会问题的机制研发、社会推广及综合知识的运用。运用人文、社会科学和自然科学相融合的"综合知识"，与拥有共同价值观的欧盟、七国集团、经济合作与发展组织等国际组织及其成员国合作，解决气候变化等全球性问题，以及与少子老龄化相关的经济与社会保障等问题，积极将相关研究成果进行推广，实现经济与社会的结构转变，构建一个融合创造未来产业、实现经济增长和解决社会问题的社会。

## （二）开拓前沿知识以从源头强化各领域研发能力

日本在前沿知识领域的目标是，要继续创造具有多样性和卓越性的"知识"，重新获得世界最高水平的研发能力。为了实现这一目标，日本将加强科研环境的建设。（1）重建能实现创造多样化、卓越研究的科研环境。要求科研人员基于每个人都拥有的多样化的问题意识，充分发挥其能力，打造面对问题持续挑战力争解决的科研环境。为此，日本将着重提升博士生的补贴标准并扩大其就业途径，完善大学等促进青年科研人员发挥才能的配套环境，强调重视女性科研人员、基础研究和国际合作研究，保障科研时间并促进人文、社会科学发展及创造综合知识，改革竞争性科研经费管理制度等。（2）构建新的科研体系（推进开放科学和数据驱动型研究等）。强调要抓住社会数字化和世界性的开放科学的发展潮流，通过数据创造高附加值的科研成果，进而提升日本在国际舞台上的存在感。（3）促进大学改革和战略性经营的功能扩张。人们可以根据大学提供的教育研究内容和环境等来选择大学，大学在推动多种个人价值观的实现，丰富人们的人生和生活的同时，还应根据时代、组织、个人的需要，实现由大学发端并推动的新的社会变革。在多样化的大学建设过程中，促进其与世界的研究型大学共同发展，强化日本大学的卓越科研能力的建设。

## （三）注重人才教育培养以提升国民个体幸福感和成就感

对于"社会5.0"，日本十分强调对人本身的能力和素质培养，追求多元化的幸福，培养面向问题、解决问题的人才，并对不同阶段的教育进行详细的规划。在初级和中级教育阶段，要激发学生自发地提出"为什么"的好奇心；在高等教育阶段，完善大学作为创造多样化、个性化知识的基础，向人们提供满足多样化需求的学习环境，丰富人们的人生和生活；在步入社会之后，扩充针对"社会人"的再学习机会，积极向个人提供兼职、副业和转换职业等方面的相关援助，从而提高人们的工作热情和人才的流动性，促进社会整体的"知识"循环，创造新的价值。

### （四）推动地方层级的科技创新以实现国家整体均衡发展

在"社会5.0"理念引导下，日本政府为解决由东京圈过度集中、人口减少、少子高龄化等引起的地区社会问题，着力推动以地方大学为核心的创新创造、地区发展，致力于建立创新创业生态系统。具体包括如下内容。（1）构建区域产学官的共同研究体制。加强向区域研究基地派遣协调人员、集结区域研究开发等项目，将区域科学技术创新实施政策对象范围从大学扩大至以大学为中心，包括地方公共团体和企业在内的联合体，以及包括地方公共团体和地方公共团体成员的联合团体。（2）形成科技创新特色区域。由地方政府主导，利用各地自身的产业和技术特色，聚集相关产业和人才以形成基地，为地方振兴做出贡献。如开放创新城市（川崎市）、医疗产业都市（神户市）都成为代表案例。（3）充分利用大学科研优势进行科技创新。日本着力推动地方大学根据本地区的发展特点深化科研创新，如青森县弘前大学的"well-being"区域社会共创据点、熊本县强化半导体产业的大学间合作、信州大学建立的水上创新基地、名古屋大学初创企业的无人驾驶技术等。（4）推动地区高等专门学校的技术创新。高等专门学校进行独特的课程和项目设置，有利于在日本全国范围内建立并扩大不同地区间的专业性科技创新网络。因此，推动高等专门学校的实践型科技创新教育对于初创企业的发展意义重大。①

① 文部科学省「令和5年版科学技術・イノベーション白書」、2023年6月20日、https：//www.mext.go.jp/b_ menu/hakusho/html/hpaa202301/1421221_ 00013.html［2024-01-29］。

# 结　语

第三期"战略性创新推进计划"的出台，是日本根据国际形势和科技发展动向进行的一次重大调整，也是日本要在 21 世纪前半期确保国家在重要科技领域保持创新能力的重要制度建设内容之一。"战略性创新推进计划"以 5 年为周期发布已经成为日本实现《科学技术创新基本计划》具体落地的重要抓手。从国家战略层面看，"战略性创新推进计划"的各项战略目标对具体科技领域的发展产生了更直接的引领作用，推动年度"综合创新战略"形成与之相配套联动的战略性政策。这一制度既能保证日本科技创新贯彻国家科学技术大战略，又能够对具体科技领域的政策形成强大牵引，使科技发展战略不受政局、经济形势变化带来的干扰。中国学界过去更关注日本发布的《科学技术创新基本计划》，往往忽视与之配套的"战略性创新推进计划"及年度性"综合创新战略"对推动和落实《科学技术创新基本计划》的作用的研究。从日本长期坚持产官学结合的科技战略制定与实施过程来看，我们应更加关注具有科技战略抓手性质的"战略性创新推进计划"与"综合创新战略"，二者对日本科技创新方向起到了更为直接的战略性兼战术性规划作用。总的来说，由 CSTI 统筹制定的"战略性创新推进计划"的课题目标和研究方向，是最近十年来日本科技战略规划与实施的重要转变，而"战略性创新推进计划"与"综合创新战略"的协调联动更对日本发展具有前瞻性的未来产业起到重要的战略引领作用。可以看到，日本加大了在国家层面对科技创新的战略引导力度，这对世界各国密切洞察全球科技发展态势具有重要的启示意义，特别是其积极推动未来技术发展并积极培育未来产业，旨在抢占全球产业创新制高点的战略意图十分明显。

（审读专家：卢　昊）

# B.11
# 岸田文雄"首相主导"型决策过程的
# 变化、特点和趋势

孟明铭[*]

**摘　要：**　岸田文雄上台执政初期曾受到前首相安倍晋三的影响和掣肘，直到 2022 年后者遇刺身亡后逐步实现自主执政。本报告重点关注岸田在 2023 年进行政治决策时的变化和特点，从政府、执政党和国会三个层面，详细考察了岸田文雄的决策风格及其对日本政治的影响。本报告认为，岸田在政府层面进行决策时，延续了安倍时期的独断风格；在执政党内部，其党首权威面临挑战，但总体可控；在国会层面，尽管自民党有所衰退但仍保持独大地位，在野党难以对首相决策形成实质性牵制。总而言之，尽管岸田做决策时表现出的首相权势相较安倍时代有所削弱，但总体上"首相主导"型决策过程在未来仍将是日本政治发展的主要趋势。

**关键词：**　岸田文雄　日本政治　首相主导　自由民主党　政治改革

冷战后，日本政治决策过程发生了深刻演变，决策过程中的各个组成部分——首相、政府官僚、执政党（主要是自民党内各大派阀）、国会（表现为自民党与在野党的博弈）之间的关系格局出现明显变化。首相在日本政治决策过程中逐渐占据主导地位，并在安倍晋三长期执政

---

* 孟明铭，历史学博士，中国社会科学院日本研究所政治研究室助理研究员，主要研究方向为日本政治。

期间达到顶峰。① 然而，2020 年后，日本遭受各种内外冲击，这种"首相主导"型决策过程或模式面临挑战。② 尤其是 2021 年岸田文雄执政后深受退居二线的安倍影响和掣肘，各项决策都需要与后者商讨或博弈。2022 年 7月安倍遇刺身亡后，自民党内形势为之一变。2023 年可谓岸田在"后安倍时代"自主执政的完整一年。在这一时间段内，岸田风格的"首相主导"型决策过程呈现哪些变化和特点，对于日本政治有何影响，值得我们关注。本报告将从政府、执政党和国会三个层面对此进行考察，并对其产生原因和未来走向进行评估。

## 一　政府层面："首相主导"色彩复浓

自 2021 年岸田文雄上台执政以来，其执政风格历经较长时间发展后逐渐定型。从政府层面看，岸田逐渐改变了上台初期的低调妥协姿态，在自身关注的重点领域基本掌握了决策的主导权。

在二战后很长一段时间里，首相在政府决策过程中往往需要听取（甚至依赖）各省厅专业官僚的意见方能执政，外界称之为"官僚主导"。冷战结束以后，日本历届政府持续对决策机制进行改革，并在 2012 年安倍晋三第二次上台执政后基本形成了决策权向首相集中的"首相主导"的决策新局面。岸田长期以来以八面玲珑、善于兼容多方意见的政治形象而闻名，其治理风格体现出调和不同利益群体诉求的倾向。他在 2021 年上台以后，鉴于安倍和菅义伟执政时权力过度集中引发的问题和负面舆情，在决策工作中更强调"兼听则明"，对于其所领导的中央省厅官僚群体表现出温和态度。

---

① 现有主要代表性研究成果有：刘红《论日本民主党政权下的政治决策体制改革》（《日本研究》2012 年第 3 期，对民主党执政时期的政治决策领域进行了探讨）；徐万胜《安倍内阁的"强首相"决策过程分析》（《日本学刊》2014 年第 5 期，重点论述了安倍第二次执政初期的决策方式）；孟明铭、吴怀中《试析冷战后日本政治决策机制的演变及影响——安倍政权的调整和重塑》（《东北亚学刊》2020 年第 6 期，讨论了安倍政府的决策机制）。

② 可参见张晓磊、从伊宁《"后安倍时代"日本首相官邸主导决策困境探析》，《东北亚学刊》2022 年第 2 期。

例如，岸田在上台初期对官邸官僚的中坚骨干成员——首相秘书官的人事任命上，起用曾任经济产业省次官的岛田隆为首相首席秘书，成员则从各省厅局长级干部中选拔，① 希望通过这些成员与原出身部门间的紧密关系，加强首相官邸与行政官僚们的合作，团结一致。

岸田尽管表现出对下属官僚"尊重与团结"的姿态，但并不希望根本改变多年来日本政治体制中由首相主导决策的格局。进入 2023 年以后，岸田在进行重要决策时的风格日益向"安倍-菅"的独断模式回归。他一般会在首相官邸内部，特别是与自己的心腹和本派阀成员进行小范围讨论后做出决定。在决策过程中起到主要作用的是内阁官房副长官木原诚二和首相首席秘书岛田隆等人。其中最为关键的人物是木原诚二。他不仅是岸田派系内的重要人物，也是岸田政策主张的主要构思者、智囊团队的核心人物。即使木原在 9 月因涉重大丑闻不得不辞职，岸田很快利用首相权力重新任命其为自民党干事长代理，使其能够随行左右。②

纵观 2023 年，岸田主导政府决策主要表现在外交领域。受自民党和"世界和平统一家庭联合会"（"统一教"）勾连丑闻的影响，岸田支持率在 2022 年底下滑至 30% 左右的"危险水域"。为维系执政，岸田采取"内病外治"策略，积极迎合右翼保守势力，渲染所谓的"外部安全威胁"，寻找外在的"靶标"煽动民众危机意识，通过转移舆论注意力来提振支持率。

为实现这一目的，岸田在外交领域实施了一系列强有力的独断决策行为。例如，3 月，岸田访问印度期间打破外务省的安排，仅带领木原和岛田等心腹成员突然改道秘密访问基辅，并表示要向乌克兰提供援助。岸田的这一行为引发了日本国内外的明显反响和关注。5 月，在筹备 G7 广岛峰会时，

① 「政策の軌道修正繰り返す岸田政権…支える官邸の重厚布陣」、読売新聞オンライン、2022 年 1 月 28 日、https://www.yomiuri.co.jp/column/henshu/20220126-OYT8T50068/ ［2023-12-09］。

② 「首相最側近の木原氏が異例の兼務　党幹事長・政調会長ダブル代理に」、朝日新聞デジタル、2023 年 9 月 13 日、https://www.asahi.com/articles/ASR9F63Q3R9FUTFK01P.html ［2023-12-09］。

岸田本人时常通过首相官邸直接与各成员国进行协调，对促成 G7 国家在会后发表对中俄的强硬宣言起到了重要作用。与之形成对比的是，原本应该承担主要外交任务的时任外务大臣林芳正和外务省在这一过程中基本处于"隐身"和失语状态，大部分时间只能被动接受来自首相官邸的指示①。

岸田作为首相日渐主导政府决策在其他领域同样有所表现。2023 年 11 月，岸田为提振支持率，宣布政府将施行"综合经济对策"，通过发放补助金方式减轻民众通胀负担。据日媒报道，他在这一政策制定时并没有征求财务省官员的意见，仅在首相官邸内与木原等少数人进行讨论后即公之于众。② 以上这些行为都表明了岸田在政府决策时的独断性和排他性，也再一次体现出首相权势在政府层面的主导地位。

## 二 执政党层面：维持各方平衡，巩固党首权威

2022 年 7 月，安倍遇刺身亡对于自民党内的政治力学格局造成巨大冲击。2023 年，岸田文雄为巩固和加强党首权威而动作频频，产生了如下一些值得关注的动向或趋势。

### （一）派阀政治掣肘现象仍存

岸田得到安倍及其领导的自民党"安倍派"支持才能当选自民党总裁，但其上台后并不甘于做后者的傀儡，而是采取了谨慎平衡党内各派势力、暗中积聚自身力量的策略。岸田虽然在分配党政高级职位时向"安倍派"有所倾斜，但仍通过安排自民党干事长和副总裁等关键职位有效笼络了茂木敏充和麻生太郎及此二人领导的"茂木派"和"麻生派"，并逐渐在党内结成

---

① 「首相『キーウ電撃訪問』の舞台裏【点描・永田町】」、時事ドットコム、2023 年 4 月 11 日、https：//www.jiji.com/jc/v8? id=2023tenbyo10［2023-12-09］。

② 「岸田首相、減税主導演出にこだわり タイミング慎重に」、『産経新聞』2023 年 10 月 20 日、https：//www.sankei.com/article/20231020-A66XDGHYSJKUZJQ55774NLI7NI/［2023-12-09］。

了"岸田-麻生-茂木"政治同盟，以此在与安倍的博弈过程中逐步站稳了脚跟。安倍遇刺身亡后，外界曾一度认为岸田文雄在党内已无公开对手，有望重现往昔安倍执政时的"一强"地位，但从2023年岸田执政的整体表现看，其与这一目标仍有距离。

最典型的例证即为岸田在处理通胀问题时所受到的掣肘。压力一方面来自盟友，面对新冠疫情、俄乌冲突和日元贬值引起的通胀浪潮，日本民众强烈要求政府采取减税措施。然而，作为岸田政府"三驾马车"之一的麻生太郎及其派系成员、财务大臣铃木俊一是坚定的"整顿财政派"，要求首相提高税率或开辟新税源，以减轻政府财政负担。考虑到麻生是支撑现任政府的主要台柱，岸田不敢对其诉求表示反对。结果这一行为引发民意强烈反弹，岸田也因此得到了"增税眼镜男"的外号。[①]

另一方面，"安倍派"在安倍晋三死后内耗虽然严重，但仍然保持党内第一大派阀的地位，这令岸田颇为忌惮。在8月举行的内阁改组中，安倍派仍有4人成为阁僚，在各派阀中并列第一。2023年下半年，岸田内阁的支持率不断下滑，"安倍派"表现日趋活跃，对岸田的博弈力度不断加大。其中表现最为活跃的党政调会长萩生田光一在10月底对岸田降低通胀的各项构想都表示异议，针对色彩十分明显。随后，他在11月底更在公开演说中批评岸田政府缺乏决断力。[②] 在两方压力叠加影响之下，岸田踌躇难行，越发难忍通胀之苦的民众亦对其失去耐心，内阁支持率持续下滑。

## （二）党首仍有充足权威

相较安倍的强势执政风格，岸田作为党首的权威在部分领域确有倒退，

---

① 「岸田文雄首相の周辺は財務官僚だらけ…『聞く力』から『増税メガネ』に変わってしまった納得の理由」、PRESIDENT Online（プレジデントオンライン）、2023年12月7日、https：//president.jp/articles/-/76232［2023-12-10］。

② 「防衛増税、自民党·萩生田光一政調会長『安易に始めず』」、日経電子版、2023年10月29日、https：//www.nikkei.com/article/DGXZQOUA290GJ0Z21C23A0000000/［2023-12-10］；「自民·萩生田氏『結論に時間かけすぎ』内閣支持率低迷、産経新聞社、2023年11月30日、https：//www.sankei.com/article/20221130-JYJWGEO7GNMOLGF3Z2MGNJZHGA/［2023-12-10］。

但这绝非意味着自民党又回到了"1955年体制"下派阀主政的时代。实际上，自民党在冷战后进行了数轮中央集权化改革，党首凭借国会选举时的议员公认推举权、党政高级职位（包括政府层面的内阁大臣、副大臣/政务官，以及党层面的干事长、政调会长、总务会长等职位）的人事任免权等，对全党的支配力度稳步加大。从2023年的一些事例来看，如果岸田在某项决策上坚决行使权力，派阀势力是难以抵挡的。

其中的典型事例是，岸田力排党内众议强推"LGBT理解增进法案"。性少数群体（LGBT）问题自21世纪以来逐步成为欧美国家社会讨论的一项主要议题。受此影响，早在2016年，自民党成立了"关于性取向、性别认同的特命委员会"，就LGBT问题进行讨论，并制订了"尊重和推动性别多样化社会"的计划。然而，这一计划与保守化、右翼化的日本社会主流意识形态存在较为严重的冲突，因此甫一提出就遭到自民党内诸多保守议员的反对。当政的安倍政府也放弃了将该计划提交至国会的打算，并将其长期搁置。

随着美国政治的日趋极化，2021年上台的拜登政府将推动盟友国家的LGBT立法视作一项重要的意识形态工作。致力于强化日美同盟的岸田政府认为，如果能率先在日本通过相关法律，就将极大增进日本与美国民主党之间的"友谊"。2023年5月，在G7广岛峰会召开前夕，美国驻日大使伊曼纽尔公开呼吁日本改善国内性少数群体的状况。为此，岸田文雄在G7广岛峰会召开前就向美方承诺将迅速推动日本通过LGBT相关法案。① 随后在岸田授意下，自民党起草了"LGBT理解增进法案"。该法案的问世引发自民党内以"安倍派"为代表的诸多保守议员的激烈反对，如党政调会长萩生田光一等人就通过右翼媒体发声，呼吁首相"慎重"②。尽管"群情激奋"，

---

① 「LGBT理解増進法案、G7サミット前成立に首相が理解」、日経電子版、2023年4月25日、https://www.nikkei.com/article/DGXZQOUA253CC0V20C23A4000000/ ［2023-12-10］。

② 「LGBT法案一任 自民保守系から不満噴出」、『産経新聞』2023年5月13日、https://www.sankei.com/article/20230513-ASQCKQBRMVKFFDLVHKDALPCO7Y/ ［2023-12-10］。

但岸田主导下的自民党仍将这部法案提交国会并顺利通过。日本舆论分析，绝大多数议员虽然对岸田的行为感到不满，但慑于首相的权势（尤其是那些担任各种领导职务的资深议员担心若违逆首相将遭到免职）而不得不妥协①。而反对派议员所能做出的最出格举动也仅是在国会投票时借故缺席。②这也说明，自民党内其他势力对于首相的影响总体上是隐性的、间接的。

## 三 国会层面：政局"一衰多弱"，呈现"停滞式"稳定

尽管岸田政府引发舆论广泛抨击，支持率一路探底，但从日本政坛的整体局势来看，自民党仍占据压倒性优势地位。由于其他各个政党在力量对比、政策主张和斗争策略与执政自民党相比存在明显短板，日本政坛整体陷入"停滞式"稳定。

### （一）日本政坛朝野力量对比悬殊

2023年底，自民党的全国支持率基本稳定在20%~30%，与之联合执政的公明党的支持率也稳定在5%左右，领先优势明显。与之相对应的是，排名在野党前两名的立宪民主党和日本维新会的支持率皆在10%上下徘徊。③岸田执政下的自民党虽丑闻迭出，屡遭批判，但从整体上讲，该党仍然是日本国内最具有执政经验和行动力的政治集团。大部分选民在进行权衡后，依然基于企稳心理选择继续支持执政党。

再具体到国会内部立法程序上，由于自民党与公明党执政联盟拥有多数

---

① 「首相が成立指示したLGBT法で自民は分断 自公政権の問題も浮き彫りに」、『産経新聞』2023年6月16日、https：//www.sankei.com/article/20230616-6LEDKUSOIBLLBGWUA54MKT2ZQI/［2023-12-10］。

② 「LGBT法、参院本会議で成立 自民の3氏は採決時に退席」、『産経新聞』2023年6月16日、https：//www.sankei.com/article/20230616-YG5U6FUKRZNCTFCWBUUN4CEPVQ/［2023-12-10］。

③ 「各党の支持率は『支持政党はない38.5%』NHK世論調査」、NHK、2023年11月13日、https：//www3.nhk.or.jp/news/html/20231113/k10014256251000.html［2023-12-10］。

席位，目前占据参众两院绝大多数国会委员会的委员长职位和多数席位。日本奉行"委员会中心主义"，各种委员会在国会审议议案的过程中发挥主导作用，参众两院全体投票一般只是对委员会审议结果的追认。在这种程序性优势作用下，日本政府的决策仍然以自民党为核心，在野党不易与其形成有效的政治对抗局面，难有作为。①

## （二）在野党在决策过程中的"补充化"倾向明显

在冷战时期的"1955 年体制"下，以社会党为代表的在野党拥有较强政治影响力和坚定鲜明的政策主张，这在一定程度上使自民党受到有效监督，在决策时更有可能做出较理性的选择。然而，在冷战结束以后，随着日本发展停滞、阶层固化、保守右翼占据主流等趋势越发明显，各在野党与执政党的整体政策日渐趋同，主张的体系化程度不断下降。②

在野党受这种长期演变的影响在 2023 年得以集中体现。例如，尽管岸田政府和自民党在 2023 年应对通胀的表现颇受诟病，但作为最大在野党的立宪民主党的对策纲领的重点同样集中在补贴低收入群体、税收调整等常规领域，并无根本区别。其他中小政党或是迎合社会情绪，或是在一些细枝末节的技术性问题上"刷存在感""搞噱头"（代表人物如"令和新选组"党首山本太郎③等），政策主张更为碎化和随意。如此，在野党针砭时弊的痛快发言虽能引发舆论的阵阵喝彩，但自民党则借此调整自身政策，将在野党的这些零散主张纳入考量范围。因此，从某种程度上说，近年来，在野党并没有对自民党构成实质性威胁，反而成为后者进行决策时的一种补充工具。

---

① 「後半国会、防衛力強化が焦点　野党は増税批判、歩調乱れも」、時事ドットコム、2023年 4 月 5 日、https：//www.jiji.com/jc/article? k=2023040400956&g=pol［2023-12-10］。

② 徐万胜：《安倍内阁的"强首相"决策过程分析》，《日本学刊》2014 年第 5 期。

③ 山本太郎在其网站上长期宣称废除消费税、燃料税、社保费用；每个季度给所有国民发放10 万日元补助；大范围免除学费、医疗费等。不过，他对由此需要的经费来源却语焉不详，具体参见"令和新选组"2022 年参议院选举官方网站，https：//reiwa-shinsengumi.com/sanin2022_kinkyu/［2023-12-10］。

## （三）在野党之间倾轧、内耗严重

在野党阵营难以发挥决策影响力的另一个重要原因是其内部存在深刻矛盾。自 2021 年日本众议院选举后，日本维新会逐步崛起为第二大在野党，与第一大在野党立宪民主党不断争夺"反自民党"选民。2023 年，两党间的龃龉开始表露化，双方领导人在政策主张、热点新闻、选区争夺等方面的"口水战"不断，双方共同斗争对抗自民党的可能性正在降低。①

随着经济形势的持续恶化，日本社会各阶层的生存危机感强烈，在呼吁政府与国家救济纾困的同时，对作为统治集团而掌握诸多资源的自民党的依附性进一步加深。各种社会团体争相向执政党表示合作或效忠，致使原本代表其利益的在野党陷入内斗或走向"翼赞"。例如，作为立宪民主党、国民民主党两党主要支持团体的日本最大工会——"日本劳动组合总联合会"（简称"联合"）自新冠疫情发生以来逐渐与执政党接近以求获得"援助"，其会长芳野友子在 2023 年 3 月更是史无前例地参加了自民党第 90 届全党大会，从而严重影响两党的方针路线。立宪民主党原本采取了与日本共产党合作加强斗争的选举策略，如今在压力之下渐陷停滞。② 国民民主党更主动向自民党示好，在 6 月的国会表决时，成为日本政治史上罕见的对执政党年度预算案投出赞成票的在野党，并进而导致该党分裂。③

各在野党之间的矛盾、冲突导致其难以形成对抗自民党的统一战线。岸

---

① 「立民・安住氏『金魚のフンになったら終わり』、維新側『お好きにどうぞ』…共闘解消へ」、読売新聞オンライン、2023 年 5 月 13 日、https://www.yomiuri.co.jp/politics/20230512-OYT1T50226/［2023-12-11］。

② 「『立憲共産党』の批判を恐れ…立民と共産、連携合意のはずがズレる認識」、読売新聞オンライン、2023 年 11 月 4 日、https://www.yomiuri.co.jp/election/shugiin/20231103-OYT1T50236/［2023-12-10］。

③ 该党创建者之一前原诚司愤而带领其支持者退出并另组新党，参见「国民民主・前原氏が離党へ　新党結成、玉木路線に反発」、時事ドットコム、2023 年 11 月 30 日、https://www.jiji.com/jc/article?k=2023113000591&g=pol［2023-12-11］；「『君たち野党はどう生きるか』…維新と国民民主の対与党戦略の違い」、読売新聞オンライン、2023 年 9 月 14 日、https://www.yomiuri.co.jp/column/matsurigoto/20230912-OYT8T50050/［2023-12-11］。

田政府所力推的法案决策，即使充满争议或引发负面舆情，但基本上最终都得以落地，这也说明自民党当前对日本政治拥有很强的统治力。概而论之，随着日本朝野之间的政策分歧与对立不断弱化，决策过程中的朝野协同、交错现象日趋明显。因此，在野党势力在国会立法中难以对首相的决策进行实质性制衡。

## 四　岸田"首相主导"型决策过程的特点与趋势分析

基于岸田文雄在 2023 年主政和决策过程的整体表现，可对其执政特点乃至日本政治的未来做出以下几点思考。

### （一）"首相主导"型决策机制仍需进一步调整

尽管该机制使日本长久以来政出多门、办事拖沓的弊病有所改观，政府决策效率明显提高，然而，决策权过于向首相集中，对于首相本人的全局眼光和判断力的要求也同等提高了。如果决策者本身缺乏相应的素质，且缺乏有效的纠偏机制，就很容易导致"偏听则暗"，一旦处于顶点的决策者做出错误决策，就将较难挽回损失，决策试错成本高昂，随之而来的负面反馈也同样会由首相独力承担。特别是像日本这样"承平日久"的发达国家，在遭遇突发外部冲击时，权力和责任完全集于一身的首相如未能做好万全准备，"动作走形"而使决策出错更是难以避免。

岸田试图在 2023 年利用"后安倍时代"的有利权力格局，力图将自身打造成一位不仅能"博采众家之长"，更具备"果断、有执行力"领导特质的强势首相。然而，岸田的个人处世风格较为柔和，在面对各种利益纠葛时缺乏突破的勇气，导致他未能有效推动改革议程，使社会变革的步伐相对缓慢。尽管岸田在 2023 年的外交领域展现出一定的主动性，一度提高了支持率，但在应对通货膨胀引发的物价上涨等内政问题上显得力不从心。岸田未能有效解决这些紧迫问题，反映出他在危机管理和内政领域的能力相对有限。随着时间的推移，民众对岸田的态度也从失望转变为厌恶和反感，致使其本人的言行皆失去可信性，陷入了"塔西佗陷阱"。总体而言，岸田文雄目前所表现出的综合领导能力，与当前日本迫切需要解决的在国内外面临的问题并不匹配。如果首相作为日本政治的核心不能发挥作用，自然会成为各种矛盾的"众矢之的"。这也是岸田文雄在 2023 年支持率持续下滑的一个重要因素。

### （二）未来首相决策的主要改革方向集中于执政党内部

由于首相对于行政部门依然保持足够的驾驭力度，所受掣肘主要来源于执政党内部的派阀领袖。在安倍身亡后，岸田虽已具备在党内进行再次推进集权化的条件，但同安倍相比，其领导能力存在短板，无法有效统揽全局。已逝去的安倍在任期间利用自身掌控的派阀力量，将各种要务分派给擅长该领域的亲信或盟友（比如处理财政问题有麻生太郎，处理经济产业问题有甘利明，处理外交事务有岸田文雄等），不仅巩固了自身的"朋友圈"，还展现出鲜明的领导力。与之形成对比的是，岸田虽效仿安倍任命了不少盟友议员担任党政要职，力图打造以自身为核心的执政团队，但从岸田政府在2023 年的寥寥政绩来看，其执政的效果并不理想（典型例证就是岸田对原内阁官房副长官木原诚二的过度依赖）。究其原因，目前，自民党内派阀政治还是占据主流，他们之间的勾连、密室操盘和利益平衡对于首相的干扰力度最大。岸田个人政治基础薄弱，在自民党内率领的派系势力相对较小（长期为 40 余人，在自民党内为第四大派）。安倍身亡虽然在一定程度上减轻了岸田的压力，但失去安倍约束的保守阵营呈现无序性的"活跃度"，提出的要求和发出的声音更加复杂。以往岸田只需要满足安倍这一"代言人"的要求，但是现在要兼顾各方利益，自身的权威在无形之中遭到了削弱。[①]岸田在派阀的影响下，行为处事越发谨慎。然而，这种谨慎在民众看来是公然的傲慢和不作为。面对大众舆论的不满，岸田只能仓促采取诸如减税之类

---

① 「岸田官邸『統治不全』の戦慄」、『選択』2022 年 11 月号、46 頁。

的应激性"怀柔"手段，试图平息众怒，但相关预案未能充分考虑到合理性和可行性。在左支右绌之下，岸田的领导形象和权威进一步下滑。①

12月，引爆国内舆论的自民党"黑金丑闻"持续发酵，为岸田文雄推动党内改革提供了重要机遇。此次丑闻牵扯最深的正是安倍派。迫于外界舆论压力，12月14日，萩生田光一、内阁官房长官松野博一和经济产业大臣西村康稔、农林水产大臣宫下一郎、总务大臣铃木淳司等"安倍派"重要成员向岸田提交辞呈。岸田在接受辞呈之际，不仅无视"安倍派"抗议，还顺势免去了该派6名成员（涉及副大臣和政务官），几乎完全肃清了党内第一大派在自民党上层的影响力。② 可以认为，尽管此次"黑金丑闻"对自民党和岸田政府都造成了严重损害，但"安倍派"被整顿之后名存实亡，反而在客观上提高了岸田首相在自民党内的权力地位。

## （三）维持和发展"首相主导"型决策过程的底层架构仍存

结合岸田时代"首相主导"决策过程的动荡调整，更值得反思的是，在安倍时期所实现的高度集权格局，究竟在多大程度上是一种系统性的体现，抑或仅源于个人的维持。作为议会内阁制国家，从制度属性来讲，日本的领导人同直接选举的总统制国家的领导人相比缺少一定的独断优势。首相和内阁在进行决策的过程中不得不进行平衡利益、交易和互相协调等政治操作，具有明确但又受到较多限制的职权范围。在安倍执政时期，日本首相拥有的权势和影响力虽然达到新高度，但不可否认的是，同其继任者相比，安倍拥有足以支配政局的强大派阀影响力和高超的政治手腕。一旦权力的维持

① 「増税地獄で支持率はどんどん下がっているのに…自民党内の『岸田おろし』が盛り上がらない根本原因」、PRESIDENT Online、2023年7月19日、https：//president. jp/articles/-/71843？page＝2#goog_rewarded［2023-12-12］。

② 「岸田首相、『安倍派一掃』見送り…松野官房長官ら4閣僚は国会閉会に合わせ交代方針」、読売新聞オンライン、2023年12月12日、https：//www.yomiuri. co. jp/politics/20231212-OYT1T50234/［2023-12-13］；「自民 安倍派の副大臣と政務官6人が交代 後任決まる」、NHK、2023年12月14日、https：//www3. nhk. or. jp/news/html/20231214/k10014288381000. html［2023-12-14］。

与运转在个人手中持续相当长的时间，首相个人的力量往往会被错认为是整个机制的力量。首相的个人行为覆盖、逾越了机制赋予的功能，影响了其有效运作，遮掩了可能存在的问题。如此一来，一旦首相的位置发生更迭，在原来的"首相主导"型决策机制失去个人力量的加持后，缺乏同样能力的继任者很难迅速将之撑起，继而可能引发机制不稳定。

但是，我们不能就此简单地认为安倍时代的结束意味着"首相主导"型政治格局将"人走茶凉"。这是因为，其一，冷战以来特别是安倍时代提出的多项集权改革等措施，至少从体制机制上为"首相主导"型决策提供了稳定的抓手和保障。菅义伟和岸田文雄虽受到不少掣肘，但仍然稳居决策链顶层，掌控着决策权力。其二，即使遭受各种外部冲击，日本政坛的朝野力量对比仍旧非常悬殊，自民党保持稳定的独大格局。这也意味着岸田身兼自民党总裁和首相，能够确保其做出的决策稳定地通过立法程序落地生效。

日本所面临的外部环境的不确定性、统治阶层的危机感和凝聚力的持续加强，也为政治决策机制按照既有轨道前进提供了助力。在世界百年未有之大变局下，中美博弈加剧以及俄乌冲突延宕的持续影响加快了世界秩序的重整，日本未来发展前景并不明朗。日本政治精英据此认为，唯有在强有力的领导人带领下进行切实改革，方能有效应对空前挑战。[1] 这种弥漫在全日本的集体诉求将进一步助推和强化"首相主导"的集权化趋势。

（审读专家：张伯玉）

---

[1]　孟明铭、吴怀中：《试析冷战后日本政治决策机制的演变及影响——安倍政权的调整和重塑》，《东北亚学刊》2020 年第 6 期。

# 日本对外战略调整

## B.12
## 日韩关系调整及对东北亚格局
## 演化的影响

孙家珅　张　勇*

**摘　要：** 当前，随着乌克兰危机长期化发展，国际秩序深刻变革，美国推动亚太盟友为其"印太战略"提供更多帮助，日本寻求在携美遏华中发展战略自主能力，韩国则试图强化维护国家安全的战略环境。因此，在美日韩三国自身战略需求的推动下，东北亚地区"集团对抗"的趋势增强。2023年，韩国总统尹锡悦和日本首相岸田文雄互访，两国领导人重启时隔12年的"穿梭外交"，开启了日韩关系调整和改善的新篇章。在日韩关系调整与美国遏华战略形成共振的背景下，日韩对华政策消极性有所增强，但未来日韩关系前景仍面临诸多严峻挑战，日韩双边关系内生的局限性无法破解，两

---

* 孙家珅，历史学博士，中国社会科学院日本研究所外交研究室助理研究员，主要研究方向为东海问题、日本外交；张勇，法学博士，中国社会科学院日本研究所外交研究室主任、研究员，主要研究方向为日本外交与安全、对外战略与决策机制、东北亚国际关系。

国"积极合作"难以通往"深度结盟",美日韩三边的"非对称关系"将持续影响东北亚格局及周边安全环境演变。

**关键词：** 日韩关系 东北亚格局 穿梭外交 外溢影响

自 1951 年《旧金山和约》签订后,作为美国重构二战后国际秩序的一环,日韩关系在美国的斡旋下得以修复。日本从 1951 年起与韩国开始了旨在建立正常邦交关系的日韩会谈,但李承晚政权时期对日本采取强硬政策,致使日韩关系难以修复。1961 年朴正熙政权上台,在外交层面积极向日本释放善意。1965 年,日韩两国正式建立外交关系,日韩两国开启关系正常化时代。但两国之间的历史问题、经贸摩擦、领土争端等矛盾难以得到妥善解决,两国关系长期陷入相互对立的恶性循环。在美日韩三边关系中,美国与日本、韩国分别是双边传统盟友,美日和美韩之间长期保持密切的安全合作关系,但日韩两国关系始终存在波折。日韩在战略认知上长期存在差异,双边安全互信基础薄弱。两国矛盾不仅包括二战中"强征劳工""慰安妇"等历史遗留问题,还有领土争端、贸易争端等现实问题。无论是 1998 年金大中和小渊惠三发表面向 21 世纪的共同宣言,还是 2015 年朴槿惠和安倍晋三围绕"慰安妇"问题达成协议,尽管关系有所改善,但上一阶段的关系缓和无法为下一阶段的彻底和解奠定坚实的基础。文在寅执政期间,两国关系的定位从"伙伴"降至"邻国",① 两国关系持续走低。

近年来,随着亚太地区在全球安全和经贸架构中的地位不断提升,美国开始加强与部分盟友的合作,以扩大影响力。因此,在当前美国加大遏华力度的背景下,为寻求在国际秩序变革中占据有利位置,日韩关系在美国的推

---

① 《2020 国防白皮书》,韩国国防部,第 173 页,韩国国防部网站,2023 年 2 月 16 日,https：//www.mnd.go.kr/user/mnd/upload/pblictn/PBLICTNEBOOK _ 202102021153057640.pdf [2023-09-25]。

动下逐渐修复。2023 年 5 月 7~8 日，岸田文雄访问韩国，两国时隔 12 年重新启动领导人互访的"穿梭外交"。

# 一　日韩关系改善动因

自 2022 年乌克兰危机发生以来，其所带来的影响不仅局限于欧洲，同时对东亚安全格局也产生了重要影响。随着乌克兰危机长期化发展，国际秩序深刻变革，在美日韩三国自身战略需求的推动下，亚太地区集团对抗的倾向增强。

## （一）美国积极推行"印太战略"，试图影响东北亚地区安全局势

拜登执政后，改变特朗普时期的外交政策并大力修补和强化盟伴体系，重塑美国在地区和全球事务中的主导地位。在"印太战略"中，美国把重塑日韩关系、强化与日韩的同盟关系作为外交战略的优先事项，并在"美英澳三边安全伙伴关系"（AUKUS）、美日印澳"四边机制"（QUAD）等框架下强化与日韩的多边合作。2022 年 2 月，拜登政府发布《印太战略报告》，将加强"美日韩三边合作问题"单独列出，凸显对三边关系的重视程度。长期陷入低谷的日韩关系削弱了三国间的政策协调，是制约构建美日韩三边合作机制的主要因素。[①]

因而，改善日韩关系成为美国主导东北亚地区秩序不得不推进的任务，美国专注结成"小多边"遏华机制，诱使盟友帮助其巩固遏华网络，以更小代价筑牢遏华体系，弥补军力投入等方面的不足。美国为本轮日韩关系的调整创造了外部条件，同时日韩的安全政策指向受到传统冷战思维和美国对外战略的影响，双方对美政策相对稳定、趋同。在尹锡悦上台后，拜登第一时间对其胜选表示祝贺，并强调美韩同盟之于"印太"和

---

① "South Koreans Elect a New President," *Congressional Research Service*, March 15, 2022, https：//crsreports. congress. gov/product/pdf/IN/IN11892 ［2023-09-25］.

平、安全与繁荣的重要意义。① 岸田是第二个与之举行电话会晤的外国政府首脑。②

## （二）日本积极携美韩遏华，并寻求增强战略自主

自岸田内阁上台以来，日本政治右倾化加速发展。日本把乌克兰危机、中美竞争紧张看成国际战略博弈的重要契机，力图撬动和颠覆战后国际秩序。2023 年 3 月，岸田突访乌克兰，成为日本二战后首位出访处于战事与冲突中的国家的首相，宣布一系列对乌援助举措。③ 2022 年 5 月，岸田访问英国时大谈东亚局势。④ 日本企图将乌克兰问题"亚太化"，利用俄乌冲突进行国际战略博弈。

日本加快发展战略自主能力，于 2022 年 12 月通过新版《国家安全保障战略》《国家防卫战略》《防卫力量整备计划》，在新版《国家安全保障战略》中，中国已被定位为"迄今为止最大的战略挑战"。⑤ 韩国则成为日本在东北亚地区首选的战略伙伴。2023 年 6 月，日美举行防务磋商，日本宣称将与美韩等国进一步加强合作，以应对中国和俄罗斯所谓的"单方面改变现状"。⑥ 可见日本挑战地区秩序的野心。

---

① "Readout of Joseph R. Biden, Jr.'s Call with President-Elect Yoon Suk-yeol of the Republic of Korea," The White House, March 9, 2022, https://www.whitehouse.gov/briefingroom/statements-releases/2022/03/09/readout-of-joseph-r-biden-jr-s-call-with-presidentelect-yoon-suk-yeol-of-the-republic-of-korea/ ［2023-09-25］.

② 「岸田首相関係改善へ緊密協力—尹氏当選を歓迎—」、共同通信社、2022 年 3 月 10 日、https://nordot.app/874471877188321280? c＝39546741839462401 ［2023-09-25］。

③ 外務省「岸田総理大臣のウクライナ訪問」、2022 年 3 月 11 日、https://www.mofa.go.jp/mofaj/erp/c_see/ua/page6_000827.html ［2023-09-25］。

④ 「ウクライナの窮状は東アジアでも再現される可能性がある、と日本の岸田首相が警告」、ARAB NEWSJAPAN、2022 年 5 月 7 日、https://www.arabnews.jp/article/japan/article_66759/ ［2023-09-25］。

⑤ 内閣官房「国家安全保障戦略」、2022 年 12 月 16 日、https://www.cas.go.jp/jp/siryou/221216anzenhoshou/nss-j.pdf ［2023-09-25］。

⑥ 「日米防衛相会談 中国の挑発的な行動に懸念 対話の重要性で一致」、テレビ朝日、2023 年 6 月 1 日、https://news.yahoo.co.jp/articles/fe604637101976233fcc7882f9ca2549597a52ca ［2023-09-25］。

### （三）韩国外交策略变化，对加强与美日安全合作态度积极

2022 年 5 月 10 日，尹锡悦以 0.73 个百分点（约 24.7 万张选票）的微弱优势在第 20 届韩国总统竞选中当选。[①] 作为保守派在野党推出的总统候选人，尹锡悦的诸多政策表态都带有明显的"反文在寅"色彩。尹锡悦上台后，将国家定位为"全球枢纽国家"，主张韩国对外战略要更具"全球性"，不再局限于朝鲜半岛并且能够在国际社会发挥一定的作用。[②] 尹锡悦政府外交具有明显的"价值观"倾向，尹锡悦认为，韩日是共享价值观的邻国和伙伴。12 月 29 日，韩国政府公布了韩国版"印太"战略——《自由·和平·繁荣的印度洋-太平洋战略》，指出韩国将"自由、民主主义、人权"等价值作为地区秩序的根本并与共享这些价值观的国家联合。[③] 为打破韩日关系僵局、重启两国穿梭外交营造条件，尹锡悦在 2022 年 8 月的"光复节"和 2023 年 3 月的"三一节"演讲中，均未提及日本殖民统治朝鲜半岛的历史问题。

尹锡悦政权更侧重从战略与安全层面思考与处理中美关系，这就导致东北亚安全结构分裂加剧。韩国历届政府中尹锡悦内阁参与的美日韩峰会次数最多，仅上台第二年就参与了 4 次三边会谈。2023 年 3 月，尹锡悦不仅在美国主导的第二届民主峰会中扮演重要角色，韩国还被邀请作为第三届民主峰会的主办国。

### （四）朝核因素导致日韩对彼此战略需求提升

朝核问题始终是影响日韩关系的关键因素。1998 年 8 月朝鲜试射的大浦洞 1 号导弹飞越日本领空使日本深感威胁，该事件成为日韩关系第一轮

---

① 《第 20 届总统选举特集》，朝鲜日报网，2022 年 3 月，https：//www. chosun. com/election220309 ［2023-09-25］。

② Yoon Suk-yeol, "South Korea Needs to Step up," *Foreign Affairs*, February 8, 2022, https：//www. foreignaffairs. com/articles/south-korea/2022-02-08/south-korea-needs-step ［2023-09-25］.

③ 《韩国版"印太战略"说了什么》，《中国青年报》2023 年 2 月 9 日，第 6 版。

改善的重要契机，时任日本首相小渊惠三邀请韩国总统金大中访日，两国关系开启了新局面。当前半岛安全局势呈现复杂化发展趋势，日韩对彼此的战略需求因此而提升。在朝核谈判停滞、朝韩对话中断和朝鲜被日益孤立的三重困境之下，朝鲜半岛的安全战略形势、和平进程变数增加。鉴于朝鲜的洲际弹道导弹射程可达美国本土，日韩舆论质疑美国"核保护伞"能否及时保护盟国。① 美韩发布的《华盛顿宣言》打破了韩国国内舆论质疑，由此创设全新的协商机制"核咨商小组"（NCG），在韩国持续承诺不自主研发核武器的条件下，美国加大对其提供延伸威慑的力度。② 所谓"朝鲜威胁"亦成为美国增强在亚太军事存在的借口，为日韩在美国协助下构建本国的导弹防御体系提供了机会。美日韩就应对朝鲜形成统一步调，于2022年5月28日发布《针对朝鲜的美日韩三国外长共同声明》，强调安全合作的重要性。③

## 二 日韩关系调整动向

本轮日韩关系调整从过去以朝鲜威胁为焦点升级为关注构建整个"印太"地区自由与和平的"泛地区合作机制"，合作从政治领域扩展到美日韩三边的军事安全、经济、尖端技术和人员交流等领域。

### （一）重启领导人"穿梭外交"，开启两国关系"蜜月期"

在尹锡悦与岸田的首次领导人会谈中，双方就"印太"的有关构想展

---

① Bruce Klingner, *Crisis of Credibility: The Need to Strengthen U. S. Extended Deterrence in Asia*, February 23, 2023, https://www.heritage.org/asia/report/crisis-credibility-the-need-strengthen-us-extended-deterrence-asia ［2023-09-25］.

② 「米韓首脳会談 核の傘の信頼性を確認した」、『読買新聞』2022 年 4 月 28 日、https://www.yomiuri.co.jp/editorial/20230427-OYT1T50263/ ［2023-09-25］.

③ 外務省「アントニー・ブリンケン米国国務長官、林芳正日本国外務大臣及び朴振(パク・チン）韓国外交部長官による共同声明」、2022 年 5 月 28 日、https://www.mofa.go.jp/mofaj/files/100350254.pdf ［2023-09-25］.

开交流，一致同意在谋求构建包容、坚韧、安全、自由且开放的"印太"方面展开合作。① 2023 年 3 月，韩国总统尹锡悦应邀访日，与日本首相岸田举行了 12 年来两国领导人首次正式会晤，双方确认日韩、美日韩合作以及"自由开放的印太地区"的重要性，表示将"共同努力维护基于规则的国际秩序"。仅时隔 52 天，岸田访韩，上次以"穿梭外交"形式访韩是 2011 年 10 月日本首相野田佳彦出访。岸田邀请尹锡悦出席 2023 年 5 月在广岛举办的七国集团领导人会议扩大会议。两国领导人宣布将重启两国财政、贸易、科技等部门的部长级会谈，就双边关系中的重大与敏感问题进行磋商。在领导人"穿梭外交"的牵引下，日韩的双边对话机制全面恢复，战略沟通状况有所改善，两国正式开启双边关系"蜜月期"。

### （二）以应对朝鲜为名，加强军事合作和情报共享

美国针对朝鲜加强在东北亚军事存在，为日韩第二次关系正常化提供了机会。尹锡悦在韩国"光复节"致辞时表示，位于日本的七个美军基地，是遏制朝鲜的最重要支点，可见尹锡悦对于美日韩军事合作的态度。2023 年 4 月，美日韩在距离独岛（日本称"竹岛"）150 公里以外的海域共同开展了针对朝鲜的反潜联演，这也是三国时隔 5 年再次举行以反潜为主题的联合军事演习。② 同月，美日韩进行三国海上联合演训，日本海上自卫队"爱宕"号和美韩两国海军的驱逐舰参加了此次演习，训练设定了朝鲜弹道导弹瞄准的模拟目标，确认了日美韩展开探测、追踪和情报共享的流程。③

---

① 外务省「日韓首脳会談」、2022 年 11 月 13 日、https：//www.mofa.go.jp/mofaj/a_o/na/kr/page1_001401.html［2023-09-25］。

② "The United States, Japan, and South Korea Hold Another Joint Military Exercise with the Theme of Anti Submarine after 5 Years," Reuters, April 3, 2023, https：//www.reuters.com/world/south-korea-us-japan-hold-anti-submarine-drills-counter-north-korea-threats-2023-04-03/.［2023-09-25］.

③ 《日美韩宙斯盾舰训练确认应对朝鲜导弹流程》，共同社中文网，2023 年 4 月 18 日，https：//china.kyodonews.net/news/2023/04/aca60a6f87c2.html? phrase=%E9%9F%A9&words=%E9%9F%A9［2023-09-25］。

同时，日韩"2+2"司局级外交安全对话时隔 5 年重启。① 双方就朝鲜半岛安全局势、两国安全政策合作现状与未来发展方向、合力应对朝核问题等事宜交换意见。两国决定恢复实施 2019 年中断的《日韩军事情报保护协定》，加强以朝鲜半岛为重点的军事情报共享。日韩还决定在此前联合举行反潜演习的基础上，继续开展反导反潜、海上救助联合演习，并改善两国海军因 2018 年"火控雷达照射事件"② 恶化的关系。10 月，以涉朝问题为核心的日韩副外长级战略对话时隔 9 年重启，双方就朝鲜在军事上与俄罗斯加强关系交换意见，③ 以应对朝鲜为名的日韩军事合作成为驱动两国关系改善的重要动力。

### （三）联手搭建"小院高墙"，强化高端技术领域合作

日韩领导人会谈就增强威慑力和应对能力的重要性达成共识，还确认将为构建半导体供应链而加强技术合作。两国商定，促进韩国的芯片制造商与日本材料零部件装备企业联手构建富有韧性的供应链。日本政府宣布解除自 2019 年起实施的对韩半导体材料出口管制措施，并把韩国重新列为出口管理上享受优惠措施的"白名单国家"。④ 韩国亦表示将撤回在世界贸易组织针对日本的诉讼。日韩有意扩大经贸交流并促进相互投资，新设日韩经济安全磋商机制，深化半导体技术合作。在日韩政府的推动下，日本经济团体联合会与韩国"全国经济人联合会"将分别创设"未来伙伴关系基金"，支持两国能源、新兴技术等领域的民间经济项目与青年交流项目。两国将在太空、量子、人工智能（AI）、数码生物、未来材料等尖端科学技术领

---

① 《日韩 2+2 司局级外交安全对话时隔五年重启》，韩联社网站，2023 年 4 月 17 日，https：//cn. yna. co. kr/view/ACK20230417003000881？ section＝search ［2023-10-02］。

② 防衛省「韓国海軍艦艇による火器管制レーダー照射事案」、2018 年 12 月 20 日、https：//www. mod. go. jp/j/surround/radar/index. html ［2023-02-20］。

③ 外務省「14 回日韓次官戦略対話の開催」、2023 年 10 月 5 日、https：//www. mofa. go. jp/mofaj/press/release/press1_001568. html ［2023-10-25］。

④ 《韩国将日本重新列入出口优待对象国名单》，共同社中文网，2023 年 4 月 24 日，https：//china. kyodonews. net/news/2023/04/8c265c58849e. html ［2023-09-25］。

域开展共同研发合作。在上述措施的推动下，一度低迷的日韩经济关系有望恢复。

### （四）韩国主动示好妥协，谋求面向未来的历史和解

历史问题作为根深蒂固的"后遗症"始终困扰日韩关系，成为两国长期互不信任困境的主要根源。尹锡悦在纪念"三一抗日独立运动"104周年的当天发表讲话，认为日本已从过去的"军国主义的侵略者"转变为"携手合作的伙伴"。① 关于劳工问题，日方对韩方于2023年3月6日公布的"以韩方财团代赔的形式向二战被征韩籍劳工进行赔偿的方案"给予"高度肯定"，重申将继承1998年《21世纪日韩新伙伴关系共同宣言》中有关日本对朝殖民统治进行反省并道歉的立场，且以"面向未来"的姿态推动两国相互理解。韩方表示将在历史问题上继续推进日韩磋商，寻求两国在历史问题上的"最终和解"，并力争发展两国"基于共同价值观的伙伴关系"。4月18日，韩国外交部长官朴振接见日韩文化交流基金会主席古贺信行，强调了日韩民间加强文化、学术、人员交流的重要性。② 在历史问题上，日韩均做出缓和矛盾姿态，力图为改善当下关系以及未来可能的战略合作创造条件。

### （五）配合美国打造小多边体系，"戴维营机制"基本确立

2023年8月，美国总统拜登、日本首相岸田文雄、韩国总统尹锡悦在美国戴维营举行的美日韩领导人会议上签署《戴维营精神》《戴维营原则》

---

① 「尹大統領「日本は協力パートナー」独立運動記念日に演説＝就任後初」、ソウル聯合ニュース、2023年3月1日、https：//m-jp. yna. co. kr/view/AJP20230301001000882［2023-09-25］。

② 《韩外长接见日韩文化交流基金会访问团》，韩联社网站，2023年4月20日，https：//cn. yna. co. kr/view/ACK20230418006400881？section＝search［2023-09-25］。

《协商约定》三份文件，组建由三国参与的地区安全合作机制。① 美国白宫国家安全委员会印太事务协调员坎贝尔于 8 月 16 日在智库布鲁金斯学会举行的对话活动中表示，美日韩三国不仅是现在未来也将"锁定"在一起。在戴维营举行的美日韩领导人会议意味着三国合作将"制度化"，即使政权更迭，也将延续合作关系并将就每年定期举行峰会、开展技术投资合作、开通三国政府人士"热线"等议题达成协议。美日韩三方承诺面对影响三方集体利益和安全的地区挑战、挑衅和威胁时，三国政府将迅速进行磋商并共享信息，协调应对。美日韩领导人将启动一系列技术、教育和国防领域的联合倡议，制定防御新步骤。其中包括：建立三方热线电话，以便在发生危机时相互沟通，同意每年举行三国跨军种的联合军演，以及加强网络安全合作等。

美日韩已形成外长、防长、国安顾问等次层级对话机制，现在又将升格至每年单独举行的领导人级别的最高层级对话机制。原本美日、美韩各自进行密切的安全合作，日韩安全合作有限，但现在该机制试图整合三边资源和力量，"戴维营机制"为三国未来在各领域的合作提供了基本原则。三国领导人会谈为日本能够军事介入朝鲜半岛提供了可能性，也为韩国提供了一同介入台海局势的合作可能。

## 三 日韩关系调整对东北亚格局的影响

美国试图通过美日韩三边机制重新塑造地区安全格局，取代以谋求经济发展为主的地区发展逻辑。日韩关系改善对美国推动所谓的"印太战略"至关重要，美日韩三边合作机制将协同七国集团（G7）、"美英澳三边安全伙伴关系"（AUKUS）、美日印澳"四边机制"（QUAD）等平台发挥联动作用。在美国的小多边战略中，美英澳的合作专注于亚太地区的海洋安全，美日韩

---

① "The Spirit of Camp David: Joint Statement of Japan, the Republic of Korea, and the United States," August 18, 2023, https://www.whitehouse.gov/briefing-room/statements-releases/2023/08/18/the-spirit-of-camp-david-joint-statement-of-japan-the-republic-of-korea-and-the-united-states/ [2023-10-02].

的合作则专注于东北亚，特别是朝鲜半岛的安全局势。一旦美日韩的三边安全合作机制得以建立并巩固，将使该合作扩大到其他领域，产生长期而广泛的影响。

## （一）美日韩安全合作给东北亚带来不稳定的地区局势

近年来，美国与其部分盟友不断炒作地区安全问题，导致中国与韩国、日本、菲律宾和澳大利亚等国家的关系紧张，这不仅影响了区域间国家的经贸关系，还可能对地区一体化进程造成破坏。美国以地区热点问题为借口，与日韩多次对台海问题、朝核问题、乌克兰危机等问题进行所谓表态，肆意挑起涉及相关国家核心利益的安全议题，这不仅会消耗东北亚地区国家维护国家安全的战略资源，还可能挑拨区域间的国家关系，造成阵营对立，破坏经贸合作环境。美日韩的安全合作将加剧地区的紧张局势，对东北亚地区自由贸易进程产生不利影响。美日韩强化机制建设后，亦可能在地区层面引发效仿，出现其他小多边机制，比如美菲日、美菲澳等以美国为中心的新安全合作机制，并使其进一步聚焦对华遏制，形成"结构性合力"。美国主导的地区小多边安全合作明显针对中国，这不仅可能破坏中国与部分美国盟伴之间的关系，还可能对地区现有的合作架构造成冲击。自尹锡悦内阁执政以来，韩国配合美日战略遏华的消极性显著提升，在东北亚地区主动形成"美日韩南三角"的基本态势。2023年6月，韩国当选联合国安理会非常任理事国后，美日韩在2024年同时列席联合国安理会，预计三国将在东北亚议题上进行更多协调。

## （二）日韩关系改善对中国周边安全环境产生消极影响

日韩关系改善是美日韩三边合作实施的前提。美国已明确致力于重新强化美日韩三边，并利用日韩积极参与"印太战略"以及日韩与北约强化防务合作，打通美日韩三边与美日印澳"四边机制"以及美国在亚洲与欧洲盟友体系之间的多边联动与合作，形成"结构性合力"，导致中国面对冷战结束以来复合型的"阵营化"和"泛安全化"的周边环境隐患。

目前，日韩仍维持对华协调政策，但与美国遏华战略布局的响应配合趋向加强，在外交、军事安全上日益主张对中国展现强硬姿态，在涉华敏感问题上触碰乃至挑战底线。目前，岸田政府更主张与美方"战略绑定"，对华外交的消极性持续增强，尹锡悦政府外交方针也从前任的"亲朝、近华、疏日"朝着"敌朝、疏华、近日"方向迅速转变。日韩还可能会跟进美国"重点脱钩"或"去风险"的战略部署。在地区供应链、关键技术方面，跟随美国限制对中国出口和投资，对中国的负面效应明显。

# 结　语

在亚太区域阵营对抗、朝鲜试射导弹导致半岛核危机升级、美国利用日韩介入亚洲事务的背景下，日韩两国重启领导人"穿梭外交"，这是自1965年日韩两国建交后实现两国关系的第二次大幅改善。日韩重建各层级双边对话机制，重启安全对话，修复乃至强化军事合作，试图谋求所谓"面向未来"的"最终和解"。

当前，东北亚局势为日韩关系的改善提供了一定的契机。然而，这种关系改善并不意味着美日韩三国已经形成了稳固的同盟关系。美国和日本具有同盟关系，美国和韩国也具有同盟关系，美国在美日韩三边关系中处于绝对的领导地位。同时，美日同盟与美韩同盟是稳定持续的，但日韩关系波折起伏，严重影响美国在亚太区域的战略安排，从而暴露出美国在美日、美韩同盟管理中的两难困境。在同盟管理理论中，三国需要对共同威胁保持相近程度的认知。一个联盟如果想慑止威胁，就要发出明确且强烈的信号，展现自身强烈的决心。① 美日韩三国之间的"非对称"三角关系目前仍面临多重困境和挑战。尽管岸田首相并未在历史和领土等核心问题上做出任何实质性的让步或妥协，但是对大国竞争、海陆权重等不同的安全考量导致日韩战略重点分化。实际上，日韩两国在安全政策、地缘战略和同盟治理等战略层面的

---

① 唐世平：《我们时代的安全战略理论：防御性现实主义》，北京大学出版社，2016，第46页。

分歧和矛盾是美日韩三边关系中的重要因素。尽管美日韩三国在某些领域存在共同利益，但其国家利益并不完全一致。在美日同盟企图介入台湾问题的背景下，韩国担心卷入冲突。当前韩国在经济上受益于中国，在安全上却与中国存在矛盾；安全上受益于美国，但在经济上受到美国打压，美韩同盟存在结构性矛盾。[①] 日本也担心韩国要求日本承担过多的保障韩国安全的义务，从而被卷入朝鲜半岛的纷争。美国在日韩关系中采取的是"非中立"的立场，在推动日韩接近的同时往往更偏袒日本，因而形成了"韩国比日本更担心被美国抛弃，而日本比韩国更担心被卷入一场纷争"的态势。[②] 在安全问题上，只要不危及美日同盟，日本并不想承担过多的对韩防卫义务。

因此，美日韩三边关系的基础并不牢固，未来的发展趋势充满了不确定性。此外，美日同盟和美韩同盟是美国推动北约"亚太化"战略的重要支柱，但日本和韩国在追求"有限自主"和一定程度的"离心"倾向上存在一定的挑战和诉求，日韩关系改善的进程背后仍隐藏着复杂多变的局势和不确定因素。

（审读专家：张晓磊）

---

① 「日韓の戦略的関係再構築への提言—自由で開かれた北東アジア経済圏にむけて—」、平和政策研究所、2022 年 9 月 26 日、https：//ippjapan. org/archives/7063［2023-09-25］。

② Victor D. Cha, *Alignment despite Antagonism：The United States-Korea-Japan Security Triangle* (California：Stanford University Press, 1999), p. 42.

# B.13
# 日美强化同盟的战略动向

卢 昊[*]

**摘 要：** 拜登政府上台以来，积极实施对华竞争遏制。日本始终紧盯中美关系动向，将应对中美博弈给日本带来的战略影响作为首要外交课题，并认为当前优先策略是强化日美同盟，并使其支持自身战略利益。基于此，日本积极维持对美高层政治沟通，推动对美战略继续聚焦亚太；推进军事防务合作，深化日美军事一体化；强化经济安全合作，与美联手构筑"小院高墙"；加强国际战略协调，整合拓展盟伴体系。日本在同盟体制内谋求战略自主的意识与行动日趋明确，在维持"联美制华"态势的同时试图保持"骑墙空间"，并运用多元化战略手段进行同盟管理，扩大自身战略空间。同时，日本运营日美同盟的效果仍受制于两国战略分歧及国内政治因素。

**关键词：** 日美同盟 日本外交 战略自主 亚太

当前，在对华战略上，拜登政府在力图避免对华直接冲突的同时，坚持投资自身与联盟遏华并举，开展综合性、长期性对华战略竞争。作为中美之外重要的"第三方因素"，日本密切关注中美关系动向，并竭力争取在中美之间的有利站位，但基于在战略利益及意识形态上对美西方阵营的依赖以及对中国警戒竞争心理的不断牵引与强化，日本的对外战略仍坚持所谓"日美基轴"，并更加积极强化与美国的同盟关系，企图在同盟管理及战略合作过程中最大限度地实现自身国家利益。当前日本强化日美同盟的活跃行动日

---
* 卢昊，法学博士，中国社会科学院日本研究所综合战略研究室主任、研究员，中国社会科学院东海问题研究中心研究员，主要研究方向为日本外交安全战略、中美日关系等。

益与对中国实施综合制衡的意图，以及追求"战略自主"及维护国际战略地位的目标相结合，对中美日三边关系及亚太地区形势持续产生影响。

## 一　中美竞争态势及日本的战略认知

拜登政府上台以来，高度聚焦"中国挑战"，重视联盟关系、国际规则、意识形态、军事优势和关键技术在维护美国霸权和开展对华战略中的作用，积极布局并实施对华竞争遏制。

2023 年，中美关系起伏明显。2022 年 11 月中美元首巴厘岛会晤一度使 2023 年初中美关系有改善机遇。但 2 月"气球事件"打破中美既定沟通议程，加上美国升级对华科技打压、在台湾问题上挑战一个中国原则，中美关系迅速降温并几乎陷入冰点。6 月，美政府高层开始频繁寻求与中方高层接触，表达加强沟通、管控危机意愿。11 月中旬旧金山亚太经济合作组织（APEC）峰会期间，习近平主席与拜登总统举行会晤，中美元首同意延续并推动巴厘岛会晤共识，使两国关系保持稳定，防止冲突，管控分歧。美方明确承诺"五不一无意"，① 与中方持续开展交往，管控分歧，寻求对话交流合作。目前来看，在可预见的较长时期，中美关系的消极面即竞争因素仍将明显大于积极面即合作因素，但竞争的强度和广度在很大程度上可控。中美双方都接受共存及竞争现实，保持接触，必要时开展合作，并重点围绕有效管控关系中的竞争因素而做出努力。②

在美国积极推动对华竞争的背景下，作为美国在亚太首要盟国同时又与中国有密切地缘政治经济联系的日本，始终紧盯中美关系动向，将应对中美博弈给日本带来的战略影响作为首要外交课题。2023 年日本政府发布的《外交蓝皮书》称，基于俄乌冲突、中美竞争等背景，国际秩序正处于重大

---

① "五不一无意"指不寻求"新冷战"、不寻求改变中国制度、不寻求通过强化盟友关系反对中国、不支持"台湾独立"、无意同中国发生冲突。

② 《达巍：从旧金山峰会看中美关系"新常态"的动向与启示》，澎湃新闻，2023 年 11 月 28 日，https: //www. thepaper. cn/newsDetail_forward_25447302［2024-01-15］。

历史转型期，对立、竞争和协作的局面复杂交织。日本所面临的外交课题空前复杂且严峻。① 与外务省关系密切的日本外交智库国际问题研究所发布的《年度战略报告》称，中美博弈日益深刻影响国际秩序，"双方尽管均有管控关系的意愿，但难以看到根本性扭转局面的可能"。"冷战结束以来，甚至二战结束以来，美国主导的国际秩序的根基受到了威胁，进入了分裂与动荡的新时代。"② 尽管日本政府仍公开强调拓展国际战略视野，推动外交战略多元化，在政策表述上试图淡化日本被中美关系牵引的印象，但实质上，牵动日本外交战略基本取向的仍是中美博弈形势，处理好与美中两国的关系仍是日本外交的关键课题。

日方认为当前日本优先策略是强化日美同盟，并使其支持自身战略利益。日本仍将美国作为其最大战略依靠，并期望利用拜登政府改善同盟关系的"机会窗口"，进一步争取并锁定美方"安全保护"与战略支持，强化日美同盟的威慑力与应对力，积极探讨在传统与非传统安全领域拓展日美合作。

在上述逻辑下，日本在中美之间战略重心与合作姿态方面明显进一步倒向美国，意图获得上述战略利益。这反映出日本对于美国所提供的战略利益更趋重视，以及在国际环境波动下对同盟合作的固有依赖。而且，从国内政治角度看，当前岸田政权执政的稳定在一定程度上离不开美国的支持，美国也对岸田政府积极服从其战略诉求相当满意。日本更加强调在日美同盟体系中主动发挥作用，并设法实现自身的利益目标，特别是军事与外交上的资产及影响力。正如有分析观点指出的，日本外交的主体性不仅不断体现在美国对其同盟管理之外的区域及领域，更日益体现在同盟体制内，乃至与美国的直接交涉中。③

① 外務省「令和 5 年版外交青書」、https：//www. mofa. go. jp/mofaj/files/100523089. pdf［2024-01-15］。

② 日本国際問題研究所『戦略年次報告 2022：「ポスト冷戦」時代の終わりと米国主導の国際秩序の行方」、国際問題研究所、2023 年、https：//www. jiia. or. jp/strategic＿comment/pdf/strategicAnnualReport2022jp. pdf［2024-01-15］。

③ 湯澤武『米中関係を超えて：自由で開かれた地域秩序構築の『機軸国家日本』のインド太平洋戦略」、日本国際問題研究所、2023 年。

## 二 日本强化日美同盟的战略行动

在积极应对中美博弈、优先确保日美合作最大化自身战略利益的思路下，岸田政府主动响应美国战略诉求，在政治、军事防务、经济安全、区域战略等方面强化日美关系，并使其尽可能符合自身战略设计。过去一年，日本强化日美同盟的战略行动如下。

### （一）维持日美高层政治沟通，推动美国战略继续聚焦亚太

2023 年，日美高层保持密切沟通，并结合双方主办多边首脑峰会之机，加强两国首脑交流。为加强同盟合作，岸田于 2023 年 1 月中旬专程访美，与拜登会谈，这也是岸田 2021 年 10 月就任首相后首次访美。此后，拜登于 5 月中旬访日，出席七国集团广岛首脑峰会，其间日美举行首脑会谈。8 月中旬，岸田访美并在戴维营与美、韩首脑举行三边会谈，其间也与拜登举行双边会谈。11 月中旬，岸田再度访美，出席 APEC 首脑峰会。另外，2023 年 1 月中旬，日美以线上方式召开外交与防务 "2+2" 部长级磋商。日美外交及国防高官频繁接触。比如，2023 年 6 月，美国防长奥斯汀访日并与日本防卫大臣滨田会谈，10 月，继任的日本防卫大臣木原稔回访美国，与奥斯汀会谈。日本外务大臣林芳正及其继任者上川阳子多次在国际会议会见美国国务卿布林肯，强化 "信任关系"。经过多轮磋商，日美双方已经敲定，2024 年 4 月，岸田以国宾身份访美，"向世界展现牢固的日美关系"。这也是安倍晋三在 2015 年访美后，日本首相再次以国宾身份受邀访美。[①]

通过首脑外交与高层对话，日美力图深化并彰显 "同盟团结"，推动所谓 "同盟现代化"，并日致力于 "创造在各领域深化日美紧密合作的机会"。日美相互支持对方在 2023 年主办 APEC 峰会及七国集团相关会议，发挥

---

[①] 「岸田首相、日米首脳会談へ意欲 『強固な同盟示す機会』」、『日本経済新聞』2024 年 1 月 29 日。

"领导作用",推动各方"向共同的目标和价值观前进"。围绕国际战略形势特别是俄乌冲突,双方强调对彼此立场的全面支持,并号召其他"民主盟国"共同援乌抗俄。① 同时,日本在对美交涉中尤其强调,日美正面临"前所未有的严峻且复杂的安全环境",双方在共同应对欧洲安全危机的同时,仍需聚焦亚太地区安全特别是"中国因素",共同反对一切"单方面改变现状的尝试"。美国继续重申《日美安保条约》的有效性、包括核及常规军力的"对日防卫职责",还与日方反复强调"台湾海峡和平稳定的重要性"。② 通过高层政治沟通,日美企图不断消除关系中不确定性,不断为战略合作注入动力。同时,两国领导人也试图通过双边关系的所谓"外交成果"获得国内政治资本。

## (二)推进军事防务合作,深化日美军事一体化

2023 年 1 月 12 日,日美在华盛顿举行外交与防务部长级"2+2"磋商,宣称推进"同盟现代化"、扩充同盟战略网络并优化同盟军力部署,美国强烈支持日本大幅增加国防预算、发展具有先发制人色彩的"反击能力",并就如何行使"反击能力"与日方集中磋商日美职责和任务分工。③ 以强化同盟威慑力和应对力为目标,日美力图强化从指挥机构到一线部队的联动能力,乃至构建"战事发生之际"统一调动两军的机制,实现战略战术体系融合。驻日美军司令部与日本自卫队新设的"统合司令部"间建立强有力协调机制。日方积极支持驻冲绳美海军陆战队在 2025 年前整编为海军陆战队濒海作战团(MLR)。双方加紧推动美普天间机场搬迁至名护市边野古,

---

① 外務省「日米首脳会談」、2023 年 5 月 18 日、https://www.mofa.go.jp/mofaj/na/na1/us/page4_005887.html[2024-01-15]。

② 参见外務省「岸田総理大臣のフランス、イタリア、英国、カナダ及び米国訪問(2023 年 1 月 9 日 -15 日)」、https://www.mofa.go.jp/mofaj/erp/we/page4_005738.html[2024-01-15];外務省「岸田総理大臣の米国訪問(2023 年 11 月 15 日 -19 日)」、https://www.mofa.go.jp/mofaj/na/na1/us/page7_000128_00001.html[2024-01-15]。

③ 防衛省「日米安全保障協議委員会(2+2)共同発表」、2023 年 1 月 11 日、https://www.mod.go.jp/j/approach/anpo/2023/0112a_usa-j.html[2024-01-15]。

在马毛岛基地建成后将美军航母舰载机起降模拟训练转入该基地，并从 2023 年 11 月起将临时驻扎在鹿屋基地的美军"MQ-9"无人侦察机转至冲绳，共同使用美军冲绳嘉手纳弹药库等设施。通过上述举措，日美共同推动以冲绳为中心的西南诸岛"要塞化"，聚焦"岛屿作战"场景，提升联合军演频次并强化实战性。例如，2023 年 2 月中旬至 3 月中旬，日本自卫队"水陆机动团"和美国海军陆战队首次在日本国内举办"铁拳"军演（以往均在美国举办），开展"离岛防卫演习"，同期，日本海上自卫队与美国海军也在九州及冲绳附近海域开展联合训练。2023 年 10 月，日本陆上自卫队在冲绳与九州与美国海军陆战队举行"坚毅之龙"军演，全面演练"夺岛能力"并首次使用 2023 年 3 月底启用的石垣岛驻地。

在军事防务合作中，日美尤其注重关键装备技术合作，日本谋求通过美国支持迅速建成"反击能力"，构建针对战略对手的"不对称威慑"。[1] 根据 2023 年 8 月日美首脑在戴维营的会谈决议，双方确定共同开发新型导弹，用于拦截"中、俄、朝正积极开发的"高超音速武器，并将装备在日海上自卫队新服役的宙斯盾驱逐舰上。[2] 2023 年 11 月，美国国务院批准向日本出售 400 枚"战斧"巡航导弹，总价值为 23.5 亿美元。日本计划借部署该导弹来填补升级本国产 12 式反舰导弹的"空白期"，尽早形成战区外远程打击能力。日美还携手强化太空军事合作，共享军民两用卫星网络，提升侦察监控能力及导弹预警拦截能力，乃至摸索进行天基攻击性武器研发。2023 年 9 月，美国太空军作战部部长在东京表示，日美将推进新设美驻日太空军，负责地区的卫星通信、武器系统信息和导弹预警等，支持两军联合作战。[3]

---

[1] 「反撃能力・防衛費増で安保政策転換　米国と統合抑止」、『日本経済新聞』2023 年 2 月 16 日。

[2] 外務省「日米首脳会談」、2023 年 8 月 18 日、https：//www.mofa.go.jp/mofaj/na/na1/us/page1_001786.html［2024-01-15］。

[3] 「防衛相『宇宙領域の優越不可欠』米制服組トップと面会」、『日本経済新聞』2023 年 9 月 25 日。

## （三）强化经济安全合作，与美联手构筑"小院高墙"

日美强调将同盟战略合作由军事防务领域全面扩大到经济领域，以构建更为强韧的双边关系。日本不仅推动本国经济安保战略制定落实，还配合美国对华高科技竞争战略，实施出口管制措施。2023 年 3 月底，日本政府宣布将修改《外汇与外贸法》，对 23 项半导体原材料及设备实施出口管制，同年 7 月，管制措施生效。[①] 2023 年 11 月中旬，日美在旧金山举行了外交和经济部长级"经济政策磋商委员会"（即经济版"2+2"）磋商，声称将摆脱"对特定国家经济依赖"并反对"经济胁迫"，新设旨在强化半导体等重要物资供应链的工作组，推进多边经济框架和两国间信息共享等。[②] 日美为遏制中国高科技发展、争取战略优势，积极牵引其他"民主盟国"共同构筑"小院高墙"，推动"印太经济框架"（IPEF）等机制实施，宣称将继续创设所谓"抗衡经济胁迫"的新国际框架。

在经济安全领域，日美力图在尖端技术及新兴领域加强合作，确立国际主导权并制定规则。2023 年 1 月，日美签署协议，声称将共同推广开放式无线接入网络（Open RAN）以构建"强韧的网络基础设施"，并就新一代核电反应堆及能源安全领域合作达成共识。2023 年 3 月初，日美政府在东京创办了"去碳化城市国际论坛"，邀请亚洲、欧美等地约 20 个城市参加，共同推进减碳及新能源合作。日美还推动量子科学合作，2023 年 5 月，"美日商业和工业伙伴关系"第二次部长会议在底特律举行，双方提出尖端半导体制造合作路线图，并承诺加强在人工智能、生物科技和量子计算等技术方面的合作。[③] 在同月的七国集团广岛峰会上，日美牵头启动"广岛人工智

---

① 「〈社説〉半導体規制は自由貿易との両立が前提だ」、『日本経済新聞』2023 年 7 月 31 日。
② 外務省「日米経済政策協議委員会（経済版 2+2）第 2 回閣僚会」、2023 年 11 月 14 日、https://www.mofaj.go.jp/mofaj/na/na2/us/page4_006063.html［2024-01-15］。
③ 「日米が研究向け AI の開発で連携へ、データ・スパコンを融通、創薬・新材料で競争力強化」、『読売新聞』2024 年 2 月 11 日。

能进程"，并在此后推动制定首个人工智能国际规则。① 日美推动两国国家半导体技术中心及大学科研机构间合作，助力两国企业合作生产尖端半导体。

### （四）加强国际战略协调，整合与拓展盟伴体系

为维持国际霸权，美国正积极整合、拓展其全球、区域盟伴网络，并得到日本的强力助推。作为 2023 年七国集团峰会主办方，日本协助美国主导峰会议程，推动对俄制裁及对乌援助，维护和加强所谓"以法治为基础的自由开放国际秩序"，② 实质上协助美国重振其秩序体制及盟友体系。2023年 7 月中旬，岸田再次参加北约首脑会议，日本与北约宣布升级合作关系，并发布了《个别针对性伙伴关系计划》（ITPP），涵盖日本和北约未来四年的合作内容，涉及网络防卫、太空安全、气候变化、部队一体化等 16 个领域。③ 日本与北约战略合作加强，支持美国整合其欧洲、亚洲同盟体系的行动。同时，在韩国尹锡悦政府亲美外交路线下，日美韩三边关系重新升温。2023 年 8 月中旬，日美韩在戴维营举行三方首脑会谈，宣布开启"日美韩伙伴关系新时代"并发布《戴维营原则》，同意首脑和阁僚至少每年举行一次会谈，并提升安全合作层级。④ 在日本支持下，通过日美韩合作，美国不仅重整了在东北亚的同盟体制，还将韩国进一步纳入其"印太战略"框架当中。

在"印太"地区，日美保持密切战略协调，不仅在"印太战略"框架内推进双边军事防务、经济安全合作，还积极巩固拓展该战略框架，引入更多

---

① 「G7、生成 AI で初の包括ルール　偽情報対策などで合意」、『日本経済新聞』2023 年 12 月 1 日。

② 外務省「G7 広島サミット（令和 5 年 5 月 19 日 −21 日）」、2023 年 5 月 29 日、https：//www.mofa.go.jp/mofaj/ms/g7hs_s/page1_001673.html［2023−11−25］。

③ 外務省「岸田総理大臣の NATO 首脳会合出席」、2023 年 7 月 12 日、https：//www.mofa.go.jp/mofaj/erp/ep/page7_000044.html［2023−11−25］。

④ 外務省「日米韓首脳会合及びワーキング・ランチ」、2023 年 8 月 18 日、https：//www.mofa.go.jp/mofaj/a_o/na2/page1_001789.html［2024−01−15］。

外部力量。2023 年 5 月下旬，日美印澳在七国集团广岛峰会期间举行美日印澳"四边机制"（QUAD）首脑会议，一致同意深化"自由开放的印太"构想，支援地区国家建设"强韧的基础设施"，并强调认同四方价值观的一切国家均应成为"印太"框架的一部分。① 2023 年 9 月，日美印澳在纽约联合国大会期间召开四边机制外长会议，重申上述立场。除与北约欧洲盟国加强"印太战略"合作、赞同韩方参与"印太"事务外，日本还主动推动日美菲三边合作，试图将菲律宾完全纳入日美主导的"印太战略"框架。2023 年 6 月中旬，日美菲在东京首次举行三国安全保障事务高官磋商，就深化三方防务合作、共推"印太战略"乃至"维持台海和平"达成一致。② 2023 年 7 月及9 月，日美菲先后在印尼和美国召开三边外长会，表示将加强以"海域态势感知"为核心的安全合作，以及能源、基础设施和数字化等领域的经济合作，还特别表示将针对中国在东海和南海的正当活动采取制约行动。③

## 三　日本强化日美同盟的行动特点及趋势

日本强化日美同盟的行动基于中美战略竞争常态化以及日本在此形势下可借助强化同盟行动争取战略利益最大化的判断。在岸田政府"新现实主义外交"中，对美外交仍是"基轴"，事关日本国家利益及价值观取向，且影响到对外战略的全局形势。当前，日本强化日美同盟的行动有以下特点及趋势。

### （一）在同盟体制内谋求战略自主的意识与行动日趋明确

在日美同盟体制中，日本仍总体上处于从属地位，需要追随美国的战略

---

① 外務省「日米豪印首脳会合」、2023 年 5 月 20 日、https：//www. mofa. go. jp/mofaj/fp/nsp/page1_001702. html［2024-01-10］。
② NHK「日米比 3か国 安全保障担当の政府高官による協議の枠組み設置へ」、2023 年 6 月15 日、https：//www3. nhk. or. jp/news/html/20230615/k10014099961000. html［2024-01-15］。
③ 「日本とフィリピン、安保・インフラ開発で協力拡大」、『日本経済新聞』2024 年 1 月30 日。

指挥；与此同时，美国日趋放任、鼓励日本承担更多同盟权责，加上日本自身战略自主意识不断增强，日本更加强调对外战略中的"日本优先"原则，将日美同盟视为实现本国利益的战略性工具。为此，日本坚持依托日美同盟发展自身，将同盟"体制内发展"作为主要路线，并与另外两条关键路线即自主力量建设以及"民主盟伴"网络构建结合起来，实现"三线并进"。在日美同盟体系中，日本日益明确而坚定地从高度现实主义、权力竞争及自主安全立场出发，谋求战略自主，并强调对同盟的"复合型战略运用"，使日美同盟合作最大限度地符合并服务于日本"安全、繁荣、价值观三位一体"的国家利益核心及对外战略目标。

在同盟体制内谋求战略自主的大方向下，日本不仅积极配合顺应美国战略以争取美方信任和更多承诺，还进一步企图求"预判美国之预判"，主动引导美国行动，以求其行动尽可能地切合日本利益。比如，在当前对美交涉中，日本积极劝说美方聚焦"中国因素"，不因俄乌冲突而将重心转向欧洲，忽视在亚太的战略投入。① 在"印太战略"推进方面，日本积极为美国出谋划策，并试图影响美方决策，包括继续劝说美国重返《全面与进步跨太平洋伙伴关系协定》（CPTPP）区域自贸机制，并在 IPEF 等新建的经济安全合作框架中发挥作用。② 同时，日本更加注重通过同盟合作来增强自身实力。通过锁定美国战略支持、与美国联合行动，力图将盟伴网络、核及常规威慑力、高端两用技术装备等同盟资产转化为自有资产，增强自身国际博弈底气与能力，乃至为未来实现真正意义上的战略自主创造前提条件。

### （二）在维持"联美制华"态势的同时仍试图保持"骑墙空间"

"联美制华"既是美国对日战略要求，也是日本在对华竞争心态驱动下的主动选择。目前，在对华政策上，日本政府奉行协调与制衡并行的政策。

---

① 「米中首脑会談、利益や価値観相いれず　対立続く」、『朝日新聞』2023 年 11 月 16 日。
② 丸谷浩史「問われる日本の覚悟　新たな日米同盟へ」、『日本経済新聞』2023 年 1 月 15 日。

协调以经贸领域为主，制衡重在政治安全。岸田"新现实主义外交"承认中国快速发展的现实及对日影响力，主张维持对华关系稳定，但同时认为中方政治体制及对外行动不符合日本利益与价值观。面对中国，日本需坚决捍卫自身利益，并利用美国当前对华竞争战略，强化对华政策上的制衡一面。特别是军事上依托同盟，立足"第一岛链"，构建对中国的"不对称威慑"及"预防性遏制"；经济上在确保从中国这一超大市场持续获益同时，在供应链、战略物资等方面降低对华依赖程度，并试图利用尖端技术优势对中国"卡脖子"；外交上则积极调动"民主盟伴"以加强对华制衡。

在当前俄乌冲突背景下，日本利用其特殊地缘战略区位，配合美国企图同时在战略上制约中俄，这不仅提升了日本对美战略价值，也使日本更有条件在中美之间谋取"前沿红利"。在中美竞争的前提下，日本依托同盟"联美制华"态势将维持，但与此同时，即使强调"同盟优先"，为了应对中美博弈复杂性，谋求己方利益最大化，日本仍谋求在中美之间骑墙操作、两头渔利。在中美之间，日本企图一方面以"关键平衡手"自居，对美、对华抬高要价，捞取实惠；另一方面以"关键调停者"自居，向国际社会展示协调合作形象，捞取政治资本与道义声誉。因此，在可预见时期，日本仍将维持对华协调作为在中美间保持所谓灵活性的关键，同时根据形势变化，"动态调节"自身在中美间的站位：中日矛盾加剧，则侧重借美抑华；美对日强势施压，则向华对美；中美关系改善，则防范两国"越顶"，绕过日本达成交易。基于以往历史经验，日本深知美国在关键时刻不会顾及盟友利益，也不会与盟友提前进行协调。日本不得不采取措施，防范被中美再度"越顶"，并承担因日美战略不同步而造成的风险。①

## （三）运用多元化战略手段进行同盟管理并扩大自身战略空间

在发展同盟关系过程中，日本日益强调战略手段多元化。在传统军事、

---

① 「〈社説〉米中対話の継続は世界の安定に不可欠だ」、『日本経済新聞』2023 年 6 月 20 日。

外交手段基础上，进一步运用经济、科技、产业乃至社会文化手段，强化日美之间各领域合作，尤其注重在新兴技术领域拓展与美方的共同关切与利益，以及在意识形态领域加强与美方的相互认同，强化价值观纽带，力图将相对单一化的军事同盟完善为综合型战略同盟，使双方更易形成战略共识，且利益交易更具可行空间。在对美交涉中，日本注重各种政策手段的交叉使用与相互支撑，试图稳定管理同盟关系，维持美国对日本合作意愿及能力的信任。同时，在磋商过程中积累有形和无形筹码，即使日方诉求在短期内无法获得美方支持，也可将所得筹码后续用于其他领域或与其他国家的交涉，最终推动形成有利于日本的结果。同时，日本继续针对美国内部各派势力开展工作。特别在 2024 年美国大选背景下，岸田政府不仅继续与执政的民主党阵营密切沟通，还考虑到共和党胜选前景，派出麻生太郎等与可能卷土重来的特朗普阵营预先接触，尝试以"两面下注"方式规避风险。[1]

在积极管理同盟关系、应对中美博弈的同时，日本力图推进多元化外交战略，在全球范围发展合作网络，既借此继续设法影响中美，又进一步在中美之外拓展国际战略空间。在当前俄乌冲突背景下，日本声称"面临国际社会的历史性转折，要引导世界从对立走向协调"，但实质上以意识形态划线，将世界分为"威权国家"、"民主国家"及"发展中国家"三部分，在制造阵营对立的同时，强调与共享价值观的"民主盟伴""志同道合国家"共进退。为此，日本加强与北约及欧盟对接，注重拉拢英、法、德、意等欧洲大国，与其强化全方位战略合作。同时，假借促进和平繁荣、推动自由主义全球化之名，大力开展"全球新南方外交"，积极拉拢亚非拉发展中国家。日本积极运营同盟关系，力图最大限度实现自身利益。但日本也意识到，美国在同盟体系中的优势力量与强势主导决定了日本的运作手段必然面临限制。尽管日美在大的战略方向特别是阻遏中国发展方面拥有明确共识，但在对外战略诸多方面（包括对华具体策略及步调方面），双方仍存在差

---

① 川島真、森聡「米大統領選が変える『米中競争』の行方」、『Voice』第 553 巻、2024 年 1 月、56–67 頁。

异。在此背景下，多元化战略被日本视为实施有效同盟管理、扩大发展空间
的关键。

# 结　语

日本在传统路径依赖及现实形势判断影响下，目前日益倾向于通过强化
与美国同盟、深度融入美国主导的西方阵营，在国际格局变动特别是中美博
弈背景下立于不败之地。日本将美国作为最大依靠，在战略上做出加强依附
美方、努力履行同盟义务的姿态；但同时，日本利用同盟实现自身利益乃至
为战略自主进行力量积聚的意识与行动显著增强。在过去一年，日美在政治
协调、军事防务、经济安全、区域战略等领域的合作持续推进，日本在上述
领域积极响应美国的诉求，并努力将合作成果纳入自有战略资产范围。在美
国的支持下，日本在同盟体系中日趋扮演重要角色，乃至在特定场合发挥主
导作用。比如在军事防务方面，一贯以来自卫队是"盾"、美军是"矛"的
关系已在发生变化。在推动"印太战略"方面，相比战略姿态保守且背负
霸权主义形象的美国，日本依靠自身亚洲外交传统及国际形象优势，更频繁
地出面牵头协调，试图领导区域合作。但在总体战略上，日本毫无疑问仍需
服从美国，并通过服务于美方战略而获得其支持。因而，在同盟"体制内
发展"，最大限度地争取自由与实利仍是日本的基本办法。

接下来一段时间，日本对日美同盟的运营效果以及中美日关系的走势，
将在很大程度上受到美日国内政治因素影响。2024 年是美国大选年，民主
党与共和党两党竞争激烈。为迎合选民要求，拜登政府政策趋于内向化，乃
至在推进 IPEF 方面日益动力不足，导致日本开始担心该框架可能落空。①
同时，由于特朗普阵营声势高涨，日本对"特朗普冲击"再现的担忧日益
深刻。特朗普已经明确表示，如果重回白宫，他将叫停新日本制铁公司收购

---

① 「IPEF 貿易交渉、漂流の足音　米政治の内向き潮流深まる」、『日本経済新聞』2024 年 2
月 3 日。

美国钢铁公司一事，并将继续在关税、经贸政策方面对盟友施加压力。这对日本运营同盟的手段提出了更高要求，也客观促使日本在同盟体制外"另谋出路"。而在日本国内，岸田政权支持率不断下滑，促使其更急切地追求在对美方向取得"外交成果"，能否维持与美高层"亲密关系"已成为衡量岸田外交能力的重要指标。① 另外，日本国内亦有呼声要求政府更为妥善地处置对中国的关系，同意中国加入 CPTPP。② 围绕美军基地搬迁及部队整编问题，冲绳等地方要求减轻美军基地负担、纠正美国在日本"特权地位"的呼声也在持续高涨。期望稳固执政的岸田及自民党无法忽视上述民意诉求。

在中美博弈形势下，美国仍将持续推动甚至进一步扩大对华战略竞争。这既客观上牵引了日本的战略行动，也与日本自身期望对华加强综合制衡并借此进一步锁定美国信任与支持的主观意图相契合。日本意识到与美方战略利益的差异性，也对未来日美同盟的稳定性存在一定担忧，特别是在共和党可能重夺政权、"特朗普阴影"可能再度笼罩日美关系的情况下。总体上，日本认定美国对华竞争战略具有根本性与长期性，至少在目前的"窗口期"配合美国制衡中国是利大于弊的；但日本也尝试"安全管理"对华关系，避免其走向不可逆转的"恶化"。因此，根据中美权力转移及互动情况，日本将随时"动态调整"其对美、对华政策，日本对日美同盟的运营效果以及中日美关系的走势，将在很大程度上受到日美两国国内政治因素的影响。

（审读专家：张晓磊）

---

① 「社説 政策実現でも信頼回復につなげる国会に」、『日本経済新聞』2024 年 1 月 30 日。
② 比如，2024 年 2 月 9 日，在日本众议院预算委员会上，立宪民主党议员太荣志向岸田质询政府有关中国申请加入 CPTPP 态度一事，并称，基于中国加入 CPTPP 有助于两国关系稳定这一角度，"我（日本）国应该切实助推（中国加入 CPTPP）"。参见《岸田对中国加入 TPP 表达谨慎想法》，共同网，2024 年 2 月 9 日，https：//china.kyodonews.net/news/2024/02/fc7dd33cfa23-tpp.html［2024-02-15］。

# B.14
# 日本-东盟特别峰会：愿景、举措与趋势

白如纯[*]

**摘　要：**　日本高调纪念与东盟友好合作 50 周年，中心举措是在东京举办的"日本-东盟特别峰会"。岸田内阁通过精心筹划，使峰会议程、内容以及发表的"共同愿景声明"体现日本的意图。双方今后的主要目标是以建立相互信赖为基础，通过"三大支柱"尊重东盟的一体性和中心性，强化有意义的、实质性的和互惠的全面战略伙伴关系，以加强跨越代际的、长期的信任关系。日本与东盟关系的走势对地区局势、中日关系乃至中国与东盟关系都会产生不同程度的影响。

**关键词：**　日本-东盟特别峰会　区域经济合作　日本东盟关系

　　日本重视与东盟自上而下构筑全方位双边关系。二战后日本与东盟关系最主要的特征是把经济外交作为优先议题。1973 年，日本与东盟设立"合成橡胶论坛"，日本以此为与东盟"友好合作"的发端。经过精心策划与准备，于建立"友好合作"关系 50 周年节点之际，在 2023 年 12 月 16~18 日，日本邀请东盟各国领导人在东京举办了包括"特别峰会"在内的一系列纪念活动。会议的标志性成果是《日本-东盟友好合作共同愿景声明》，双方表示将加强跨越代际的、长期的信任关系。在世界格局和国际秩序特别是日本"印太战略"深刻调整的背景下，日本希望此次纪念活动能成为拉近其与东盟关系的良机，为未来 10 年乃至 50 年的双边关

---

＊　白如纯，法学博士，中国社会科学院日本研究所外交研究室研究员，主要研究方向为东亚区域合作、日本对东盟政策。

系提供方向指引，双方关系的走势对中日关系、中国与东盟关系都会产生不同程度的影响。

# 一 "特别峰会"成为关系强化的象征

日本-东盟领导人"特别峰会"迄今已举办三次，是除"10+1"峰会、"10+3"峰会及东亚首脑峰会（"10+8"峰会）以及"日本-湄公河首脑会议"（"5+1"会议）等固有合作平台巩固和发展双边关系之外的，一个颇具象征性意义的特殊举措，日本高调举办"特别峰会"旨在营造与东盟国家非同寻常的"峰会外交"气氛。

## （一）日本-东盟特别峰会的缘起

2003年12月中旬，日本举办首次"日本-东盟特别首脑会议"。日本强调这是东盟十国首次齐聚域外举办特别首脑会议（特别峰会），其在"大东盟"形成中发挥了独特的作用。但一个重要背景是，中国率先加入《东南亚友好合作条约》，与东盟签署建立自贸区协议，双边关系走上良性发展轨道。日本举办特别峰会的意图更多是出于平衡中国日益增强的经济实力和地区影响力的目的，以巩固与东盟的传统关系。举办特别峰会的象征性作用：一是凸显日本与东盟国家非同寻常的关系；二是有明确的指向性，即日本依然是东南亚国家的首要合作伙伴，也是东亚地区合作的关键引领者。

首次"日本-东盟特别首脑会议"举办十年之后，2013年12月中旬，第二次"日本-东盟特别首脑会议"再次举行。此次特别峰会的背景，一方面是因钓鱼岛主权争端，中日关系持续紧张，日本意欲争取东盟，特别加强与中国有岛礁主权争议国家的关系，配合美国重返亚太的"再平衡战略"。另一方面，从2010年开始，中国和东盟的贸易额已经超过中国和日本的贸易额，而"东盟+6"的贸易结构已经从以日本为中心转向了以中国为中心。

## （二）日本高调筹备第三次特别峰会

早在 2021 年 10 月召开的日本-东盟首脑会议上，岸田文雄首相就表示将在 2023 年邀请东盟各国首脑到日本召开特别峰会，从而将日本与东盟的关系提升到新阶段。此后，日本政府便启动了特别峰会的筹备工作，并与东盟各国频繁互动，为峰会奠定基调。

日本政府于 2022 年 5 月牵头成立了"日本-东盟友好合作 50 年有识之士（专家）会议"，旨在集中学界和经济界等专业人士的智慧，为政府相关部门筹备特别峰会提供参考和建议。在 5 月 12 日召开的第一次会议上，除了学术界和经济界代表外，时任内阁官房副长官木原诚二出席会议，外务省以及其他相关省厅也派员参加，与会人员就今后专家会议应讨论的事项交换了意见。会议决定，针对政治、安全保障、经济、文化、社会等广泛议题，大概每月召开一次研究会，在 2022 年底进行年终汇总，并于 2023 年 1 月向政府正式提出建议报告。① 此后，研究会基本按照 1 个月左右一次的频率召开，至 2022 年底共举行了 8 次。研究会上，与会专家就日本与东盟关系以及东盟各国政治、外交、安全保障等问题和中国与东盟关系等做专题报告，与会人员就相关话题展开讨论。②

2023 年 2 月 3 日，木原诚二在首相官邸接受了专家会议主席、神奈川大学教授大庭三枝提交的建议报告。该报告分为三部分，在第一部分"现在的日本和东盟各国直面的课题"中，报告指出"大国间在世界和亚洲舞台的对立正在激化……东盟'印太展望'（AOIP）和日本'自由开放的印太'（FOIP）构想必须协调推进旨在实现地区永久稳定与和平、缓和紧张局势的举措；对日本和东盟而言，维持并强化基于自由开放规则的海洋秩序事关地区整体的稳定与和平，是优先度极高的具体课题；克服新冠疫情及其他

① 外務省「日本 ASEAN 友好協力 50 周年有識者会議第一回会合の開催（結果）」、2022 年 5 月 12 日、https：//www. mofa. go. jp/mofaj/a_o/rp/page1_001169. html［2024-02-17］。

② 外務省「日本 ASEAN 友好協力 50 周年有識者会議」、2023 年 4 月 13 日、https：//www. mofa. go. jp/mofaj/a_o/rp/page24_001834. html［2024-02-17］。

危机对经济的打击，活跃经济、实现经济稳定发展是日本与东盟各国的共同课题……双方在维护自由开放的贸易体制的同时，有必要维持强化自由公平的经济秩序"。在此基础上，报告提出：（1）将构筑基于自由开放规则的公正地区秩序；（2）建立经济发展、可持续性和公正性三者协调的共生社会；（3）将培养相互理解和相互信赖作为构筑新日本与东盟合作伙伴关系的支柱。报告在最后部分提出具体的合作领域和项目，例如，在安全领域，报告建议基于东盟各国的具体情况，推进防卫合作，实施自卫队与各国军队的联合训练和演习等；在经济领域，则强调要维持强化自由开放且公平的经济秩序，加强经济安全保障领域的合作，设立类似日美经济版"2+2"会谈的磋商机制；在人文交流领域，则提议促进日本与东盟多层次人才交流和知识、文化交流等。①

与此同时，进入 2023 年，日本政府、日本国际协力机构（JICA）以及相关智库等开始紧锣密鼓地举办各种形式的研讨会，邀请各国专家学者、有识之士等共同回顾日本与东南亚的合作历程，展望未来的合作方向，为纪念日本与东盟友好合作 50 周年营造氛围。2 月 13 日，日本-东盟友好合作 50 周年纪念研讨会在印尼雅加达举行，时任日本外务大臣林芳正向活动发来视频致辞，正式提出 12 月在东京举办特别首脑会议，以纪念日本与东盟友好合作 50 周年，并共同宣布下一个 50 年日本与东盟合作愿景。② 3 月 16 日，日本国际交流基金又在东京举办了国际研讨会，日本首相岸田文雄在视频致辞中再次表示"希望在 12 月召开的特别首脑会议上与各国首脑共同推出新的合作愿景"，并呼吁"日本和东盟向着下一个 50 年共同迈出新的一步"。③

从日本的一系列安排来看，其对这次特别峰会非常重视，希望借 50 周年

① 外務省「日本 ASEAN 友好協力 50 周年有識者会議報告書」、2023 年 2 月 3 日、https：//www.mofa.go.jp/mofaj/files/100454421.pdf ［2024-02-17］。
② 外務省「日本 ASEAN 友好協力 50 周年記念シンポジウムにおける林芳正外務大臣ビデオ・メッセージの発出」、2023 年 2 月 13 日、https：//www.mofa.go.jp/mofaj/press/release/press4_009611.html ［2024-02-16］。
③ 外務省「日本 ASEAN 友好協力 50 周年記念シンポジウム冒頭 岸田総理ビデオメッセージ」、2023 年 3 月 16 日、https：//www.mofa.go.jp/mofaj/files/100474712.pdf ［2024-02-16］。

这一重要时间点强化与东盟各国的关系，为未来 10 年乃至 50 年的日本与东南亚国家关系奠定新的基础。在积极筹备会议的同时，为了给这场重要外交活动做铺垫，进入 2023 年以来，日本积极推动对东盟外交，高层互动表现得日趋积极活跃（见表 1）。日本首相岸田文雄继 2022 年访问柬埔寨、越南、泰国、印尼和新加坡后，在 2023 年访问了新加坡、菲律宾和马来西亚；新任外务大臣上川阳子将东盟四国选为上任后的首批出访国，上任伊始便于 10 月 8~13 日访问了文莱、越南、老挝和泰国，为推进特别峰会做相关准备工作。总体来看，除缅甸之外，2023 年，日本首相和外务大臣利用正式访问、多边会议等场合与东南亚国家首脑等举行会谈，就各自关心的问题交换意见，并寻求各国对举办特别峰会予以支持，从而为特别峰会的议题设置、会议的顺利召开铺路。

表 1  2023 年日本与东南亚国家高层互动情况 （部分）

| 时间 | 会谈级别 | 国家 | 会谈涉及的主要内容 |
| --- | --- | --- | --- |
| 1 月 24 日 | 外长会谈 | 柬埔寨 | 安全保障合作、经济援助、和平构筑、朝核问题、东海与南海形势、缅甸形势、乌克兰局势等 |
| 2 月 9 日 | 首脑会谈 | 菲律宾 | 经济合作、安全保障防卫合作、人员交流、"自由开放的印太"、东海与南海问题、乌克兰局势、朝核问题、缅甸形势、核不扩散等 |
| 3 月 6 日 | 外长会谈 | 印尼 | 海上安保能力、基础设施整备、"自由开放的印太"、乌克兰局势、东海与南海形势、朝核问题、缅甸形势、联合国安理会改革等 |
| 5 月 5 日 | 首脑会谈 | 新加坡 | "自由开放的印太"、俄乌冲突、东海与南海形势、供应链、防卫合作等 |
| 5 月 16 日 | 外长会谈 | 菲律宾 | "自由开放的印太"、东海与南海形势、乌克兰局势、朝核问题、日美菲三国及多国合作、安全保障合作、经济合作等 |
| 5 月 20 日 | 首脑会谈 | 印尼 | 维护基于法治的自由开放的国际秩序、缅甸局势、气候问题等 |
| 7 月 12 日 | 外长会谈 | 马来西亚 | "自由开放的印太"、能源气候问题、经济安全保障、乌克兰局势、东海与南海问题、朝核问题等 |
| 7 月 13 日 | 外长会谈 | 印尼 | 海洋合作、乌克兰局势、东海与南海问题、缅甸形势、朝核问题等 |
| 7 月 14 日 | 外长会谈 | 菲律宾、美国 | 维持强化基于法治的自由开放的国际秩序，对日美菲在海洋安全保障等领域已开展的合作表示欢迎，同意今后进一步选取具体的合作领域，促进三方合作 |
| 10 月 9 日 | 外长会谈 | 文莱 | 能源合作、气候合作、安全保障合作、CPTPP、经济及产业多元化合作、南海问题、缅甸局势、俄乌冲突、巴以问题、朝核问题等 |

| 时间 | 会谈级别 | 国家 | 会谈涉及的主要内容 |
|---|---|---|---|
| 10 月 10 日 | 外长会谈 | 越南 | "自由开放的印太"、经济合作、防卫合作、地区形势、乌克兰局势、东海与南海问题、CPTPP、朝核问题等 |
| 10 月 11 日 | 外长会谈 | 老挝 | 经济援助、安全保障合作、人道援助、救灾能力、文化人员交流等 |
| 10 月 12 日 | 外长会谈 | 泰国 | 经济合作、安全保障、文化人员交流、缅甸局势等 |
| 11 月 3 日 | 首脑会谈 | 菲律宾 | 安全保障防卫合作、经济合作、人员交流、东海与南海问题、巴以问题等 |
| 11 月 5 日 | 首脑会谈 | 马来西亚 | 经济合作、人才培养、人员文化交流、安全保障防卫合作、巴以问题、东海与南海形势、朝核问题、乌克兰局势、缅甸形势、核不扩散等 |
| 11 月 15 日 | 首脑会谈 | 泰国 | 经济合作、安全保障合作、巴以局势、俄乌冲突、东海与南海形势、缅甸局势等 |
| 11 月 27 日 | 首脑会谈 | 越南 | "自由开放的印太"、经济合作、防卫交流、防卫装备品转移、人员交流、维护与强化基于法治的自由开放的国际秩序、东海与南海形势、俄乌冲突、巴以问题等 |

资料来源：笔者根据日本外务省网站公开资料整理得到。

## 二 共同愿景声明体现日本对东盟的外交重点

以纪念"日本-东盟友好合作 50 周年"为主题的特别峰会通过了《日本-东盟友好合作共同愿景声明》，该文件基本体现了前述专家会议提出的报告精神，指出要以相互信赖为基础，通过"三大支柱"尊重东盟的一体性和中心性，强化有意义的、实质性的和互惠的全面战略伙伴关系。① 以"三大支柱"为核心，规划日本与东盟合作的基本面，成为日本对东盟外交的重点课题。

---

① 外务省「日本 ASEAN 友好協力に関する共同ビジョン·ステートメント-信頼のパートナー」、2023 年 12 月 17 日、https：//www.mofa.go.jp/mofaj/files/100601210.pdf ［2024-02-19］。

其一，共同愿景声明强调双方要构筑跨越世代的"心连心"的伙伴关系，并将此支柱作为日本-东盟伙伴关系的基础。共同愿景声明提出要通过强化文化艺术、体育、观光等领域的青少年及人员交流，深化教育合作、学术研究交流合作等合作，进一步培育相互信赖、相互理解和相互尊重的"心连心"关系。这表明日本已经意识到，单靠经济援助或经济合作难以与东盟建立真正的友好关系，二者的关系必须建立在平等、互惠和相互尊重的基础之上。此次双方将"信赖的伙伴"（Trusted Partners）作为共同愿景声明的副标题，就是要着力凸显日本对东盟的定位已经超越了传统的"援助与被援助关系"，"友好合作伙伴"已成为双边关系的关键词。同时，日本重视与东盟构筑"心连心"的伙伴关系也体现了其危机意识。日本外务省进行的"2021年度海外对日舆论调查"显示，"中国已成为东盟国家民众心目中东盟国家今后最重要的合作伙伴"。这是此项调查开展以来，中国的排名首次超过日本。该调查也显示，东盟将中国视为"目前最重要的合作伙伴"，日本和美国分列第二位、第三位。此外，中国成为东南亚域外东盟国家民众"最值得信赖"的国家。① 当前，日本在对东盟贸易投资方面难以与中国抗衡，其将深化民间外交作为未来对东盟外交的重点，旨在以青少年等为目标群体，通过人员交流、促进对彼此文化和传统的理解等方式，潜移默化地营造跨越世代的"亲日"氛围。

其二，共同愿景声明强调日本与东盟要成为共创未来经济社会的伙伴。具体而言，要通过高质量基础设施投资、制度和人才开发等途径强化彼此的联系；支持中小企业和初创企业创新；确保并强化供应链的韧性及可信赖性，增强产业竞争力；采用促进贸易投资便利化和透明公正的开发金融等诸多措施，与东盟共同创造多样、包容、强韧、自由公正、繁荣的可持续的经济和社会，共同应对经济社会问题，确保人类安全。② 日本之所以将东盟视为共创未来经济社会的伙伴，一方面是因为日本深耕东南亚数十年，日本企业

---

① 周蓉：《中国和东盟："双向奔赴"的伙伴》，《光明日报》2022年7月30日，第10版。
② 外務省「日本ASEAN友好協力に関する共同ビジョン・ステートメント-信頼のパートナー」、2023年12月17日、https：//www.mofa.go.jp/mofaj/files/100601210.pdf［2024-02-19］。

最早打入东南亚，在该地区投入巨大，且日本和东盟互为重要贸易伙伴，日本对东南亚能源、资源及市场的需求与东盟国家对来自日本的投资、技术、管理及商品与劳务市场的需求具有互补性。双方合作符合彼此的战略需求。另一方面是因为日本与东盟加强在供应链等领域的合作旨在构筑符合日本利益的以信息数字化为代表的产业链、供应链体系。新冠疫情暴露出的产业链、供应链问题，在大国博弈、地缘冲突的大背景下进一步加剧。日本高度重视以供应链安全为核心的经济安全保障。新冠疫情发生后，日本开始推动日资企业有计划地从中国市场撤离，规划两条主线：一是返回日本国内，二是向东南亚转移。同时，日本此举也是为了迎合美国的战略需求。2022年5月，拜登在东京宣布启动所谓"印太经济框架"（IPEF），日本与越南、印尼等东南亚七国参加了该合作框架，旨在将供应链集中在所谓"友好国家"。日本加紧在东南亚地区围绕产业链、供应链进行布局：一方面是为了维护自身利益，发挥东盟作为全球供应链中重要一环的战略作用；另一方面则是为了拉拢东南亚国家参与由美日主导的"印太"经济秩序的构建，以削弱中国影响力并遏制中国的快速发展。

其三，共同愿景声明强调日本与东盟要成为致力于实现和平与稳定的伙伴。东南亚处于日本"印太战略"的关键区位，争取东盟尤其是该地区个别国家的配合是日本的迫切需要和可能抓手。虽然共同愿景声明提及推进性别平等，强化网络安全和打击恐怖主义、跨国犯罪等内容，但强化包括海洋安全保障合作在内的安全保障合作则居于首要位置。共同愿景声明在开篇之处便强调东盟"印太展望"与日本"自由开放的印太"在促进地区和平、稳定和繁荣方面具有相关的本质性原则，这表明未来日本仍将致力于与东盟共同维护地区和国际秩序，推进"自由开放的印太"作为对东盟外交的重要战略目标。实际上，关于"印太"所包含的地理范围，即便是日美之间也存在差异。但是在各国基于"印太"的所有构想或者提案中，东盟在地理位置上都居于中心。① 自2016年日本提出"自由开放的印太"概念以来，

① 大庭三枝「インド太平洋は誰のものかASEANの期待と不安」、『外交』Vol. 52、2018年、42頁。

日本便积极寻求东南亚国家的支持，并极力将"自由开放的印太"构想和东盟"印太展望"相对接，凸显二者的共性。近期，日本领导人与东盟国家领导人会谈时，几乎每次都要强调与东盟推进落实"自由开放的印太"构想，大力推动"三海联动"，以期达到遏制中国影响力的图谋。

# 三　日本强化对东盟外交：趋势与展望

日本以"友好合作50周年"为契机，加强在东南亚的战略布局，旨在强化在东南亚地区的影响力并配合美国遏制中国。然而，考虑到日本综合国力及其与东盟实力差距的变化，加之东盟各国坚持自身的"中心地位"，不愿陷入大国博弈的地缘政治陷阱，日本的外交攻势恐难以达到预期效果。

## （一）围绕安全保障提供支援将成为重点方向

可以预见，为了推进"自由开放的印太"构想，今后日本仍将延续此前的惯用手法，将海洋问题作为抓手，重点强化与中国存在领土和海洋划界争议的东南亚国家的海洋安全合作。2023年2月9~12日，菲律宾总统马科斯上任后首次访问日本，其间两国签署了七项合作协议，涉及铁路建设、农业合作、情报通信技术合作等，其中尤为引人关注的便是日本自卫队人道救灾协议，该协议着眼于为日本自卫队进入菲律宾参加救援行动提供便利，协议的签署将助推两国建立更为紧密的安全关系，为日后双方签署《互惠准入协定》奠定基础。在会后发表的共同声明中，"两国首脑还对东海、南海形势表示深切担忧，强烈反对依靠武力加剧紧张的行为"。① 11月3~5日，岸田文雄出访菲律宾和马来西亚，这是他就任首相以来首次访问这两个东南亚国家，访问重点在于加强与菲、马的防务安全保障合

---

① 外務省「日・フィリピン共同声明」、2023年2月9日、https：//www.mofa.go.jp/mofaj/files/100457146.pdf［2024-02-18］。

作。在与马科斯的会谈中，两国首脑对双方启动《互惠准入协定》（RAA）的缔结谈判达成一致表示欢迎。日本还与菲律宾签署协议，向菲律宾提供海岸监视雷达系统以提高菲律宾海军的海上状况掌握能力，这也是日本首次应用"政府安全保障能力强化支援"（OSA）来向菲律宾提供设备。①

同时，日本也谋求对与中国关系密切的国家进行重点突破。2023 年 6月 20 日，日本海上自卫队准航母"出云"号和"五月雨"号驱逐舰停靠越南金兰湾国际港，两艘舰船上的人员合计约 600 人，计划与越南海军人员展开交流，意在加强两国的安全合作关系。② 同年 10 月，日本新任外务大臣上川阳子将越南作为上任后的首批出访国之一。越南国家主席武文赏则于11 月 27~30 日对日本进行正式访问，并与岸田文雄举行会谈，正式将两国关系提升至最高层级的"全面战略伙伴关系"，确认努力将两国在各领域的合作提升到新高度，打开合作新局面。③ 在安全保障领域，双方一致同意进一步加强防卫交流，推进防卫装备品转移以及在 OSA 框架下的合作。④

## （二）日本对东盟外交攻势恐难达到预期效果

二战结束后，日本再次将触角伸向东南亚地区，并以经济援助为抓手迅速打开了东南亚市场，在此基础上发展与东南亚各国的关系。日本通过多种渠道，政经结合、朝野合力，在东南亚地区赢得了一定程度的口碑，日本也把东南亚大多数国家当作亲日国家看待。东盟多数国家对日本相对温和友好，尤其是个别国家基于国家利益的考虑，甚至积极主动拉近与日本在政

① 外務省「岸田総理大臣のフィリピン共和国訪問」、2023 年 11 月 3 日、https：//www.
mofa. go. jp/mofaj/s_sa/sea2/ph/page4_006040. html［2024-02-18］。

② 《日本航母"出云"号访问越南，系航母化改装后首次访越》，澎湃新闻，2023 年 6 月 21日，https：//www.thepaper. cn/newsDetail_forward_23567176［2024-02-18］。

③ 外務省「日ベトナム関係のアジアと世界における平和と繁栄のための包括的戦略的パートナーシップへの格上げに関する共同声明」、2023 年 11 月 27 日、https：//
www. mofa. go. jp/mofaj/files/100588779. pdf［2024-02-18］。

④ 外務省「日・ベトナム首脳会談」、2023 年 11 月 27 日、https：//www. mofa. go. jp/mofaj/s_
sa/sea1/vn/pageit_000001_00004. html［2024-02-20］。

治、安全方面的"特殊"关系。① 总体而言，长期以来，日本与东南亚各国的关系是建立在"援助与被援助"基础上的，日本也借助自身的这种优势地位在诸多问题上掌握主导权和话语权。然而，50 多年来，日本和东南亚各国都发生了巨大变化，这种变化也对日本与东盟关系产生了深远影响。

首先，数据显示，2023 年，日本名义国内生产总值（GDP）约合 42106 亿美元，低于德国的 44561 亿美元，排名从世界第三降至第四，时隔 50 多年被德国反超。② 尽管受近几年日元大幅贬值等因素影响，日本 GDP 被德国赶超存在一定的偶然性，但日本经济在泡沫经济崩溃之后长期处于低迷状态确是不争的事实。日本对东盟的基础设施投资等经济合作需要以庞大的经济实力为依托，未来，在财政状况日趋严峻的背景下，日本能否持续向东南亚地区投入巨额资金从目前来看还是未知数。

而与日本综合国力下降、国内经济持续低迷形成鲜明对比的是，东南亚作为世界最有活力的地区之一，经济快速发展，其与日本经济总量的差距正在不断缩小。双方实力地位的变化也导致东盟的话语权不断提升，东盟在与日本的互动中更加注重凸显对自身利益和诉求的主张。在此次特别峰会及会后发布的共同愿景声明中，日本不断强调与东盟构筑"伙伴关系"，强调对东盟"中心性"的支持，实际上也从侧面反映了双方实力的此消彼长。因此，在这种情况下，日本对东盟外交的相关战略诉求难以完全按照日本预想的方向推进，其必须兼顾东盟的声音。

其次，东盟成员国普遍不愿在中美、中日博弈之间"选边站队"。在大国均重视对东盟外交的背景下，东南亚国家注重以平衡外交在大国间寻求实现利益最大化。东盟提出的"印太展望"的重点在于强化自身的中心地位，反对陷入大国地缘政治博弈。东盟内部对加强与日本的安全保障合作存在明显分歧，有东盟成员国外交官表示，"日本与东盟关系的重点是经济，我们

① 白如纯：《日本的东亚峰会外交：背景、路径与启示》，《日本问题研究》2018 年第 4 期，第 6 页。

② 《（财经天下）日本 GDP 为何被德国反超？》，中国新闻网，2024 年 2 月 15 日，http：//www.chinanews.com.cn/cj/2024/02-15/10164166.shtml［2024-02-16］。

希望维持这一点"。① 历史一再证明，不顾东南亚国家的立场和感受，只会招致东南亚国家的反感和反对，在这方面实际上已有先例。冷战期间，一些日本企业在进军东南亚的过程中，只注重商业利益，进行垄断式经营和过度开发，最终招致当地民众的疑虑与防备。1974 年初，时任日本首相田中角荣访问东南亚各国，遭遇大规模的反日集会和游行，即所谓的"东南亚冲击"。为了平息东南亚国家民众的不满情绪，缓和日本与各国间出现的紧张关系、弥补感情裂痕，1977 年 8 月，时任日本首相福田赳夫在菲律宾首都马尼拉发表了后来被称为"福田主义"的演说，提出了改善日本与东南亚关系的新政策宣言：（1）日本不做军事大国；（2）建立"心心相印"的互信关系；（3）以平等合作的立场，为东南亚各国的和平以及繁荣做出贡献。如今，如果日本单方面将自身意志强加给东盟，迫使东盟国家与自身立场保持一致，在大国博弈中"选边站队"，不仅得不到东盟的支持，也无益于地区安全和合作。

# 结　语

在国际变局深刻演进的背景下，日本与东盟的经济合作以及政治、安全关系面临关键抉择。在少子老龄化不断加剧、劳动力不足以及地区局势复杂多变的新形势下，如何重振经济是日本政府面临的严峻课题。东南亚国家资源丰富，年轻劳动力充裕，经济增速较快，潜在消费市场巨大，已成为全球经济版图中最具发展潜力的地区之一。进一步深化与东南亚国家的合作对于日本经济复苏来说至关重要。就战略角度而言，东南亚国家的作用更是不可或缺，与东盟各国携手推进"自由开放的印太"构想、拉拢东盟国家特别是个别与中国存在领土和海洋划界争议的国家，共同遏制中国发展是日本对东盟外交的重要战略目标。然而，从长远角度来看，日本国力的相对衰退与东盟实力的壮大是难以改变的大趋势，东盟国家的实力

---

① 《日本：折腾不断，积重难返》，《光明日报》2024 年 1 月 7 日，第 8 版。

地位与 50 多年前相比，已经不可同日而语。东盟已从被动参与者逐渐演变为地区秩序塑造者。① 面对这种情况，日本需要制定的是符合自身情况及现实的对东盟外交政策，重温"福田主义"的精神，坚持和平国家的定位，与东盟构筑真正的"心连心"的伙伴关系。针对日本对东盟外交的对华指向性，中国可充分发挥与东盟的地理相近、文化相通、经贸密切等优势，努力排除外部因素干扰，持续推动中国与东盟关系健康稳定发展。

（审读专家：张　勇）

---

① 翟崑：《从东盟到"东盟世界"：东南亚地区秩序构建的全球意义》，《亚太安全与海洋研究》2024 年第 1 期，第 38 页。

# 岸田政府"印太新行动计划"及其影响

孟晓旭*

**摘　要：** 　岸田政府继承并发展了安倍政府提出的"印太战略"。着眼于新的形势，岸田政府对"印太战略"加以战略性扩展和升级。2023 年 3 月 20 日，岸田在访问印度期间正式推出"印太新行动计划"。该计划明确提出坚持和平原则与繁荣规范、应对"印太"地区广泛课题、建立"印太"多层连接、安全保障从海洋扩展到太空的四大战略支柱以及相关执行方案等。"印太新行动计划"宣称日本要为"印太"的未来采取新的战略举措，强化基于规则的国际秩序。"印太新行动计划"在新的国际形势下升级了日本的"印太战略"，关注扩大"印太战略"的支持基础，尤其是侧重拉拢"全球南方"国家等发展中国家，以"日本流"的方式在中国周边着力，蓄力打造牵制中国的新框架，这将持续产生重要的影响。

**关键词：** 　岸田政府　印太战略　四边安全机制　全球南方　印太新行动计划

　　日本岸田政府继续推进自安倍政府以来倡导的"印太战略"。2023 年 3 月 20 日，岸田访问印度期间于印度外交部智库世界事务委员会（ICWA）发表了题为《印太的未来——旨在实现自由开放的印太的日本新计划与不

---

\* 孟晓旭，历史学博士，中国社会科学院日本研究所综合战略研究室研究员，主要研究方向为日本政治与外交。

可或缺的伙伴印度携手同行》的演讲，公布了"印太新行动计划"。① 岸田对"印太战略"进行了扩展和升级，明确提出"印太新行动计划"的四大支柱以及相关执行方案等，宣称日本要为"印太"的未来采取举措，强化基于规则的国际秩序。

# 一 岸田"印太新行动计划"的四大支柱

为实现"自由开放的印太"（FOIP）战略，岸田在"印太新行动计划"中提出关于未来"印太战略"的四大支柱，表示要通过对话建立尊重各国历史和文化多样性的规则，加强从南亚、东南亚、太平洋岛国到中东、非洲、中南美、中亚和高加索等地区的外交关系，进一步扩大共享"印太战略"愿景国家的圈子，为实现"自由开放的印太"强化合作。"印太新行动计划"提出的"四大支柱"如下。②

第一大支柱，坚持和平原则与繁荣规范。"和平原则"强调，坚持法治，尊重主权和领土完整，反对凭借实力单方面改变现状的做法。"繁荣规范"提出，构建一个不制造分裂、自由公平公正的经济秩序至关重要，主张维护世界贸易组织（WTO）的规则并以其为基础，与具有追求更高层次自由化意志和能力的国家一起推进《全面与进步跨太平洋伙伴关系协定》（CPTPP）等。在方式上，"繁荣规范"一方面强调自由化程度以及不凭借实力单方面改变现状、不进行经济胁迫等在构建可信赖的经济关系上不可或缺；另一方面强调要制定规则，防止不透明、不公正的开发性金融，并表示日本将推动执行《G20 高质量基础设施投资原则》，促进日本高质量基础设施在海外推广，激发当地经济以及日本自身经济的活力。

---

① 首相官邸「岸田総理大臣のインド世界問題評議会における政策スピーチ」、2023 年 3 月 20 日、https：//www.kantei.go.jp/jp/101_kishida/statement/2023/0320speech.html［2024 - 02-08］。

② 外務省「自由で開かれたインド太平洋（FOIP）のための新たなプラン」、2023 年 11 月 28 日、https：//www.mofa.go.jp/mofaj/fp/pp/page3_003666.html［2024-02-08］。

　　第二大支柱，应对"印太"地区内的广泛课题。岸田将之定位为"印太战略"合作的新支撑点。主要内容是，以"印太式"的现实且实践性的方式，在应对气候与环境变化、世界卫生、网络空间等领域加强合作，提升各国的社会韧性和可持续性。在应对气候变化领域，推进旨在实现"脱碳"和经济增长两者兼顾的"亚洲零排放共同体"构想，并利用官方发展援助（ODA）支援岛屿国家引进可再生能源等。推动地区各国融通储备机制建设，包括推动"东盟+3（日中韩）"紧急大米储备库建设。在卫生领域，以努力实现全民健康覆盖为目标，并为东盟公共卫生紧急事件和新型疾病中心（ACPHEED）发展成为应对东南亚地区传染病的核心机构提供支援。在网络空间领域，打击虚假信息扩散，确保自由公正的信息空间，以及在地区内宣传推广应对虚假信息的知识。

　　第三大支柱，以多层次的连接，实现全域增长。岸田将之定位为"印太战略"的核心要素。该支柱强调加强各国在各方面的连接，实现经济增长，克服脆弱性，并提出三大重点地区。第一个重点地区是东南亚，提出将向"日本－东盟一体化基金"再出资1亿美元，以及在2023年12月底前更新旨在从硬、软两个方面强化连接举措的"日本－东盟全面互联互通倡议"。第二个重点地区是印度所在的南亚，重点是日本与印度和孟加拉国携手合作，共同推进孟加拉湾和印度东北部的产业价值链构想。第三个重点地区是太平洋岛国地区。日本表示为迎接2024年的太平洋岛国峰会，将进一步强化各项举措并加以支持。多层次连接也强调中东、非洲、中南美洲等国家是实现"印太战略"的重要伙伴，表示将推进各种合作。岸田还表示，将尝试着眼于"人"，即培养人才，使"印太战略"不仅仅是停留在国家层面的强化智慧的连接。此外，日本还提出通过"日本－东盟女性创业支援基金"等，连接创业家和投资人。在数字连接上，日本将推广以开放式无线接入网（Open RAN）为首的可信赖的数字化技术，建设完善的信息基础设施，包括铺设海底电缆，以及推进合作落实有关智能城市的具体举措。

　　第四大支柱，从海洋扩展到太空的安全保障和安全利用举措。该支柱再次强调安倍提出的"海洋法治三原则":第一是,各国应依法主张权利;第二是,不能以武力或胁迫方式主张权利;第三是,必须以和平方式解决争端。"印太新行动计划"表示将通过培养人才、加强海上安全机构之间的合作、实施与各国海岸警卫队的联合训练等,支援各国强化海上执法能力以维护自由的海洋。同时,该计划表示将加强打击非法、未报告和无管制(IUU)捕捞活动。在充实海洋安全保障举措方面,"印太新行动计划"提出,推进自卫队与各国军队的联合训练,完善《互惠准入协定》(RAA)、《物资劳务互换协定》(ACSA)等法制基础,并推进与美印的联合训练,开展与东盟各国和太平洋岛国的友好训练等。与此同时,该计划还强调确保太空的安全与和平利用以及从空中掌握海洋状况。为提升空中掌握状况的能力,该计划表示将积极提供警戒管制雷达、培养相关人才、进行人员交流,以及加强卫星的利用、推进相关人才培养和信息共享等工作,包括强化航空部门之间包括无人机技术在内的新技术等的合作。

## 二 岸田提出"印太新行动计划"的动因

岸田提出"印太新行动计划"距离 2016 年安倍提出"印太战略"已过去约 7 年的时间。由于各国对俄乌冲突的态度出现了较大差异,特别是"全球南方"国家的态度与七国集团(G7)国家的态度有很大的不同,日本试图在更大范围内强化"印太战略",通过满足"印太"地区特别是发展中国家的需求以团结占世界绝大多数的"全球南方"国家,在秩序变革期形成所谓"印太共识",强化应对中国的框架。

一是应对新的形势,强化"印太理念",巩固和扩大"印太战略"的支持基础。日本认为,当前国际社会正处于历史的转折点上,日本信奉的自由开放且稳定的国际秩序正面临严重的危机。2023 年 1 月 13 日,岸田在美国约翰·霍普金斯大学高级国际关系研究学院的演讲中表示,俄罗斯对乌克兰的军事行动使世界完全终结了后冷战时期,如果容忍凭借实力单方面改变现状的做法，那么在亚洲和世界的其他地方也会发生同样的事情。① 岸田在"印太新行动计划"中表示，对于当前的国际秩序缺乏任何人都能接受的理念，各国对俄罗斯对乌克兰采取的军事行动所表现出的不同态度就如实反映了这一点，也将保卫和平这一最根本的课题摆在了面前。同时，岸田也认为，与气候和环境、世界卫生、网络空间等相关的各种问题日趋严峻，因此应该把应对和平问题以及诸多的全球性问题加入"印太战略"中。岸田表示，必须再一次明确"印太战略"秉持的理念，为倘若置之不管则恐将走向分裂和对立的国际社会提供一个必须共享的理念，要"重新确认且共同意识到'印太战略'理念的根基是拥护自由和法治"，"尊重多样性、包容性和开放性也同样是'印太战略'的重要理念"。②

二是继续拉拢印度支持"印太战略"。首先，日本将印度视为"印太战略"的起始之地，早在 2007 年，安倍正是在印度发表的演讲中首次将太平洋和印度洋连接在一起，并提出日本将强化与美国、澳大利亚、韩国、加拿大以及欧洲国家的合作，特别是提出了印度是不可或缺的伙伴，构思出"印太战略"的雏形。这也是岸田选择在印度提出"印太新行动计划"的直接原因。其次，日本将印度视为拥有共同价值观和利益的伙伴，认为在不久的将来世界上最大的民主主义国家印度或将成为全球特别是"印太"地区的"关键秩序制定者"。作为 2023 年 G20 轮值主席国，印度总理莫迪明确表示将代表"全球南方"国家发声。岸田政府想要借助印度来影响新兴国家和发展中国家，并在 2023 年 5 月举行的 G7 广岛峰会的讨论中有所体现。对于俄乌冲突，印度回避批评俄罗斯，也未跟随西方阵营进行制裁，甚至还在"爆买"俄罗斯的原油和肥料，特别是印度拒绝日本自卫队援乌飞机在其境内中转，引发日本质疑"印度究竟是否属于伙伴"。为防止印度"脱

---

① 首相官邸「ジョンズ・ホプキンス大学高等国際関係大学院における岸田総理スピーチ」、2023 年 1 月 13 日、https：//www. kantei. go. jp/jp/101 _ kishida/statement/2023/0113spe ech. html ［2024-01-30］。

② 首相官邸「岸田総理大臣のインド世界問題評議会における政策スピーチ」、2023 年 3 月 20 日、https：//www. kantei. go. jp/jp/101 _ kishida/statement/2023/0320speech. html ［2024-02-08］。

轨",日本必须展开对印度的新一轮拉拢。最后,在大国竞争新形势下,未来印度的走向与选择具有重要的战略意义。日本认为,即使美国对华实施经济打压加速"脱钩",但到21世纪30年代,中国国内生产总值(GDP)仍会超越美国,将出现中美并立的情况,到时,中俄阵营与美日澳阵营的GDP大致相当,没有哪方能占据压倒性优势,在这种情况下,极有可能在GDP上超越德日而成为世界第三大经济体的印度的动向与选择就极具战略性。日本还评估,2050年印度的军费将接近美国的63%、中国的86%,今后"印太"地区的经济和安全秩序将取决于印度的行为。尽管日本对印度在俄乌冲突的立场与做法不满,但为了拉拢印度,岸田甚至宣称"世界上有各种各样的价值观,不应将特定价值观强加于人"。①

三是拉拢"全球南方"国家。为形成更广泛的"印太"共识,使"印太战略"得到更多国家的支持,在俄乌冲突背景下,日本更加认识到拉拢数量众多的"全球南方"国家的重要性。2023年1月13日,岸田在美国的演讲中表示,为应对国际秩序正面临的严重危机,重要课题就是强化与"全球南方"国家的关系。岸田提出,世界是多样的,具有不同特色的国家的实力正在相对上升,许多国家在经济发展上增强了自信,渴望在国际社会拥有更大的话语权,但这些国家没有明确而统一的愿景,因此日本要与它们分享国际社会的原则,坚持不能倚仗力量而应该基于规则行事,在能源、粮食、气候变化、卫生等领域推进合作,这对打造下一个国际秩序不可或缺。岸田认为,如果被在国际社会中数量众多的"全球南方"国家所背弃,日本就会成为少数派,诸多政策课题就难以解决。②

四是旨在强化应对中国的框架。当前日本政府重视从战略上应对中国"挑战"。2022年12月,日本内阁会议通过的新版《国家安全保障战略》

---

① 首相官邸「岸田総理大臣のインド世界問題評議会における政策スピーチ」、2023年3月20日、https://www.kantei.go.jp/jp/101_kishida/statement/2023/0320speech.html［2024-02-08］。

② 首相官邸「ジョンズ・ホプキンス大学高等国際関係大学院における岸田総理スピーチ」、2023年1月13日、https://www.kantei.go.jp/jp/101_kishida/statement/2023/0113speech.html［2024-01-30］。

将中国定位为"迄今为止最大的战略挑战"。日本更是从国际秩序层面看到中国的快速发展，并由此在"印太战略"中提出构建基于规则的国际秩序的战略目标。2023 年 1 月 13 日，岸田在美国的演讲中称，中国与日本、中国与美国、中国与世界其他国家之间存在各种潜能，同时也存在诸多悬而未决的问题，更为本质性的问题则是，中国对国际秩序抱有的愿景和主张中有一些与美日不同，但他也提出希望与中国共同对实现包括"印太"在内的国际社会的"和平与稳定"做出贡献。岸田集中在"印太战略"上发力，背后的考虑就包括在共建"一带一路"推动下中国在东盟、太平洋岛国和以斯里兰卡为首的南亚国家的影响力不断提升。

## 三 岸田"印太新行动计划"的推进特点

"印太新行动计划"的战略性更强，合作的重点对象下沉至地区发展中国家，手段更为灵活，涵盖的内容更加丰富，延展至气候、食品安全、环境、国际卫生、网络空间、太空等新领域，目的是推动国际社会走向日本希望的"协调"。

一是采取"日本流"的方式。当前，日本正以不同于美欧的日本式外交，填补因美国影响力下降而产生的空缺。对于推进"印太战略"合作的方法，岸田强调，在扩大"印太战略"合作的进程中以最优化的方式组合各种方法开展工作至关重要，应以官民合作的方式响应各国的需求。日本进一步加强了外交努力，推进官方发展援助的战略运用，并以各种方式扩充官方发展援助。首先，2023 年 6 月，日本内阁会议敲定规定官方发展援助指导方针的新版《开发合作大纲》，推出了新的"提议型合作"方式，即强化官方发展援助与其他运营官方资金的机构之间的合作，根据发展的需求，制定能够发挥日本优势的有魅力的"援助菜单"，并提出方案。其次，日本官方发展援助还引进吸引投资的民间资金的动员型无偿资金合作框架，这主要是向"印太"各国有意愿的年轻人创办初创企业提供援助的"新菜单"，意在动员用于解决经济社会问题的民间资金。就动员民间资金上，岸田表示，目前，日本国会正在审议关于日本国际协力银行（JBIC）的法律修正案。修正案提出，将融资对象扩大到支撑企业供应链的外国企业，可以向在海外开展业务的初创企业出资，从而确保经济安全，并推动民间企业在数字化、脱碳等领域获得发展。与美国推行霸权不一样，岸田的"印太新行动计划"重点强调各国间平等的合作关系，目的是在新兴市场国家中能够得到更普遍的接受。2023 年 5 月 25 日，岸田在第 28 届"亚洲的未来"的演讲中表示，"印太新行动计划"中提出的"印太式"方法是推进"印太战略"的重要理念。"印太式"方法就是接受多样价值、文化和历史，尊重对方，靠近对方，通过对话推进合作，应对各种课题。①

　　二是以东盟国家为主要推进对象。岸田政府重视东南亚地区在"印太战略"中的作用。2023 年 1 月，在美国的演讲中，岸田将东南亚国家视为"全球南方"国家中重要的部分，强调无论国际社会怎样风云变幻，日本与东南亚各国的关系始终是"印太"地区和平与繁荣的核心要素。岸田表示，日本支持东盟提出的"印太展望"，强调日本的"印太战略"与"印太展望"有共同的基本原则，理念也相通。岸田表示，"构筑心连心的关系，作为对等的伙伴携手合作，是日本所开展的东盟外交，也是'印太式'方法的具体实践"②。2023 年 9 月，岸田赴印尼出席与东盟举行的领导人会议，呼吁"共建印太地区国际秩序"，突出共享"法治"原则，并把日本与东盟的关系由"战略伙伴关系"升级为"全面战略伙伴关系"。2023 年 11 月，岸田访问菲律宾，表示将向菲提供海岸监视雷达。日菲两国还同意就《互惠准入协定》（RAA）正式进行谈判，菲律宾有可能成为继澳大利亚及英国后第三个与日本签订 RAA 的国家。2023 年 12 月，日本与东盟召开纪念友好合作 50 周年特别峰会，会议通过《日本-东盟友好合作共同愿景声明》

---

① 首相官邸「日経フォーラム第 28 回『アジアの未来』晩さん会　岸田総理スピーチ」、2023 年 5 月 25 日、https://www. kantei. go. jp/jp/101_kishida/statement/2023/0525speech. html［2024-02-15］。

② 首相官邸「日経フォーラム第 28 回『アジアの未来』晩さん会　岸田総理スピーチ」、2023 年 5 月 25 日、https://www. kantei. go. jp/jp/101_kishida/statement/2023/0525speech. html［2024-02-15］。

及涵盖130项具体合作的《实施方案》，双方倡议"共创新时代"。

三是构筑多层次的连接。在"亚洲的未来"的演讲中，岸田明确表示，"注重着眼于'人'的方法，提高多层次的连接"，"共创"亚洲的未来，把与亚洲各国的合作提升到更高的层面，以强化"印太战略"的基础。"印太新行动计划"强调基于对等的伙伴关系实现多层次的连接，并通过这些连接推动日本与"印太"地区的政府及民间部门等携手合作。"印太新行动计划"承诺，为支援发展中国家和新兴国家占多数的"印太"地区建设基础设施，日本将在2030年前以官民合作的形式投入超过750亿美元的资金，重点推进东南亚、南亚和太平洋岛国的互联互通。"印太新行动计划"推出的孟加拉湾和印度东北部的产业价值链构想除了支援硬件和软件的连接，还将促进日本进行民间投资，与孟加拉国和印度开展合作，培育整个地区的商务和产业发展。日本还宣称要在应对斯里兰卡债务问题上继续引领债权国间的讨论，在债务重组举措上做出贡献。特别是，为强化安全上的连接，2023年4月，日本还提出了新的"友军支援框架"，向外交政策理念相同的"志同道合"的发展中国家提供卫星通信系统、雷达、巡逻艇、小型无人机、无线电台等防卫设备以及完善军事基础设施，全面直接军援发展中国家。11月，日本向菲律宾海岸警卫队提供5套海岸监视雷达，向孟加拉国提供4艘用于警戒监视的警备艇。12月，日本分别向马来西亚和斐济拨款4亿日元用于购买警备艇和救援艇。就与东盟的合作而言，"印太新行动计划"下的多层次连接更为具体。日本在与东盟达成"全面战略伙伴关系"之后，双方在经济安全、海洋安全和培养人才等更广泛的领域推进了更为深入和具体的合作。在日本与东盟纪念友好合作50周年特别峰会上，双方还达成了关于文化交流和农业支援等的130项具体合作，基于"共创"理念联手改善地区经济和社会状况、发展网络经济及实现"碳中和"等。日本强调促进透明公平的发展融资，遵守国际规则和标准，通过高质量基础设施加强互联互通，促进可持续的能源安全和能源转移；在经济安全上，主张共同打造有弹性的可靠的供应链和经济系统，建立重要的矿物供应链，利用数字和绿色技术改善供应链基础设施。

# 四 岸田"印太新行动计划"的影响

"印太新行动计划"旨在削弱中国在亚太地区的影响力，在推动亚太地区摆脱"中国依赖"中孤立中国。"印太新行动计划"除了强调"规则""法治"等之外，还针对俄乌冲突提出了关于"和平"的倡议，加大拉拢"全球南方"国家的力度，将安全合作从"海洋"扩展到"太空"，强调多层次的连接，特别是强化安全领域的新合作，这具有重要的影响。

一是强化美国主导的"印太战略"，恶化中国周边战略安全环境。日本的"印太战略"配合美国，以助力其对华战略竞争中处于优势地位。美国主导的"印太战略"是在东西两端由日印发挥锚定作用，中间由澳大利亚充当枢纽的与中国开展竞争的大体系。在岸田公布"印太新行动计划"之前，3月3日，美日印澳"四边机制"（QUAD）外长会议在印度新德里推进了新的地缘战略议程。3月13日，"美英澳三边安全伙伴关系"（AUKUS）在圣迭戈强化了威慑计划。3月13~19日举行的巴厘岛谈判更是为"印太经济框架"（IPEF）制定了高标准，强化了地缘经济。在这样的背景下，岸田"印太新行动计划"在拉拢"全球南方"国家的过程中将与美国的"印太战略"深度融合，助力美国的"印太战略"在亚太地区加速推进，不仅在战略和安全层面，也包括在经济方面，利用双多边合作机制，推进日本主导的《全面与进步跨太平洋伙伴关系协定》（CPTPP）与美国主导的"印太经济框架"深度对接，以供应链安全及经济安全为由，在"去风险化"的口号下拉拢亚太国家加速对华经济脱钩。而在安全防务领域，日本将进一步深化QUAD下的安全合作，以及与AUKUS加强对接。

二是对地区安全形势具有负面影响。日本是美国在"印太"地区最信任的"代理人"，在美国因俄乌冲突和巴以冲突无法分神兼顾"印太"事务时，日本扩大战略地缘空间，从东海、台海一路延伸到没有声索权的南海，在中国周边搞军事输出，日渐走到台前，操弄遏华包围圈。岸田政府试图在秩序变革期通过升级安倍时期提出的"印太战略"继续引领国际秩序走向，发挥"大国"作用，从国际战略层面入手推动日本"战后体制"转型，全面推动"国家正常化"，这成为影响地区安全的负面因素。在军事大国化战略转型下，日本正将中国作为主要的针对对象加以军事遏制。日本新版《国家安全保障战略》明确将中国视为日本最大的"战略挑战"。日本交付菲律宾的雷达是其在2014年修改"防卫设备转移三原则"后首次出口的防卫装备成品，"友军支援框架"也将日本打造为地区军事装备的提供者。"政府安全保障能力支援"的官方发展援助框架下难以涵盖的军民两用机场和军事港口等基础设施建设，将促进日本实施牵制中国军机访问和军舰战略性停靠，增强在中国周边的军事介入能力。"印太新行动计划"强调尊重主权和领土完整，反对所谓单方面改变现状，并与各国强化海洋和太空合作，更试图阻止中国在东海和南海采取的正当维护措施以及试图阻止中国在台湾问题上维护国家主权。在安全合作上，岸田政府将"印太"海洋安全合作推向实务化和实战化，加速提升与伙伴国互补海洋信息情报及军工技术优势，力推防务安全机制互相"准入"以及后勤防卫设备共同利用，强化海上联合军演及防卫能力。"印太新行动计划"强调强化"印太"海上执法能力，集中拉拢南海相关国家。"友军支援框架"包括支援巡视船、供给器材和强化海上运输基础设施等，其主要支援对象是在南海与中国存有领土及领海划界争端的菲律宾、马来西亚、越南，是日本认为在南海问题上可用于牵制中国的重点国家。基于目前美国忙于应对俄乌冲突及巴以冲突，身为美国盟友的日本有可能在"印太战略"下更加积极地介入地区安全事务，成为南海局势升温的推动因素。此外，在日本与"印太"国家纷纷缔结《防卫装备品和技术转移协定》以及"定例化"频繁参加联合军演的背景下，"友军支援框架"在增强一些国家安全保障能力的同时，也会引发其他国家的安全担忧和激烈对抗，中国周边地区会由此陷入安全困境和军备竞赛。未来，OSA随着适用对象国的增加和"防卫设备转移三原则"对输出武器种类的解禁，或将诱发更多的地缘紧张乃至军事对抗。

三是影响"一带一路"建设的顺利推进。"印太新行动计划"集中提升应对中国快速发展的韧性。安倍政府及菅义伟政府时期的日本"印太战略"

侧重构建美日印澳"四边机制"下建立在价值观基础上的"指导性联盟"等上层体系,"印太新行动计划"则对欧美国家提及不多,而是侧重拉拢作为新兴市场和发展中国家的"全球南方"国家,特别是东盟国家,目标是运用"印太战略"引导"全球南方"国家,提出所谓"我们的印太"(OUR FOIP)①,推动国际社会走向日本希望的"协调"。"印太新行动计划"强调在多个维度开展密切合作,包括进行高质量基础设施建设、经济互联互通、加强人才培养等。"印太新行动计划"在经济"高规则"下,强调制定和普及契合时代要求的规则,主张深化 CPTPP 以及强化"印太经济框架"伙伴间的经济合作,这将削弱"一带一路"在地区的影响力。"印太新行动计划"提出的通过强化"多层次的连接"实现经济增长,就是通过推动各国在各个方面保持联系,避免形成依赖某一个国家的"单一连接",通过连接增加各国的选择,在着眼未来"印太有事"时可以和中国进行对抗,阻碍"一带一路"建设。

# 结　语

日本旨在拉拢更多的国家在支持"印太战略"中强化应对中国的框架,实际上,日本的这种做法很难奏效。地区内的大部分国家并不希望亚太分裂为分别支持美日同盟主导的"印太战略"与"一带一路"的两部分并形成对抗,不愿加入孤立中国的地区框架。东盟认为没有必要站在对立国家之间,主张自身应该发挥中心作用,反对制造地区"阵营化"以及对抗性的做法。即使是作为美日印澳"四边机制"成员的印度也很难如日本所愿,印度是发展中国家,反对国际金融、贸易和应对气候变化等问题由发达国家主导并建构的秩序。从地缘政治角度看,印度背靠欧亚大陆,不可能像美日澳那样在亚太问题上充斥对抗性。面对新的复杂形势,中国要开展积极的外

---

① 首相官邸「岸田総理大臣のインド世界問題評議会における政策スピーチ」、2023 年 3 月 20 日、https：//www.kantei.go.jp/jp/101_kishida/statement/2023/0320speech.html［2024 - 02-08］。

交，推进全方位、多层次、立体化外交，积极改善周边战略环境。特别是要加强与"全球南方"国家的合作，重视"全球南方"国家的关切，相互尊重，互利合作，坚持将东盟作为周边外交的优先方向。高质量发展共建"一带一路"，鼓励印度坚持独立自主外交。从更高理念上看，要坚持地区相互不可分割的安全理念，追求可持续和共同安全，把构建统一的泛亚太安全架构作为长远目标。在具体操作上，通过"一域一策""一国一策"，以经济合作为主，完善次区域合作机制，扩大安全对话平台，推进构建人类命运共同体。

（审读专家：卢　昊）

# B.16
# 地缘战略下的日本中东外交

程 蕴*

**摘 要:** 2023 年岸田内阁提出"印太新行动计划"后,日本的中东外交便陡然活跃了起来。在地缘经济层面,日本将中东视为未来新能源的主要供应基地,与以沙特为首的海合会国家展开了新能源领域的深度合作。在地缘政治层面,日本进一步提升与地区主要国家间的战略伙伴关系,建立定期战略对话机制,并在此基础上发展出"小多边主义"的外交模式。通过这一策略,日本加强了对中东所谓"基于法治"的国际秩序观输出,扩大了"志同道合国家"的范围。然而,日本宣扬的政治理念并未经受住地缘冲突的考验。在应对巴以冲突的过程中,岸田内阁一方面对哈马斯的行动进行批判,另一方面对以色列违反国际法的行为视而不见。这种亲美、亲以的外交姿态,丢弃了日本长期以来标榜的中东外交自主性,必将削弱其在中东的政治影响力。

**关键词:** 岸田内阁 新能源供应基地 小多边主义 地缘冲突 外交自主性

1973 年第一次石油危机爆发后,日本的中东外交基本沿着两条主线发展,其一是确保能源供应稳定,其二是寻求外交突破,尤其体现在第二条上。无论是 20 世纪八九十年代的"国际贡献",还是 21 世纪初的反恐战争,抑或伴随反恐而生的海外派兵,这些对战后日本和平外交路线的突破几

---

* 程蕴,政治学博士,南开大学日本研究院副研究员,主要研究方向为战后日本中东外交、日本安全战略等。

乎都是以中东为舞台实现的。因此，对于日本来说，中东外交作为一个试点，往往会在总体外交战略之外保留自己独特的运行逻辑。

不过，日本的中东外交在 2021 年 10 月岸田文雄执政后逐渐发生了改变，越来越从属于其整体外交战略——"自由开放的印太"。这一变化清晰地反映在近几年来历任外务大臣在国会发表的外交演说中。此前的演说往往将日本外交分为若干领域，其中，"自由开放的印太"与中东外交并列存在。这反映了中东外交的重要性，但在某种程度上也暗示二者之间具有相对独立性。① 然而，自林芳正担任外务大臣后，外交演说的内容与结构都相较以往有了大幅调整，"自由开放的印太"等"处于历史转换期"的日本外交方针与日本外交面临的重大课题被加以突出，而区域外交则逐渐成为日本整体外交构想下的从属部分，且鲜有提及。② 这种文本上的变动也体现在行动之中，在岸田执政的 2022 年，中东很少出现在日本外交的重要议程中。

不过，当岸田完成前期战略布局，提出烙有自己印记的"印太新行动计划"后，中东外交作为该计划不可或缺的一部分，在 2023 年陡然活跃起来。在地缘经济层面，日本相继提升与该地区重要国家间的双边关系层次，试图构建全新的能源供应链；在地缘政治层面，日本加强了对中东国家的政治理念灌输与国际秩序观引导，尝试以小多边主义凝聚政治力量。然而，日本外交战略在中东的推进并非一帆风顺。2023 年 10 月以来，以色列对加沙地区的进攻以及胡塞武装对途经红海商船的袭击，使日本在中东面临地缘冲突考验。正是这一考验将岸田内阁不同于安倍时代的中东外交特征充分体现了出来。本报告将从地缘经济、地缘政治以及地缘冲突三个方面总结 2023 年的日本中东外交。

---

① 茂木敏充「第 204 回国会における茂木外務大臣の外交演説」、2021 年 1 月 18 日、https：//www. mofa. go. jp/mofaj/fp/pp/page3_002995. html ［2024-01-20］。
② 林芳正「第 211 回国会における林外務大臣の外交演説」、2023 年 1 月 23 日、https：// www. mofa. go. jp/mofaj/fp/pp/page3_003597. html ［2024-01-20］。

# 一 地缘经济视角下的日本中东外交
## ——打造新能源生产基地

自二战后日本能源结构完成从煤炭向石油的转型后，中东就一直是日本能源供应的重要基地。这一点即使在全球逐渐步入新能源时代的当下也没有发生改变。在日本的战略规划中，即使化石能源未来面临淘汰，中东也因拥有丰富的太阳能资源而在未来新能源供应链中占据一席之地。不过，对于岸田内阁来说，无论是石油还是新能源，其追求的目标都不再仅仅是能源供应的稳定，而是在历史变局下影响全球能源结构，并将其纳入自己所倡导的国际秩序之中。

日本的外交尝试首先出现在石油这一传统能源领域。2022 年俄乌冲突爆发后，国际油价迅速上涨并引发通货膨胀。对此，以美国为首的西方国家为稳定油价，对欧佩克国家提出了增加石油产量的要求。表面上，其目的是稳定国际原油市场，防止油价波动扰乱全球经济平稳运行，但实质上这一呼吁要求欧佩克国家站在亲西方的立场上，变相制裁依赖石油出口的俄罗斯。

日本作为美国的重要盟友自然承担了对中东产油国的说服工作。2022 年 3 月，岸田文雄先后与阿联酋、沙特政要通电话，表明日本对俄乌冲突的立场，希望它们能在欧佩克内发挥主导作用，号召产油国启动闲置产能增加原油供应，以维护国际原油市场的稳定。① 其后，七国集团（G7）首脑会议于 3 月 24 日发表共同声明，宣布将阶段性降低从俄罗斯进口的石油，并要求欧佩克增加对国际市场供应以替代来自俄罗斯的能源。② 然而，以沙特为代表的欧佩克国家并未响应这种旨在废除"欧佩克+"机制（由欧佩克国

---

① 外务省「岸田総理大臣とムハンマド・アブダビ皇太子の電話会談」、2022 年 3 月 15 日、https：//www.mofa.go.jp/mofaj/me_a/me2/ae/page4_005525.html［2024-01-20］。外务省「岸田総理大臣とムハンマド・サウジアラビア皇太子の電話会談」、2022 年 3 月 17 日、https：//www.mofa.go.jp/mofaj/me_a/me2/sa/page3_003242.html［2024-01-20］。

② 外务省「G7 首脳声明」、ブリュッセル、2022 年 3 月 24 日、https：//www.mofa.go.jp/mofaj/files/100321689.pdf［2024-01-20］。

家和以俄罗斯为首的非欧佩克国家组成）的要求。在 3 月 31 日举行的"欧佩克+"部长级会议上，欧佩克国家虽提及产油国应在增加原油供给量问题上发挥作用，但会议的最终结果是维持冲突爆发前的生产调整计划——渐进性增产，并未在计划外额外扩充产能。①

这一顾及俄罗斯立场的结果显然与日本所主张的"基于法治"的国际秩序不符。于是，2022 年 6~7 月，日本在与阿联酋、沙特政要的会谈中，继续以稳定国际原油市场为由，要求两国推进增产计划。② 由于此前两国已保证对日石油供应，且从 6 月起，油价已转入下跌通道（消费国实施金融紧缩导致石油需求减少），因此日本的外交努力并非仅着眼于维持自身的能源安全，而是旨在通过这一呼吁鼓励欧佩克国家单独行动，废弃"欧佩克+"机制，使俄罗斯陷入孤立无援的境地。然而，这一谋划最终未获成功。2022 年 10 月 5 日，"欧佩克+"决定大幅削减原油产量，并将这一生产调整计划延长至 2023 年 12 月。这意味着以沙特为代表的欧佩克国家最终选择站在产油国的立场上阻止油价下跌，而非以政治价值观划线帮助西方制裁俄罗斯。③

日本干预国际石油生产、定价体系的失败完全在意料之中。因为在 1973 年第一次石油危机之后，产油国与西方消费国之间的协调就从未真正实现过。作为石油领域后来者的日本，虽然通过拉近与中东产油国的关系能够解决本国石油供应问题，但从未对整个国际市场的原油供应量和与之相关的油价波动拥有发言权。这一失败经历促使日本政府下定决心在新能源时代提前布局，为后续全面介入新能源的生产、流通、金融等各环节的规则制定

---

① ジェトロ「OPECプラス、第 27 回閣僚級会合で追加増産を見送り」、2022 年 4 月 4 日、https://www.jetro.go.jp/biznews/2022/04/bbe0fe3588b26c02.html［2024-01-20］。

② 外務省「ジャーベル・アラブ首長国連邦産業先端技術大臣兼日本担当特使兼アブダビ国営石油会社 CEO による松野博一内閣官房長官表敬」、2022 年 6 月 6 日、https://www.mofa.go.jp/mofaj/me_a/me2/ae/page3_003336.html［2024-01-20］。外務省「日・サウジアラビア外相会談」、2022 年 7 月 19 日、https://www.mofa.go.jp/mofaj/press/release/press3_000879.html［2024-01-20］。

③ 村井美恵「OPECプラスと原油価格」、中東協力センターニュース、2022 年 11 月、https://www.jccme.or.jp/11/pdf/2022-11/josei02.pdf［2024-01-20］。

打下基础。这也成为 2023 年日本在地缘经济层面推进中东外交的主线。

日本在新能源领域的布局与岸田文雄的"印太新行动计划"密不可分。该计划的主旨如果用一句话来表达，就是在所谓的"历史转换期"统一思想，并在更广、更深层次上推进相关国家之间的联系，普及日本倡导的国际秩序观。日本政府为此设立了四大支柱，分别是：和平原则与繁荣规范、"印太特色"的课题应对方式、多层次的连接以及由"海"到"空"的安全保障和安全利用措施。其中，"印太特色"的课题应对方式是岸田"自由开放的印太"构想新的着力点。而置于这一支柱首位的则是气候变化领域的所谓"印太特色"。在这一领域，日本声称要引领绿色市场的发展及相关领域的创新合作，为实现全球绿色转型做出贡献，并以"亚洲零排放共同体"为核心，创造新的市场需求与规范。①

新能源领域是近年来各国经济发展新的增长点。在 2021 年制定的《2050 年伴随碳中和的绿色成长战略》中，日本政府不仅确立了实现"碳中和"的目标，还列举了多种可能的新能源转型方案。② 事实上，在这些方案中被政府寄予厚望的是氢能源、燃料氨以及燃料电池。日本试图以其独特的技术路径走一条与众不同的新能源之路。然而，由于日本国内市场狭小，独有的技术创新仅依靠国内市场难以降低成本。于是，为打开东盟市场，2022年岸田提出了"亚洲零排放共同体"构想，并为此不惜抵制欧美淘汰燃煤火力发电的倡议，大肆宣传以燃料氨和煤炭混烧技术降低燃煤电厂碳排放的可行性。③ 由此可见，所谓"印太特色的课题应对方式"首先就是要在经济上打造日本的"后院"，并以此为基础逐渐将日本的影响力扩展至新能源的

① 岸田文雄「岸田総理大臣のインド世界問題評議会（ICWA）における総理政策スピーチ インド太平洋の未来~『自由で開かれたインド太平洋』のための日本の新たなプラン~ "必要不可欠なパートナーであるインドと共に"」、2023 年 3 月 20 日、https：//www. mofa. go. jp/mofaj/files/100477738. pdf［2024-01-20］。

② 内閣官房「2050 年カーボンニュートラルに伴うグリーン成長戦略」、2021 年 6 月 18 日、https：//www. meti. go. jp/policy/energy_environment/global_warming/ggs/pdf/green_honbun. pdf［2024-01-20］。

③ 「日本主導　アジア脱炭素」、『毎日新聞』2023 年 12 月 19 日。

生产、流通、金融等各个环节。

如果说东南亚是日本为其新能源技术寻找的海外市场，那么，中东则是日本规划中的新能源主要供应基地之一。而面对新能源革命，中东国家也面临转型压力。它们一方面需要摆脱过度依赖石油的单一国民经济结构；另一方面需要充分发挥自身天然优势（沙漠地区拥有丰富的太阳能资源），在新能源时代继续保持自己在能源领域的核心地位。

于是，新能源合作便理所当然地成为 2023 年岸田文雄访问中东的重要议题之一。7 月 16~18 日，岸田对沙特、阿联酋与卡塔尔进行访问。在沙特，岸田虽继承了此前两国在尖端科技、医疗、卫生保健领域的合作共识，但转换合作重心，声称要将中东地区打造成新能源与矿产资源供给的全球中心。这反映了日本的"全球清洁能源中心"（global green energy hub）与"全球绿色进程"（global green journey）两个构想。前者致力于日本与沙特在新能源领域的合作，包括太阳能发电系统的铺设完善、氢能与燃料氨的制造与应用、合成燃料（e-fuel）的利用等方面。[①] 后者则将相关矿产资源纳入进来，试图通过对中东地区的开发，构建稀土等关键矿产资源的多元化供给体系。为此，两国首脑达成了《沙特−日本清洁能源合作灯塔倡议》（KSA-Japan Lighthouse Initiative for Clean Energy Cooperation），并声称该倡议将为其他国家和地区制定净零（Net Zero）目标战略和路线图发挥灯塔式的指引作用。这一所谓的"指引作用"就是利用日本的先进技术与沙特在地缘经济上的战略地位（能够提供廉价的可再生能源并处于全球能源贸易路线的中心）共同将海湾地区打造成为日本偏好的氢能与燃料氨供应基地。[②] 与沙特的共识进一步带动日本与海湾阿拉伯国家合作委员会（以下简称海合会，GCC）的合作。岸田在出访期间与海合会秘书长贾西姆·布代维（Jasem Al-Budaiwi）就重启自由贸易协定谈判达成一致。此次重启虽然在很大程度上是由于海合会对自由贸易协定的态度发

① 「日本・中東に脱炭素技術」、『日本経済新聞』2023 年 7 月 18 日。
② 経産省「クリーンエネルギー協力のための日本—サウジアラビア王国間のライトハウス・イニシアティブを発表しました」、2023 年 7 月 17 日、https：//www.meti.go.jp/press/2023/07/20230717001/20230717001.html［2024−01−20］。

生了转变，但双方发现新的合作契合点也是不容忽视的因素。①

在阿联酋，岸田继续推销他的两大构想。不过由于阿联酋国土面积狭小，日本对它的期望与沙特略有不同。对于日本来说，它更重视阿联酋在其"全球绿色进程"构想中所发挥的作用，即与日本携手向亚洲经济的绿色转型提供金融支持，并在半导体和电池等关键领域加强对日投资。这便是所谓的"日本-阿联酋创新伙伴关系"。② 显然，日本的构想不仅包含对新能源生产领域的结构性塑造（中东生产初级产品，日本掌握上游技术和关键设备），还涉及对绿色金融领域资金流动方向的引导与规划。

不过，在新能源领域，中东国家的合作伙伴并非日本一国。中国、韩国乃至欧洲国家近年来都加大了对中东地区的投入力度。③ 所以，对于中东国家来说，其在新能源领域的政策推进更加多元化，也不会完全按照日本设定的路线前进。对于日本来说，为了使自己倡议的亚洲能源转型模式得到国际认可，必须尽快解决新能源大规模生产与运输（压低成本）、绿色转型技术路线验证、绿色金融支持以及相关制度设计等一系列问题。因此，双方在推进过程中的政策聚焦点是存在一定差异的。这也解释了为何当前中东国家中只有阿联酋参与到日本倡议的绿色转型金融框架之中。总之，日本设计好了蓝图，并为之付出了外交努力，但未来前景如何还存在诸多变数。

## 二 地缘政治视角下的日本中东外交
## ——从战略对话到小多边主义

在地缘政治层面上，日本的中东外交面临的问题是如何让中东国家认同

---

① 海合会在 2023 年相继重启了与日本、印度的自由贸易协定谈判，并在年底与韩国正式达成了自由贸易协定。与日本的自由贸易协定谈判是在 2009 年停摆的。当时停摆的原因是，海合会要求日本帮助其发展汽车制造产业，但日本对此态度消极（汽车是日本对中东出口的主力产品）。

② 外务省「日・アラブ首長国連邦首脳会談」、2023 年 7 月 17 日、https：//www. mofa. go. jp/mofaj/me_a/me2/ae/page7_000054. html［2024-01-20］。

③ 「欧・アジア、中東と経済協力」、『日本経済新聞』2023 年 7 月 16 日。

日本的政治理念，支持所谓"基于法治"的国际秩序观。在岸田内阁之前，日本采用的是双边与多边并行的手法，即在双边层次上加强战略对话，在多边层次上利用既有的地区对话机制宣传日本的主张。这两种方式虽然互有补充，但并未有机地联系在一起。为了弥补这一缺憾，岸田内阁在此基础上加入了小多边主义①的模式，企图在双边政治对话的成果与多边政治共识之间架起一座桥梁，从而更加便于凝聚"志同道合国家"的力量。这成为2023年日本在地缘政治层面推进中东外交的主线。

深化与中东国家的政治关系自安倍第二次执政以来一直是日本对中东外交追求的一个重要目标。这不仅是由于中东对日本的能源安全至关重要，还在于其作为世界的"十字路口"，深刻影响重要海洋航线的安全和异质文明间的对话与冲突。管控好中东局势对于日本来说也许不是当务之急，但如果没有中东，所谓"自由开放的印太"充其量不过是东亚区域的有限外溢。而日本所倡导的"基于法治"的国际秩序也无从谈起。从权力平衡的角度来看，日本也需要中东地区稳定。唯有中东稳定，美国才能把更多的军事力量部署在东亚。因此，日本愿意深入中东帮助美国化解地区冲突。同时，它也认为基于自己长年与中东各方构筑的友谊能够发挥别国无法替代的作用。

不过现实往往并不尽如人意。从安倍第二次执政开始，日本就向中东投入了大量外交资源以缓和地区纷争并遏制恐怖主义的蔓延，但这些措施无一例外都没有在遏制冲突、实现和解方面发挥太大作用，以至于日本只能将其视为"长期性政策"。②然而，"长期性政策"的收益往往难以评估，这也是2017年第一次"日本-阿拉伯国家政治对话"举办后一度陷入停顿的原因。直到2021年日本才在线上举办了第二次"日本-阿拉伯国家政治"对

---

① 所谓"小多边主义"，是日本在尚未掌握多边主导权的情况下，将小多边作为双边与多边之间的过渡，通过集合"志同道合国家"凝聚政治力量的一种方式。"小多边主义"中的"小"实质上是用价值观（异或同）来界定参与多边机制的资格，通过对准入资格进行限定，日本可以掌控机制运行的主导权，待该机制运行成熟后，可以此为基础，在更广泛的一般性多边机制中提升话语权。

② 河野太郎「第1回日アラブ政治対話における河野外務大臣スピーチ」、2017年9月11日、https://www.mofa.go.jp/mofaj/files/000291517.pdf［2024-01-22］。

话。也正是在这次对话中，日本向阿拉伯国家发出了建立"基于法治和国际法的海洋秩序"的倡议。①

然而，在不牵涉任何实际利益的情况下，仅通过口头宣传并不能带来令人满意的结果。于是，岸田内阁成立后，便开始着重提升与一些关键国家的战略关系，通过战略对话与互动，寻找政治理念深度契合的所谓"志同道合国家"的国家，再以这些"志同道合国家"为基础向外扩展形成小多边主义，最终在中东构建一种独特的政治运行模式。

按照这一思路，岸田在2023年4月访问埃及时便将日埃关系提升至战略伙伴层次，并将苏伊士运河的航行安全纳入自己的"印太新行动计划"之中。② 总体来看，对于埃及，日本主要还是通过经济杠杆来捆绑双方之间的利益，但在条件较为成熟的国家，日本的行动更为激进。5月25日，日本与阿联酋签订了《防卫装备品和技术转移协定》。这标志着两国之间的战略关系已上升至军事层面。③ 该协定是日本与中东国家签署的第一个军事装备出口协定，这反映出岸田内阁已做好逐步向中东进行军事渗透的准备。

当然军事渗透不仅局限于武器售卖，海外派兵也是一个重要方面。此前日本向中东派兵要么基于区域维和（如1996~2013年自卫队在戈兰高地的维和行动，2003年日本向伊拉克萨马瓦派兵），要么基于海上护航。但岸田内阁时期日本对派往中东的自卫队赋予了新的使命。2022年12月，日本自卫队首次与约旦军方合作，在该国举行了救助、保护、转移在外日本侨民的演习。④ 其后，在2023年举办的日本-约旦第三次、第四次战略对话中，持

---

① 外務省「第2回日アラブ政治対話（結果概要）」、2021年4月1日、https：//www. mofa. go. jp/mofaj/press/release/press4_009035. html ［2024-01-22］。

② 外務省「日・エジプト首脳会談及び昼食会」、2023年4月30日、https：//www. mofa. go. jp/mofaj/me_a/me1/eg/page1_001641. html ［2024-01-22］。

③ 外務省「日・アラブ首長国連邦（UAE）防衛装備品・技術移転協定の署名」、2023年5月25日、https：//www. mofa. go. jp/mofaj/press/release/press7_000016. html ［2024-01-22］。

④ 在ジョルダン日本大使館「令和4年度統合展開・行動訓練の実施」、2022年12月15日、https：//www. jordan. emb-japan. go. jp/files/100435756. pdf ［2024-01-22］。

续推进这一军事演习的重要意义被双方肯定。虽然当前这种军事演习并不意味着日本自卫队会常驻中东，但作为一个先兆，它预示着在地区冲突发生后，日本可以以保护侨民为由，在冲突区附近部署自己的军事力量。

由于与埃及和约旦双边战略关系的提升，日本顺理成章地将始于2021年的三方司局级会谈在2023年9月升格为三方外长级会谈。虽然会谈成果不算引人注目，但它成为日本在中东构建的第一个小多边机制。① 此外，岸田在7月访问中东时，还与沙特之间就设立外长级战略对话达成一致。在9月进行的第一次战略对话中，日本外相林芳正称这一机制为两国关系的"司令塔"，未来将全面指导两国关系发展并协调两国在国际上相互配合。② 与沙特的战略对话进一步扩展到整个海湾阿拉伯国家合作委员会（海合会，GCC）。在其后举行的第一次日本-GCC外长会议上，日本宣称要与GCC国家一道向国际社会展示维护"基于法治"的国际秩序的决心，并共同制定了《日本-GCC行动计划2024-2028》。③ 日本的行动正像林芳正在第三次日本-阿拉伯政治对话中所总结的那样，"（日本）不仅要在阿拉伯联盟、GCC、OIC等固有的地区合作框架下加深（与中东国家间的）对话与合作，还要进一步建立类似目前与约旦、埃及一道推进的新对话机制，拓展小多边主义形式的合作"④。

通过战略对话与小多边主义寻找"志同道合国家"，其最终目标是在整个地区层次上形成赞同日本政治理念和国际秩序观的多数意见。当然，日本也期待这些理念能够反过来影响中东国家间处理彼此关系的方式。客观地说，这种凝聚"志同道合国家"力量的同心圆模式在扩大日本外交的影响

---

① 外务省「中东に関する日本・エジプト・ヨルダン三者閣僚級協議の開催」、2023年9月5日、https：//www.mofa.go.jp/mofaj/me_a/me1/page6_000903.html［2024-01-22］。

② 外务省「第1回日・サウジアラビア外相級戦略対話の開催」、2023年9月7日、https：//www.mofa.go.jp/mofaj/me_a/me2/sa/page4_005988.html［2024-01-22］。

③ 外务省「第1回日・GCC外相会合及びワーキング・ランチの開催」、2023年9月7日、https：//www.mofa.go.jp/mofaj/me_a/me2/page7_000080.html［2024-01-22］。

④ "Speech by Foreign Minister HAYASHI Yoshimasa at the Third Japan-Arab Political Dialogue," September 5, 2023, https：//www.mofa.go.jp/mofaj/files/100548590.pdf［2024-01-22］。

力方面发挥了一定作用。然而,一旦涉及潜在的阵营划分,这种模式的弊端也随之显露了出来。作为对"自由开放的印太"理念的普及,日本在中东最期望达到的政治效果是阿拉伯国家(或者仅仅是部分国家)能够跟随日本的脚步,干涉中国在东海、南海维护自身主权的行为。因此,日本政要在双边战略对话中宣扬"自由开放的印太"理念时,总会从本国角度介绍包括中国与朝鲜在内的东亚局势。然而,即使是约旦这样与日本关系极为密切的国家,在回应时也仅对日本在朝鲜问题上的立场表示支持,并不愿卷入中日之间的纷争。① 在这一局面下,为保证第三次日本-阿拉伯国家政治对话的成功,日本只得将会上关于东亚局势的讨论聚焦朝鲜核问题。这意味着无论战略对话还是小多边机制,都存在一定的政治边界,仅依靠外交方式的改变,并不保证能够达到预期的政治效果。

在地缘政治层面,以小多边主义稳定地区局势并凝聚"志同道合国家"的力量,是岸田内阁推进中东外交的最新方式。然而,一个致命缺陷是日本的小多边主义并非以一种包容性态度吸收各方不同意见,并在此基础上求同存异,而是寻找与自身理念相近,或能以经济杠杆对对方施加影响力的国家组成小集团,再以集团影响力传播某种政治理念。这样做不但对解决问题没有丝毫帮助,反而容易引发不同国家间拉帮结派,诱导形成阵营对立。因此,日本倡导的小多边主义并不能维护中东地区的稳定。而且,小多边主义的推进意味着日本将以更精准的方式对中东投入外交资源。这种投入一方面有助于日本突破之前的政治禁忌,另一方面为其参与重塑中东地缘政治版图提供了抓手。

## 三 地缘冲突视角下的日本中东外交
### ——亲美一边倒外交的初现

中东地区的地缘冲突长期以来都是令日本颇为头痛的问题。从置身事外

---

① 外務省「第 4 回日・ヨルダン外相間戦略対話」、2023 年 9 月 3 日、https://www.mofa.go.jp/mofaj/me_a/me1/jo/page7_000074.html[2024-01-22]。

到被迫表态，再到积极参与斡旋，日本几乎尝试了所有可能的外交方式。然而，无论何种方式，始终贯穿的一个原则就是在各方之间保持平衡。即使这一平衡会在一段时间内因更加偏向某一方而备受指责，但作为底线，日本的中东外交从未出现过"一边倒"的姿态。然而，当以阵营划分为底色的"印太新行动计划"出台后，平衡外交的传统便遭到彻底破坏。2023年底，在应对巴以冲突的一系列外交表态中，岸田内阁在中东首次表现出亲美、亲以"一边倒"的姿态。

2023年10月7日，巴以冲突激化，以色列与伊斯兰抵抗运动（哈马斯）之间的相互进攻在加沙地带造成大量人道主义灾难。两天后，新任外相上川阳子遵照国内指示在出访地文莱与约旦外长进行电话会谈。在会谈中，日本表达了如下立场："关于此次哈马斯等巴勒斯坦武装力量的攻击行为，日本认为无论基于何种理由都不能攻击和绑架无辜平民，故对此进行强烈谴责。另外，由于以色列的军事进攻也导致大量死伤者出现，日本对此深表忧虑。"[1] 显然，这是一种偏向以色列的表态。虽然双方的进攻都导致无辜平民伤亡，但上川在用词上明显指责哈马斯是有意为之，而以色列更像是无心之举。然而，即使带有如此倾向性的表态也是日本政府在冲突初期试探阿拉伯国家底线的稳妥表述。当确认此种表述不会引起阿拉伯国家的激烈反对后，上川在10月10日和13日打给阿联酋与巴勒斯坦外长的电话中，隐去了对以色列攻击行为的"担忧"，转而变为对哈马斯的单方面指责。[2] 即使10月17日，位于加沙地带的阿赫利·阿拉比浸信会医院遭遇袭击，造成大量人员伤亡，岸田在打给沙特、卡塔尔、阿联酋、约旦首脑的电话中依然在单方面谴责哈马斯。对于医院遇袭事件，岸田只表示愤慨，并笼统地呼吁

---

[1]　外务省「日・ヨルダン外相電話会談」、2023年10月9日、https://www.mofa.go.jp/mofaj/me_a/me1/jo/page7_000101.html［2024-01-24］。

[2]　外务省「日・アラブ首長国連邦（UAE）外相電話会談」、2023年10月10日、https://www.mofa.go.jp/mofaj/me_a/me2/ae/page1_001854.html［2024-01-24］；「日・パレスチナ外相電話会談」、2023年10月13日、https://www.mofa.go.jp/mofaj/me_a/me1/palestine/page22_001217.html［2024-01-24］。

保护一般市民，但只字不提对袭击方的谴责与追究。①

很显然，岸田内阁的这种态度完全以美国马首是瞻。在10月27日的联合国大会第十次紧急特别会议上，约旦等48国共同提交了要求以色列与哈马斯进行"人道主义休战"的提案。该提案获得了120个国家的赞成并最终以压倒性多数通过。但在美国和以色列的压力下，一向标榜中东政策自主性的日本投下了弃权票。而面对国内质疑，岸田也只是在11月1日的参议院预算委员会上解释道：之所以弃权是因为决议未对哈马斯的恐怖主义行为加以批判，是政府在考虑整体平衡的基础上做出的决定。② 这再一次表明，岸田内阁在处理国际事务时优先考虑阵营归属，而非国际社会的整体利益。

为筹备11月7~8日于东京召开的G7外长会议，岸田内阁决定临时派遣外相上川阳子于11月2日亲赴以色列、巴勒斯坦和约旦了解当地情况。不过，上川的中东之行非但没有修正亲美、亲以的立场，反而将其进一步展现在全世界面前。在出访过程中，上川表达了以下三个基本立场：（1）对以色列的"反恐"行动予以坚决支持，并对外宣示所谓的"国际连带感"；（2）呼吁各方按国际法行事，但拒绝对以色列入侵加沙地带的行为是否违反国际法做出评判；（3）出于保护平民的考虑，为巴勒斯坦提供适当的经济援助（1000万美元的紧急无偿资金援助、6500万美元的追加援助以及物资援助）。③ 这彻底戳破了长期以来日本倡导建立"基于法治"的国际秩序的虚伪面目。以至于当记者提出以色列扩大地面冲突增加平民伤亡数量是否

① 外務省「日・サウジアラビア首脳電話会談」、2023年10月18日、https://www.mofa.go.jp/mofaj/me_a/me2/sa/page7_000109.html［2024-01-24］；「日・カタル首脳電話会談」、2023年10月18日；「日・アラブ首長国連邦（UAE）首脳電話会談」、2023年10月18日、https://www.mofa.go.jp/mofaj/me_a/me2/sa/page7_000109_00002.html［2024-01-24］；「日・ヨルダン首脳電話会談」、2023年10月19日、https://www.mofa.go.jp/mofaj/me_a/me2/sa/page7_000109.html［2024-01-24］。

② 『第212回国会　参議院予算委員会会議録第二号』、2023年11月1日、36頁、参見国会会議録検索システム、https://kokkai.ndl.go.jp/#/detail？minId=121215261X00220231101&current=1［2024-01-24］。

③ 外務省「上川外務大臣のイスラエル・パレスチナ及びヨルダン訪問（令和5年11月2日~5日）」、2023年11月5日、https://www.mofa.go.jp/mofaj/me_a/me1/page1_001849_00001.html［2024-01-24］。

符合国际法的问题时，上川只能以"日本不给予确定的法律评价"为由搪塞过去。①

之后在东京召开的 G7 外长会议更是让这种虚伪到达了顶点。会后发表的共同声明，只强调面对恐怖袭击，以色列根据国际法拥有保护本国国民的权利，但只字未提以色列扩大战争制造人道主义灾难的行为是否违反了国际法。这种选择性无视甚至令《朝日新闻》也感到愤慨。该报编辑委员佐藤武嗣于 11 月 11 日撰文指出，11 月 8 日在东京发表的 G7 外长声明严厉谴责俄罗斯的军事行动违反国际法，但对以色列违反国际法的行为视而不见，这是赤裸裸的双重标准。②

然而，尽管如此，日本亲美、亲以的外交立场并未受到阿拉伯主流世界的过多指责。这是因为当前中东存在两大矛盾：其一是巴以之间的矛盾，其二是伊朗所代表的什叶派（包括哈马斯）与阿拉伯逊尼派国家间的矛盾。虽然 2023 年 3 月在中国的斡旋下，沙特与伊朗实现了关系正常化，但面对伊朗呼吁组建反以联盟的号召，逊尼派国家依然心存警惕，担心伊朗借机扩大自身势力。因此，在以色列发动对加沙地区的地面进攻后，土耳其、约旦、巴林等国仅宣布召回驻以大使，并未选择与以色列断交。而伊斯兰合作组织（OIC）与阿拉伯联盟在召开紧急首脑会议后发表的共同声明，也仅仅表示要对以色列实施武器禁运，并没有将制裁范围扩大至日常生活用品。③阿拉伯主流世界的态度为日本倒向美以留下了不小的外交空间。

与之相反，日本与伊朗在此问题上截然对立的态度使两国关系一度陷入紧张。10 月 17 日，上川与伊朗外相之间的电话会谈显然并不愉快。双方在

① 此前，岸田在面对国会质询（2023 年 11 月 1 日的参议院预算委员会质询）时被问到同样的问题，其以无法确定当地真实情况为由拒绝做出判断。在上川访问当地了解情况后，日本仍拒绝对以色列是否违反国际法做出判断。参见外务省「上川外務大臣臨時会見記録（令和 5 年 11 月 3 日（金曜日）18 時 45 分 於：ヨルダン・アンマン）」、https：//www.mofa. go. jp/mofaj/press/kaiken/kaiken1_000123. html［2024-01-24］。

② 佐藤武嗣「煮え切らぬ日本　国益に影響」、『朝日新聞』2023 年 11 月 11 日。

③ 中東調査会「イラン：対イスラエル包囲網の強化を主張」、2023 年 11 月 22 日、https：//www. meij. or. jp/kawara/2023_129. html［2024-01-24］。

表达了各自立场后，只在实施人道主义援助方面找到了些许共同点。<sup>①</sup> 对于日本来说，与伊朗的沟通更多的是展现一种外交姿态。在确立了亲美、亲以的立场后，岸田内阁对劝说伊朗本身并不抱任何希望。不过，11月19日，当航行于红海的日本货轮被也门胡塞武装以支援以色列为由扣留后，岸田内阁不得不转变态度主动接近伊朗，以期在伊朗斡旋下让胡塞武装能够释放本国货轮与船员。原本岸田计划在阿联酋举办的《联合国气候变化框架公约》第28次缔约方大会（COP28）上，与伊朗总统易卜拉欣·莱希（Seyed Ebrahim Raisi）举行面对面会谈。但由于莱希以以色列总统参会为由拒绝出席，最终只能改为电话会谈。会谈结果同样不尽如人意。虽然日本政府态度有所软化，不再正面批评哈马斯，但莱希并没有承诺帮助日本说服胡塞武装释放被扣押的船只与船员。<sup>②</sup>

直到12月18日，伊朗外交部副部长阿里·巴盖里-卡尼（Ali Bagheri-Kani）访日，双方之间才达成了一定程度的利益交换。伊朗方面要求日本劝说拜登政府停止对以色列的援助并放缓对伊制裁；而日本方面则要求伊朗敦促胡塞武装释放被扣押的日本船只与船员，并保证此类事件不再发生。最终，伊朗承诺会为船只和船员的释放提供尽可能的帮助。<sup>③</sup> 然而，日本亲美"一边倒"的立场很快就破坏了日伊间达成的谅解。2024年1月12日，美英开始对也门境内的胡塞武装据点实施打击。日本外务省发言人第一时间站出来表示支持。这表明日本已彻底放弃了居中调停的可能性，在中东地缘冲突中坚定地站在了美国一边。

岸田内阁的这一姿态彻底摧毁了自安倍第二次执政以来日本在中东一贯秉承的自主外交政策。彼时，日本虽倾向于美国，但仍在诸多事件中不惧日美分歧，尽可能在冲突各方之间保持平衡。这也是安倍晋三能在2019年亲

---

① 外務省「日·イラン外相電話会談」、2023年10月17日、https：//www.mofa.go.jp/mofaj/press/release/press1_001579.html［2024-01-24］。

② 外務省「日·イラン首脳電話会談」、2023年12月2日、https：//www.mofa.go.jp/mofaj/me_a/me2/ir/pageit_000001_00034.html［2024-01-24］。

③ 「イラン外務次官『日本も尽力を』」、『毎日新聞』2023年12月19日。

赴伊朗调解美伊矛盾的原因。而岸田内阁则彻底放弃了这一外交原则，沦为美国的"跟班"。虽然日本仍标榜所谓"基于法治"的国际秩序，但最终这不过是制造阵营对立的遮羞布。

# 结　语

我们尚无法断定，岸田内阁的中东外交究竟是暂时性波动，还是会发展成为战后日本中东外交史上的又一转折点。如果分开予以评价，那么它在地缘经济层面上的策略无疑是最受欢迎的。究其原因恰恰是日本更多照顾发展中国家的利益，并不惜为此与欧美发达国家在政策上相互对立（尽管并非根本性对立）。而在地缘政治层面，日本的策略则近乎拙劣。虽然岸田内阁一再强调其政治意愿并非组建封闭性的政治集团，但以一种抽象政治理念为界将国家分为"维护者"与"破坏者"的做法，本身就是在制造阵营对立。因此，不断提升的双边战略对话与小多边机制，在日本的政治设想中必然以构筑"小院高墙"为终点。不过，这一趋势显然并不符合中东国家的利益，所以即使在当前，双边战略对话和所谓的"小多边主义"也没有完全按照日本的设想推进。

更为关键的是，日本宣扬的政治理念在遭遇地缘冲突后瞬间土崩瓦解。岸田内阁在阵营划分的大背景下，堂而皇之地对亲美阵营国家违反国际法的行为视而不见。这也许在短期内符合日本的国家利益，但它夺走了日本外交的自主性，使中东国家除了看到日本在向美国靠拢外，不再能发现其外交行为背后的其他逻辑。而正是那些亲美之外的逻辑（或者说日本外交的自主性），才是日本长久以来在中东广受欢迎的关键。因为正是靠着这一点，中东国家尤其是美国的对立方才能将日本作为其与美国沟通的桥梁。岸田中东外交的转型使这一桥梁作用不复存在，即使日本在外交手段上表现得更加激进，其在中东的政治影响力也将不可遏制地衰退下去。

为何会出现这种情况？根本原因是日本将价值观置于其他所有因素之上，由其来决定日本外交的总体走向。这样做的好处是在身处历史变局之中更容易找到方向，使日本的外交路线不至于与设计者的初衷产生较大偏离。但坏处也显而易见，这种做法使外交本身丧失了灵活性，只能以单一政治理念的推进程度来评判外交成败，无法再以多元化的评价标准来界定国家利益的内涵。这一内在的外交逻辑在被一系列似是而非的论证所装饰后，便演化成了所谓的外交战略。于是，正如本报告开头所说的那样，在岸田内阁不再将区域外交与"自由开放的印太"相并列，而是将其设定为整体外交战略（"自由开放的印太"）的从属部分后，日本的中东外交也就不可避免地走上了亲美"一边倒"的道路。

（审稿专家：卢　昊）

# B.17

# 2023年日本对印度外交动态及前景分析

庞中鹏*

**摘　要：** 近年来，日本积极开展对印外交，特别是2023年，日印两国领导人互访频繁，极大地提升和拉近了两国战略合作关系的水平与层次。日本不断深化对印度外交，可以归因于日印双方互有合作需求等诸多因素。不过，日本意欲继续深化对印度外交，不得不面对诸如两国战略定位、外交平衡、外交目标等问题。未来，随着国际形势的发展变化，日本强化对印度外交既有积极因素的一面，也存在诸多消极与掣肘等因素，这些将拖累日本对印度外交的开展。

**关键词：** 日印关系　印太构想　战略定位　外交目标　印度综合国力

　　不断深化对印度的战略外交，是近年来日本外交战略的重要趋势与方向。日本加强对印度的战略外交，始于安倍晋三第二次内阁时期，正是安倍的"亲力亲为"，使日印得以不断提升合作的水平与层次。日印关系的定位是"全球特殊战略伙伴关系"，这一称谓的重点在"全球"与"特殊"两个词语上。"全球"意指日本对印度外交是置于整个世界的战略高度，即日印关系不是局限于东亚或者南亚地区，亦不是局限于太平洋或者印度洋地区，而是把双边关系层次提升到"全球"的宏观战略水平。"特殊"意指日本对印度外交有别于日本对其他国家的外交。日本本身是"西方大国"，而印度是发展中大国，一个是老牌发达国家，一个是冉冉升起的全球新兴经济

---

* 庞中鹏，法学博士，中国社会科学院日本研究所综合战略研究室副研究员，主要研究方向为日本外交战略、日本与亚太及中东地区国际关系、日本能源外交等。

体，二者都是大国但又不是具有对等地位的大国，因此，只能暂时以"特殊"二字来形容两个国家的关系形式。毋庸置疑，日印关系快速发展，不仅代表日本政府的意志，印度政府高层亦在大力推动两国关系提升到战略层次。得益于双方政府高层的"合力推动"，日印关系才得以发展到目前的较高水平。本报告拟阐述 2023 年日本对印度外交具体动态，解析日本不断深化与拓展对印度外交的深层原因，阐明日本强化对印度外交面临的挑战与问题，尝试对日本对印度外交未来走向做出综合研判。

## 一 2023年日本对印度外交动态

2023 年，是日本对印度外交"有声有色"的一年。纵观这一年的日本对印度外交，可以概括为：双方首脑皆高度重视开展针对对方国家的外交，首脑互访频繁；两国外长接触次数增多，牵头落实双方首脑会晤成果；两国积极参与多边会晤，充实双边关系新的内涵。

第一，日本首相岸田文雄在一年内两次访问印度，日印关系得到快速提升。

2023 年 3 月 19~21 日，岸田文雄对印度进行访问。在访问印度期间，岸田与印度总理莫迪举行会谈，双方就日本担任七国集团（G7）轮值主席国和印度担任二十国集团（G20）轮值主席国有关议题交换意见。此次访问印度，岸田的重头戏是在印度世界事务委员会发表重要演讲。5 月 20 日，印度总理莫迪到访日本出席七国集团峰会，岸田文雄在与莫迪会谈时，特意强调坚持"基于法治的自由开放的国际秩序"的重要性，提及"自由开放的印太构想"对推动两国关系发展有着重要意义等。① 9 月 9 日，岸田文雄赴印度出席二十国集团峰会，在印度期间，岸田与印度总理莫迪举行会谈，双方对彼此国家分别成功举办七国集团峰会与二十国集团峰会表示祝贺，双

---

① 外務省「日印首脳会談」、2023 年 5 月 20 日、https：//www.mofa.go.jp/mofaj/s_sa/sw/in/page4_005893.html［2024-01-21］。

方首脑表示除了继续在经济领域加强合作外，还就在宇宙航天等高科技领域携手合作表达了意向。

第二，日本外相在一年内两次访问印度，且两国外长在其他多边场合也保持密切合作。

2023年3月3日，时任日本外务大臣林芳正访问印度，与印度外长苏杰生举行会谈，双方就各自国家分别承担主办七国集团峰会与二十国集团峰会的优先事项等问题交换了意见，双方还讨论了安全保障与经济等领域的问题，以进一步提升两国的战略合作关系。7月27日，林芳正再次访问印度，与印度外长苏杰生举行日印外长战略对话，双方着重谈及要深化和拓展两国关系和合作领域，并就双方共同关心的地区和国际问题交换了意见。7月28日，林芳正出席印度举办的"日印论坛"，并做了重要演讲，在演讲中，林芳正着重强调在"印太构想"框架下，加强与印度的合作。[①] 9月22日，新任外务大臣上川阳子在美国纽约出席联合国大会期间，与印度外长苏杰生举行会谈，双方表示要继续加强两国关系，积极应对各种国际问题等，双方还就地区与国际局势以及联合国安理会改革等交换了意见。

第三，日印加强在美日印澳"四边机制"（QUAD）下的"小多边合作"。

2023年3月3日，日本与印度都参加的美日印澳"四边机制"外长会议在印度首都新德里举行，时任日本外务大臣林芳正与印度外长苏杰生等与会，四国外长声明继续深化四国在反恐对策、人道援助、灾害救援、海洋状况监测、联合国改革、遵守基于规则的国际秩序等领域加强合作与协调，四国外长还就地区和国际局势等交换了意见。[②] 5月20日，美日印澳四国在日本广岛举办的七国集团峰会召开的间隙，举行四国首脑会议，四国首脑着重就全球气候变化、全球卫生医疗、基础设施建设、新兴技术、网络、宇宙、海洋情况监测、海上安全保障等领域的问题进行讨论，并就继续深化

---

① 外务省「林外務大臣の日印フォーラムでの挨拶」、2023年7月28日、https：// www. mofa. go. jp/mofaj/s_sa/sw/in/page1_001774. html［2024-01-22］。

② 外务省「日米豪印外相会合」、2023年3月3日、https：//www. mofa. go. jp/mofaj/fp/nsp/ page3_003646. html［2024-01-21］。

四国合作达成一致。① 9 月 22 日，日本新任外相上川阳子在美国纽约出席联合国大会间隙，出席美日印澳"四边机制"外长会议，四国外长重申要在全球气候变化、基础设施建设、网络安全、健康保障、人道援助、反恐对策等领域进一步推进合作。②

## 二 日本不断深化与拓展对印度外交的深层原因

日印两国地理位置相隔遥远，且发展程度不同，但日本近年来不断接近、拉拢印度，日益提升双边关系的层次与水平。其中主要可归因于"印太构想"、价值观、印度综合国力与地位、印度经济的快速发展、全球气候变化、安保与高科技等诸多方面的因素。

第一，以印度为基点，进一步推动"印太构想"落地见效，同时可以扩展"印太构想"的影响力。

2023 年 3 月，岸田文雄首相访问印度期间发表重要演讲，该演讲题目是《印太的未来——旨在实现自由开放的印太的日本新计划与不可或缺的伙伴印度携手同行》，岸田的演讲以扩展"印太构想"的影响力为主要目的。他谈到"印度是'自由开放的印太构想'的发源地；推动'印太构想'需要志同道合的伙伴，而印度毋庸置疑是不可或缺的伙伴"。③ 若从地缘政治视角审视，印度地缘位置优越，处于印度洋与太平洋的地理接合部，印度最南端紧紧扼守印度洋–太平洋国际海运的咽喉航线，同时，印度又是对印度洋拥有最大海上影响力的国家之一，种种便利条件和地缘优势决定了印度在客观上成为各个西方大国"争相拉拢"的"热门国家"。对于日本来说，

---

① 外务省「日米豪印首脳会合」、2023 年 5 月 20 日、https：//www. mofa. go. jp/mofaj/fp/nsp/page1_001702. html ［2024-01-22］。

② 外务省「日米豪印外相会合」、2023 年 9 月 22 日、https：//www. mofa. go. jp/mofaj/fp/nsp/page6_000663_00001. html ［2024-01-22］。

③ 首相官邸「岸田総理大臣のインド世界問題評議会における政策スピーチ」、2023 年 3 月 20 日、https：//www. kantei. go. jp/jp/101_kishida/statement/2023/0320speech. html ［2024-01-23］。

自"印太构想"提出以来，其中一项重大战略任务就是尽快让"印太构想"落地见效，而欲让"印太构想"尽快从"构想"变为"现实"，必须寻找一个可靠的地缘切入点，而将印度纳入日本"印太构想"作为战略的"抓手"和"支点"，亦是顺理成章的事情。

第二，印度综合国力不断提升，迫使日本不得不高度重视对印度外交。

近年来，印度综合国力处于日益上升状态，国际货币基金组织（IMF）的一项估计显示：印度的名义国内生产总值（GDP）可能会在 2025 年超过日本，从而成为全球第四大经济体，预计到 2025 年，印度的名义 GDP 可能达到 4.3398 万亿美元，而日本的名义 GDP 为 4.3103 万亿美元。[①] 印度不仅在经济发展速度上日益引起国际社会高度瞩目，印度在外交方面的全球影响力也在不断跃升。2023 年 9 月，由印度作为轮值主席国主办的二十国集团（G20）峰会在首都新德里成功举行。顺利举办当今全球影响力巨大的二十国集团首脑会议，体现了印度综合国力的提升，此举扩展了印度在全球的影响力。2023 年，对于日本与印度来说都是外交大收获的一年。上半年，日本主办了七国集团（G7）峰会。日本长期以来都对其是亚洲唯一西方阵营国家而引以为傲，但随着国际形势发展，印度异军突起，而印度作为发展中国家成功举办了会聚各个重要国家领导人的 G20 峰会，让日本作为传统西方发达国家感到很大"压力"。按照常理来说，借出席印度举办的二十国集团峰会顺道访问印度是很自然的一件事情，但是，岸田文雄打破常规，在2023 年两次访问印度，且在与莫迪总理会晤时，都不忘谈及"日本是 2023年 G7 主席国，印度是 2023 年 G20 主席国，日方祝贺印度能成功举办 G20峰会"[②]，这些话除了是表面上的外交客套话语，还深刻反映出岸田内心深处对印度综合国力不断跃升的某种"复杂"情感，即印度是未来的全球大

---

① 《国际货币基金组织预测：印度或将在明年超越日本成为全球第四大经济体，受日元贬值而提前一年》，观察者网，2024 年 4 月 21 日，https：//www.guancha.cn/internation/2024_04_21_732278.shtml［2024-04-29］。

② 外務省「日印首脳会談」，2023 年 9 月 9 日、https：//www.mofa.go.jp/mofaj/s_sa/sw/in/page1_001821.html［2024-01-28］。

国，日本不能不高度重视与印度的关系。

第三，日本认为印度同为实施西方政治体制且价值观相近的国家，亦是可以拉拢利用的发展中大国。

印度独立后在政治体制上采用了西方的政治体系，这是日本等西方阵营国家愿意与印度加深关系的一个"冠冕堂皇"的理由。这从2023年岸田访问印度与莫迪会晤的内容中可见一斑。例如，2023年3月，岸田访问印度期间发表的重要演讲中特别提及"日本是亚洲最先实现近代化和实行民主主义的国家，而印度是世界上最大的民主主义国家；对于印度在这样一个庞大且多样化的国度推行民主主义，我始终心怀敬意"。① 岸田的演讲的弦外之音就是：印度与日本都是"民主主义"国家，既可以通过打所谓"民主体制"牌来引起印度产生共鸣，亦可以借助"民主体制"与印度构建所谓"民主阵营"。

第四，印度是"全球南方"国家的领头羊之一，与印度巩固、加深关系，可以为日本拓展在"全球南方"国家间的影响力提供战略平台。

印度以庞大的人口数量和不断发展的经济实力成为"全球南方"的主要代表国家之一。2023年5月，日本主办七国集团首脑会议时，特意邀请印度等"全球南方"重要国家与会，从侧面反映出：印度国力与日俱增，未来是国际社会重要的大国；日本已经意识到以印度为代表的"全球南方"国家冉冉上升的巨大影响力，因此，其通过邀请印度等"全球南方"重要国家参加七国集团首脑会议，从而在"全球南方"国家中间打入一根"楔子"，以达到日本影响力进一步扩展到整个"全球南方"国家内部的战略目的。

第五，印度是全球新兴经济体，经济发展迅速，拥有广阔的市场，日本与印度深化各领域关系，可以为经济发展找到新的增长点。

印度是近年来经济发展速度较为迅猛的经济体之一，拥有较为广阔且需

---

① 首相官邸「岸田総理大臣のインド世界問題評議会における政策スピーチ」、2023年3月20日、https：//www.kantei.go.jp/jp/101_kishida/statement/2023/0320speech.html［2024-01-23］。

求较为强烈的国内大市场，是西方国家较为青睐的投资目的地之一。早在2022年3月，岸田访问印度期间，其与莫迪总理达成未来5年内日本向印度投资高达5万亿日元的协议，以助推印度经济发展。① 印度发展经济需要大量高质量的基础设施，而日本拥有成熟与高水平的技术和丰富的经验，日本投资印度基础设施建设项目，既可以拉动日本经济增长，又可以巩固和加深与印度的战略伙伴关系。

第六，印度需要完成联合国气候变化大会规定的碳减排任务，日本掌握先进的脱碳降碳技术，在碳减排与清洁能源领域，日印有合作的需求与空间。

近年来，随着经济发展速度加快，印度面临的碳排放压力不断增大，但是，按照《联合国气候变化框架公约》的规定，原则上，每个国家都有碳减排的义务，印度也不例外。莫迪政府已经宣布在2070年实现"净零碳排放"目标，尽管目标实现时间有些晚，但对于印度这样的发展中国家来说，要想在规定时间内实现"碳中和"目标，还是有相当大的难度。日本是经济高度发达国家，碳减排任务更重，而日本政府的"碳中和"目标实现时间是2050年，时间非常紧，这就迫使日本不得不加快发展绿色能源与各种清洁能源，以在有限时间内实现"碳中和"目标。2022年3月，岸田在访问印度期间，就与莫迪总理重点谈及日印两国要在清洁能源领域加强合作，印度急需引进先进的清洁能源技术，而日本已经掌握先进的清洁能源技术，日印两国在清洁能源领域合作的空间非常广阔。②

第七，印度是军事大国，日本近年来急欲突破"和平宪法"束缚，在"安全保障领域"谋划拓展国际影响力，两国欲在军事安全保障领域寻求战略合作"交集"。

近年来，日印两国在安全保障领域的合作步伐加快，岸田于2022年3

① 外务省「日印首脑会談」、2022年3月19日、https：//www.mofa.go.jp/mofaj/s_sa/sw/in/page3_003247.html［2024-01-25］。

② 外务省「日印首脑共同声明」、2022年3月19日、https：//www.mofa.go.jp/mofaj/files/100319659.pdf［2024-01-24］。

月、2023 年 3 月、2023 年 9 月三次访问印度与莫迪总理举行会晤，皆重点谈及两国要在安全保障领域加强合作。比如，2023 年 1 月，日本与印度举行战机联合演习，此次演习是印度战机首次到日本本土与日本航空自卫队举行演习；3 月，印度空军运输机再次赴日本与航空自卫队运输机举行联合训练。① 日印此前军事演习一般在海上或者陆上，而扩大到空中，且还是印度战机长途远赴日本本土，极具战略象征意义。

第八，日本是航天技术大国，近年来在太空领域取得了一系列耀眼的成果，而印度也在航天领域奋起直追，日印在太空领域有合作的动力与需求。

近年来，印度积极进军航天领域，而日本是科技发达国家，也已在太空领域取得很大成果，印度可以向日本学习或者借鉴其在航天太空领域的经验。2022 年 3 月，在岸田文雄访问印度期间，两国发表的《日印首脑共同声明》提及"日印加强在科技领域合作交流，合作开展探月科学计划等"。②2023 年 8 月，印度发射的月球探测器成功在月球南极附近着陆，极大提振了印度的"士气"。2023 年 9 月，岸田访问印度，他在当面向莫迪总理祝贺印度探测器成功着陆月球时，表达了两国加强在航天太空领域深化合作的愿望。③

## 三 日本深化对印度外交面临的挑战与问题

近年来，日本对印度外交取得了一定成果，这成为日本自安倍内阁直到岸田内阁皆"引以为傲"的外交成就之一。但是，在继续深化与拓展对印度外交的同时，日本面临诸如两国战略定位、外交平衡、外交目标、合作入常等问题的困扰。

---

① 防衛省「令和 5 年版防衛白書」、2023 年 7 月 28 日、https：//www.mod.go.jp/j/press/wp/wp2023/html/n330102000.html［2024-01-25］。
② 外務省「日印首脳共同声明」、2022 年 3 月 19 日、https：//www.mofa.go.jp/mofaj/files/100319659.pdf［2024-01-25］。
③ 外務省「日印首脳会談」、2023 年 9 月 9 日、https：//www.mofa.go.jp/mofaj/s_sa/sw/in/page1_001821.html［2024-01-25］。

第一，印度的"大国志向"与日本的"正常大国"理想不完全契合，两国都有的"战略雄心"，在未来一定时间会发生战略碰撞或者冲突。

印度从独立时起就有成为全球大国的"雄心壮志"，而近年来随着综合国力的不断上升，印度的"大国志向"更是暴露无遗，印度既不甘心仅仅成为南亚的"地区老大"，亦不甘于止步于成为"印度洋地区大国"，其最终战略目标是成为全球"响当当的大国"，成为能影响或塑造国际秩序的强国。日本长期以来想彻底摆脱"战败国"的历史"印记"，力图通过种种手段与措施使日本成为一个能真正完全独立行使主权的"普通国家"。由于两国皆有"大国雄心"，短期内，日印两国存在较强的深化合作推动力，但是，若从更宏大的战略视野来看，两国都希望成为国际社会的"一极"，这反而会成为两国提高战略合作关系层次与提升战略合作关系水平的"绊脚石"。之所以这样认为，有两个原因。一是，印度未来若成长为一个"全球大国"，必然会影响日本战略利益的延伸。比如，印度未来如果完全控制印度洋-太平洋的海上战略通道，必然会使日本因不得不使用这一海上战略通道而忌惮印度甚至有求于印度。二是，日本与印度皆在中东、东南亚与非洲地区有重大战略利益，双方存在竞争关系。日印两国皆欲在上述地区不断扩展大国影响力，未来随着日印"大国战略"的扩展，两国很可能在涉及诸如能源资源等敏感利益分配时产生分歧、矛盾甚至发生冲突。

第二，日本是老牌的西方发达国家，而印度是新兴经济体、发展中大国，日本拓展与深化对印度外交，需要处理好自身所处的西方发达国家阵营与印度所处的发展中国家群体之间的平衡的问题。

日本属于经济与科技等高度发达的七国集团成员国，且日本一直以"G7"标签引以为傲。与日本相比，印度长期作为西方的殖民地，独立后，经过多年的发展，如今是发展中大国重要代表之一、全球日益瞩目的新兴经济体，且经济实力仍旧在不断发展壮大。日本拓展与深化对印度外交，是带着很大的"优越感"的。两个国家的定位不同，决定了两国外交关系的不对等地位。对于日本来说，看重的是印度飞速发展的经济成就和国内巨大的市场，这可以为日本带来更多投资机会；对于印度来说，看重的是日本拥有先进的技术和雄厚的资金实力，这可以为印度经济发展提供更多助力。但是，印度毕竟是发展中国家，国内还有许多不完善与不配套的地方，比如营商环境有待进一步完善等。具体到日本来说，印度不是其唯一的投资地，如果印度各项配套设施跟不上，日本可以转而放弃在印度投资的想法。在日本眼里，首要重视的仍旧是西方国家阵营，如果要在印度等发展中国家群体和西方发达国家阵营之间做出选择的话，那么，日本无疑会优先选择西方国家阵营。这从 2023 年 3 月在印度举办的二十国集团外长会议中可见一斑。按照常理，日本是二十国集团成员国，出席在印度举办的二十国集团外长会议是非常自然的一件事，但是，时任日本外务大臣林芳正缺席了此次外长会议，日方给出的理由是"林芳正因国内政治日程脱不开身"，不过，令印度感到气恼的是，林芳正可以缺席印度举办的二十国集团外长会议，但积极出席在印度举行的美日印澳"四边机制"（QUAD）外长会议。由此可见，在关键时刻，日本仍旧高度顾及美国等西方阵营的感受，没能平等对待印度这个发展中大国。

第三，日本外交战略目标与印度外交战略目标不一致，决定了日本今后拓展对印度外交面临尴尬境地。

印度是日本大力宣介的"印太构想"的重要辐射对象国，从安倍晋三第二次内阁时期一直到今天的岸田文雄内阁，日本都在不遗余力地极力拉拢印度，以便为日本"印太构想"能够落地见效而"摇旗呐喊"。但是，印度的长期外交战略目标是独立自主地成为一个大国，不能再受西方大国摆布与控制，在涉及印度切身国家利益时，印度会毫不犹豫地把维护自身国家利益作为优先事项。比如在俄乌冲突问题上，日本紧密跟随美国等西方国家对俄罗斯实施一系列制裁措施，但是，当西方国家施压要求印度也加入制裁俄罗斯行列中时，印度拒绝了西方的要求。在印度看来，维持与俄罗斯友好合作关系非常重要，如果盲目跟随西方去制裁俄罗斯，就会损害印度的国家利益。

第四，在联合国安理会"入常"问题上，日本与印度深度"捆绑"反而令两国"入常"前景不利。

2022 年 3 月，岸田访问印度时，与莫迪总理就联合国安理会改革问题进行了协商与交流。2023 年 9 月，外务大臣上川阳子在纽约参加联合国大会期间，在与印度外长苏杰生举行会谈时，就联合国安理会改革问题交换了意见。关于"入常"问题，日本与印度一直是以"抱团"方式共进退的，但是，日印"捆绑""入常"虽然提升了对联合国安理会改革的"呼声"，同时激化了诸多隐患，造成了很多麻烦。一是，日印"捆绑""入常"，分别面对各自的支持国与反对国。比如，俄罗斯不反对印度"入常"，但反对日本"入常"。在涉及未来安理会改革问题投票时，日印两国各自既有支持其"入常"的国家，又有反对其"入常"的国家。因此，对于日印两国紧密"捆绑"，一些国家在支持日本还是印度的问题上左右为难，最终不得不放弃投票。二是，日印两国"捆绑""入常"，表面上表示要共同推进联合国安理会改革，但常任理事国席位是"稀缺产品"，面临激烈的竞争。日印两国不一定愿意看到对方先于自己"入常"，表面上的"团结""入常"难以掩盖私底下的"互相竞争"。

第五，日印不断深化战略伙伴关系，其中，共同牵制中国是一个重要的推动因素，但是，在牵制中国问题上，日印有着不同的打算，在一定程度上对冲了所谓"联合遏华"的战略目标。

自安倍晋三第二次内阁到岸田文雄内阁，日本不断深化对印度外交，其中一个重要的推动因素是——日本谋划联合印度共同牵制中国发展。在日本看来，印度与中国有一定的分歧与矛盾，同样，日本与中国之间也有不少分歧与纠纷。故此，在牵制或者遏制中国发展上，日本与印度有战略契合点。但是，在如何牵制中国发展、牵制中国到什么程度、牵制中国能带来什么好处等具体问题上，日印两国有着不同的想法或者打算。

对于日本来说，通过与印度深化战略合作关系，可以借助印度之力在南亚、西亚地区对中国形成海陆复合战略压力。但是，日本"拉印制华"，面临的问题如下。一是，在南亚、西亚地区，牵制中国形不成"合力"。尽管印度是南亚地区的最大国家，但是印度不能完全控制或者影响整个南亚、西亚地区，该地区的一些国家与印度有着分歧、矛盾乃至很深的隔阂，这极大牵制了印度在南亚、西亚地区遏制中国的努力。二是，印度既不一定完全采纳日本"拉印制华"的建议，亦不愿意完全关上与中国合作的大门。中国与印度尽管有分歧，但这种分歧不仅没有阻碍中印经贸合作的脚步，而且中印经贸合作在加速推进。比如，在 2023~2024 财年，中印贸易额就达到1184 亿美元，印度对华出口额和进口额均实现增长，其中，出口额增幅达到 8.7%；2023~2024 财年，印度进口商品总额为 6772 亿美元，来自中国的进口额为 1018 亿美元，占印度进口总额的 15%；印度工业品的进口额是3370 亿美元，来自中国的进口额就占高达 30%的份额，过去 15 年里，来自中国的产品在印度进口工业品中所占份额的增速超过了进口工业品整体的增速。① 对于印度来说，日本仅是其总体外交棋盘上的一个战略伙伴，但不是印度外交战略的"全局"与"重心"。印度尽管实行"东向外交行动"战略，但这个"东向"不仅仅包含日本一国，而是指东北亚与东南亚地区各国。印度外交"多向出击"与"多点开花"，游走于各个国家之间，以期收获最大利益。印度不会为了日本一国，承担因"拒绝中国"而失去巨大国家利益的风险。

## 四　日本对印度外交未来走向

近年来，日本对印度外交能够不断强化，主要得益于日印两国领导人的"倾力栽培"，正是在两国领导人的大力推动下，日印关系得以提升到"全球特殊战略伙伴关系"层次。未来几年，日本还会继续深化与拓展对印度外交，不过，在国际局势变幻莫测的背景下，日印关系恐在几年后会受到印度政局变动的消极影响。

第一，日本将继续深化与拓展对印度外交，进一步充实日印"全球特殊战略伙伴关系"内涵，不仅经贸领域的合作关系会得以深化，而且在海洋、科学技术、航天、能源、气候变化与安全保障等领域的合作水平与层次均会得到提升。

① 《印智库：中国超越美国再成印度最大贸易伙伴》，《环球时报》2024 年 5 月 13 日，第 3 版。

日印"全球特殊战略伙伴关系"的定位，是由印度总理莫迪在2014年9月访问日本期间与时任日本首相安倍晋三（第二次内阁期间）共同确定的。而对于所谓的"全球特殊战略伙伴关系"，重点在"全球""特殊"上，其中就包括政治、外交、经济贸易、安全保障、人文交流等各个领域。这一定位，反映了日本方面对印度这个日益上升的"全球大国"的战略期许——期望通过加强对印度的战略外交，来提升日本在整个印度洋的战略影响力。日印"全球特殊战略伙伴关系"提出后，日本对印度紧锣密鼓地加强战略外交，一个标志性外交举措就是日本首相与印度总理年度互访机制的确立。从2014年以来，日印首脑年度互访维持稳定，除了2020年与2021年两年因新冠疫情阻隔了首脑互访外，双方首脑互访频繁。尤其是岸田文雄内阁执政以来，岸田与莫迪加强了首脑互访外交，双方互访次数增多，从2022年3月到2023年9月短短一年半时间，双方首脑互访次数就高达6次之多，开创了日印两国外交史之"先河"。鉴于未来数年印度经济发展仍会处于一个以较高速度运行状态，而且印度综合国力仍有一定上升空间，日本政府还将继续高度重视对印度的战略外交。即使日本内阁出现更迭，新内阁亦不会完全推翻前任内阁的"重视对印外交"的方针，而是会继续推进对印战略外交。从印度视角来看，在莫迪总理任期内，应会继续重视与日本的战略合作关系，稳妥推进并逐步落实与日本达成的各项合作协定，即使未来数年，印度政府更换，亦不会彻底逆转莫迪政府10多年精心营造的"印日战略合作关系"框架，因为，对于印度来说，需要日本这样一个有着发达科学技术、资本运营娴熟的西方国家来撑腰助阵。

第二，尽管日本愿意继续进一步深化对印度外交，但是国际形势发展错综复杂，印度或适度调整与日本的关系，日印关系发展面临一定的变数。

日印关系能够快速发展，与两国领导人大力推动有着密不可分的关系。对于日本来说，从安倍内阁到岸田内阁，均高度重视对印度外交，把深耕对印度外交视作充实"印太构想"内涵的重要战略环节与重要象征性举措。对于印度来说，莫迪政府执政10多年来，高度重视与亚太地区国家的关系，而日本则是莫迪外交中的重要一环，不断提升与日本合作关系的水平，成了莫迪外交的重要标志性成就之一。但是，国际局势变幻莫测，各个国际行为体的实力与影响力此消彼长，再加上各个国际行为体国内政局变动，尤其是日印关系发展变化的重要因素——领导人的变动对两国关系走向影响巨大。特别是印度，未来数年内，如果印度总理更换、新政府上台，其外交布局与重心可能随之发生变化，未来日印关系会否像现在一样"热络"，面临很大变数。

第三，日印两国阵营归属、国际地位、发展程度、未来发展战略目标不尽一致，而且两国存在一些分歧与矛盾，诸多消极因素的存在，对未来日本深化对印度外交带来很大掣肘。

日本与印度都是大国，但两个国家的"大国"内涵不同，而且，今后几年，日本与印度 GDP 的世界排名将发生逆转，印度的 GDP 将超过日本与德国，跃居世界第三位。一个经济总量超过日本的印度，届时会否如现在一样以"尊崇"的态度看待日本，就是一个很大的"未知课题"。当日本以"西方大国"身份与印度交往且印度不得不以"屈身"的姿态迎合日本时，日本深化对印度外交，就显得"游刃有余"，但当印度经济总量超越日本成为全球"经济大国"之时，日本进一步深化对印度外交，就会有点"力不从心"。反观印度，随着未来几年印度综合国力进一步"膨胀"，其"大国雄心"必会进一步"壮大"，对以"低姿态"主动拉拢印度的日本，是否会真诚对待，存在诸多消极因素，这将考验日本政府的外交耐心与智慧。

综上所述，日本对印度外交未来发展走向，取决于日本外交整体战略发展方向、日本高层政局变化走向、国际局势发展变化、印度外交整体发展走向、印度高层政局变化走向等各种综合因素。

（审读专家：卢　昊）

# B.18
# 从新版《开发合作大纲》看日本对外援助政策转型

常思纯*

**摘　要：** 2023 年，日本再次修订并通过了新版《开发合作大纲》，与上次修订仅时隔 8 年。新版《开发合作大纲》认为在国际形势发生变化的背景下，日本对外援助的基本方针、重点政策及实施体制都应随之及时调整，其突出变化是要加大对"印太"地区的战略投入，通过"共创"与各种对外援助主体加强合作，以"提案型"援助方式取代"请求型"援助方式，并加快对外援助的决策过程。日本加速调整《开发合作大纲》的动因主要是应对国际形势新变化、配合国家安全保障战略调整需要及加强对中国的竞争与牵制。未来，日本将进一步强调对外援助的战略性，积极提升日本在国际发展援助中的主动性。

**关键词：** 政府开发援助　《开发合作大纲》　"提案型"援助　印太构想

政府开发援助（Official Development Assistance，ODA）是二战后日本政府推行经济外交的一种重要手段。自 1992 年出台首个作为对外经济援助指导方针的《ODA 大纲》后，日本分别于 2003 年和 2015 年对该大纲进行了两次修订，并在 2015 年将其正式更名为《开发合作大纲》。2015 年版《开发合作大纲》不仅首次明确写入 ODA 应为"确保日本的国家利益做出贡

---

* 常思纯，法学博士，中国社会科学院日本研究所外交研究室副主任、副研究员，主要研究方向为经济外交、日本外交。

献",还首次允许在"非军事领域援助其他国家军队",[①] 体现出日本对外援助政策从强调国际贡献与经济发展向兼顾国家利益与安全保障的重大转变。

2023 年 6 月 9 日,日本内阁会议正式通过新版《开发合作大纲》。日本政府仅时隔 8 年就再次对 ODA 的指导方针进行修订,对日本提供 ODA 的目的、手段及实施体制进行重新表述,展示出日本对外援助政策转型的新趋势。

## 一 日本修改《开发合作大纲》的基本进程

2022 年 9 月 9 日,时任日本外务大臣林芳正在记者会上正式宣布,为应对自 2015 年以来国际形势的重大变化,进一步加强对 ODA 的战略性运用,日本一改过去 10 年左右才修订一次大纲的惯例,仅时隔 8 年就再次修订 2015 年版《开发合作大纲》。同一天,日本外务省国际协力局政策课对外正式公布修订大纲的原因及目标,[②] 指出由于 2015 年以来国际形势发生了重大变化,日本必须进一步加强"外交力"来确保自身的国家利益,为此,日本有必要提高作为最重要外交工具之一的 ODA 的实施效果及战略性。同时,该文件提出,日本将基于以下三个方面的目标来修订大纲。第一,应对国际秩序的挑战。在推动加强连接、海洋安全、法治等方面的合作上,应进一步强化 ODA 的作用,以维护基于普遍价值的国际秩序和进一步推广"自由开放的印太"(FOIP)理念。第二,为应对新冠疫情等问题造成的经济与社会脆弱性,应进一步通过 ODA 打造可促进日本与世界共同繁荣的良好环境。为此,一方面,日本的 ODA 政策应有助于经济安全,在增强各国经济自律性、促进产业多元化、制定国际标准、确保重要矿产资源稳定供应等方面发挥积极作用;另一方面,日本的 ODA 政策应有助于推动日本企业

① 外務省「開発協力大綱-平和,繁栄,そして,一人ひとりのより良き未来のために-」、2015 年 2 月 10 日、https://www.mofa.go.jp/mofaj/gaiko/oda/files/000072774.pdf［2023-12-29］。

② 外務省「開発協力大綱の改定について(改定の方向性)」、2022 年 9 月 9 日、https://www.mofa.go.jp/mofaj/files/100432142.pdf［2023-12-29］。

的对外投资，为企业在推进海外业务和制定战略规划等方面提供支持。第三，ODA 要在应对日益复杂化、严重化的全球性问题及促进新时代"人的安全"等方面发挥作用。在减贫、健康、气候变化、环境保护、人道主义援助、关注弱势国家及弱势群体等全球性问题上，日本应通过 ODA 发挥引领作用来推动上述问题的解决。

随后，日本很快成立了由京都大学教授中西宽任主席的"关于修订《开发合作大纲》的专家恳谈会"，成员包括学界、财界、非政府组织（NGO）及国际机构的代表。2022 年 9 月 16 日至 11 月 21 日，专家们共召开四次会议，就如何修订大纲展开讨论，并于 2022 年 12 月 9 日向林芳正提交关于大纲修订的最终报告。① 专家建议日本政府在提供 ODA 时应追求双重目标，即解决人类所面临的问题和实现日本的国家利益；日本应采取措施加速联合国 2030 年可持续发展目标（SDGs）的实现，并积极引领对实现 SDGs 后应该如何继续推动可持续发展等问题的讨论；为加强对 ODA 的战略性运用，应在从质量和数量上增加 ODA 投入的同时，寻求更多民间资金的参与；建议新版《开发合作大纲》的语言更加简洁明了。此外，专家还建议在提供对外援助时，应坚持非军事原则，并建议对于将 ODA 支出总额占国民总收入（GNI）比例提升至联合国设定的 0.7% 的目标，应该确定达成目标的具体期限（如 10 年内）及详细的路线图。

2023 年 1~4 月，日本政府通过线上或线下会议等多种形式，在东京、大阪、神户、札幌、名古屋、北九州等多地召开 10 场意见交流会，邀请专家、市民、经济界人士等广泛参与，征集各方对《开发合作大纲》修订内容的意见。2023 年 4 月 5 日，日本外务省国际协力局正式公布新版《开发合作大纲》草案，并在此后的一个月内，通过网络面向日本全国征集对该草案的各方意见。在此基础上，2023 年 6 月 9 日，日本政府在内阁会议上通过新版《开发合作大纲》，并正式对外公布。

---

① 外務省「開発協力大綱の改定に関する有識者懇談会報告書」、2022 年 12 月、https：//www.mofa.go.jp/mofaj/files/100432142.pdf［2024-01-21］。

## 二 日本新版《开发合作大纲》的主要变化

日本政府再次修改对外援助的指导性纲领，凸显了日本在应对国际形势新变化的同时，对日益强大的中国的"担忧"，以及其希望通过 ODA 为进一步推动日本外交、实现日本国家利益做贡献的急迫性。新版《开发合作大纲》的副标题为"日本对自由开放世界的可持续发展做出的贡献"（2015年版《开发合作大纲》的副标题为"为了和平、繁荣及每个人美好的未来"），在篇幅及框架上新版与 2015 年版《开发合作大纲》基本一致，由对外援助目的、基本方针、重点政策、实施原则及体制等几部分组成，在内容上与此前几版《开发合作大纲》保持了一定的一致性与连续性。不过，新版《开发合作大纲》取消了过去对"各地区重点方针"的阐释，改为另行发布不同地区或国家援助方针。更为重要的是，新版《开发合作大纲》着重对日本 ODA 的理念及重点方针、重点政策、实施体制等进行了部分重新阐释。其主要变化体现在以下几个方面。

### （一）基于对国际形势变化的认知调整应对方针

新版《开发合作大纲》在全文开始的"背景与目的"中，指出当前日本所面临的国际形势发生重大变化，因此，日本将基于对国际形势变化的认知，调整应对方针。

首先，日本认为国际社会正处于历史转折期，面临"综合性危机"。2020 年以来，新冠疫情、俄乌冲突的发生，使世界各国面临传染病、气候变化等全球性问题，许多发展中国家的经济增速放缓与国内外经济差距日益拉大。再加上权力平衡的变化和地缘政治竞争的加剧，国际社会面临更多不确定性。因此，日本政府强调有必要进一步加强对发展中国家的接触，并通过对外援助改善日本及世界所期待的国际环境。

其次，在国际社会对发展援助资金需求日益增长的情况下，新兴对外援助国家开始崛起，这一方面弥补了发展援助资金的不足，另一方面会由于对债务可持续性考虑不周而导致出现债务问题。因此，援助国需要更加强调基于透明、公正的援助原则提供援助。

最后，随着民间资金大量流入发展中国家，企业、市民社会、国际机构等各类型主体对发展中国家的经济发展都发挥了重要作用。今后，日本政府也需要和这些不同的主体加强合作，争取更多新的援助资金来源。

出于上述对国际形势变化的认知，在新版《开发合作大纲》中，日本提出国际社会比以往任何时候都更需要加强合作，而日本"应该去引领国际援助"，在日本外交中"对外援助发挥的作用特别重要"，特别强调 ODA 是外交最重要的工具之一，新版《开发合作大纲》明确了日本对外援助的方向，这有助于进一步有效地、战略性地运用 ODA。

## （二）修改对外援助基本方针

在 2015 年版《开发合作大纲》中，日本政府制定了三条指导对外援助的基本方针，而新版《开发合作大纲》不仅对上述内容进行了重新表述，还新增一条并形成如下四条基本方针。

第一，2015 年版《开发合作大纲》提出要"通过非军事援助对和平与繁荣做出贡献"。而新版《开发合作大纲》在第一条方针中删除了"通过非军事援助"的表述，仅在对该方针进行详细阐释的时候，沿用过去"通过非军事援助"的提法，但是删除了此前强调要"遵守避免开发援助用于军事或助长国际纠纷"等阐释。

第二，从 2015 年版《开发合作大纲》强调"推进'人的安全'"到新版《开发合作大纲》强调"新时代的'人的安全'"，日本突出强调要以自由、民主、尊重基本人权和法治为共同价值观，保护每一个人及提升他们的能力，并加强与不同主体的合作，将人的主体性置于中心地位来推动对外援助。

第三，新版《开发合作大纲》提出要通过与发展中国家的"共创"来推动对外援助。过去日本一直强调接受援助的发展中国家首先需要加强"自助努力"，而新版《开发合作大纲》则提出在受援国"自助努力"的基础上，日本应该与发展中国家建立对等伙伴关系，通过对话、协作等方式实现"共创"，并创造出新的价值。而更重要的是，新版《开发合作大纲》提出要推动"共创"中所获得的解决问题的新办法及社会价值能够"回流"到日本，为日本解决自身面临的经济、社会问题及推动经济发展做出贡献。

第四，新版《开发合作大纲》首次提出要"主导以包容性、透明性及公正性为基础的国际规则和指针的普及与实践"。日本提出今后要主导并推广其在对外援助中坚持的包容性、透明性及公正性原则，通过这种方式使对外援助不会陷入"债务陷阱"或"经济胁迫"，也不会损害发展中国家的独立性和可持续性。

### （三）调整对外援助的重点政策

新版《开发合作大纲》确定以下三点是未来日本推动对外援助的重点政策。

第一，通过新时代的"高质量增长"实现减贫目标。新版《开发合作大纲》在过去提出的实现"高质量增长"的基础上，增加了"新时代的"这一限定词，强调在面临综合性危机的新时代下，推动兼具包容性、可持续性及强韧性的高质量增长的重要性。在此基础上，新版《开发合作大纲》提出今后将重点在以下几个领域加强对外援助。（1）增强粮食、能源安全等，提升经济社会的自律性和强韧性。新版《开发合作大纲》指出，加强供应链韧性及多样化、推动重要矿产资源的可持续供应、确保粮食稳定供给、促进技术培育和保护、完善投资环境等，不仅对发展中国家的可持续发展至关重要，对日本而言也非常重要，因此，日本将积极采取措施帮助发展中国家促进供应链多样化、培养人才、完善法律制度及改善基础设施。（2）数字化转型（DX）与所有的发展问题直接联系，是实现"高质量增长"的关键所在。日本将积极促进数据在可信任条件下自由流动（DFFT），同时积极促进数据的灵活利用及数字技术的普遍应用，并加强应对网络安全问题。（3）加强高质量基础设施建设。日本将继续从"软""硬"两个方面推动发展中国家基础设施建设，并强调推进兼具透明性、开放性、经济性、债务可持续性等的"高质量基础设施"建设。

第二，实现和平、安全及稳定的社会，维持并加强基于法治的自由开放的国际秩序。日本自 2016 年日本正式推出"自由开放的印太"构想后，就一直强调要推动 ODA 进一步向"印太"地区倾斜，并不断加大对东南亚、南亚乃至中东、非洲等"印太"国家的战略援助力度。因此，新版《开发合作大纲》也顺应日本战略转型，将 2015 年版《开发合作大纲》提出的"共享普遍价值"改成"维持并加强基于法治的自由开放的国际秩序"，明确提出要通过对外援助来推动"自由开放的印太"构想实现。

第三，主导应对日益复杂化、严峻化的全球问题的国际合作。新版《开发合作大纲》指出传染病、气候变化等跨国问题给国际社会尤其是脆弱的发展中国家、贫困阶层带来了日益严峻的影响，这些综合性危机有可能导致国际社会在 2030 年前难以实现可持续发展目标。因此，日本要在气候变化及环境、医疗卫生、防灾减灾、教育等问题上发挥积极作用，主导国际合作。

### （四）改进对外援助实施体制

在如何更好地推动对外援助的实施方面，新版《开发合作大纲》提出了三个方面的改进措施。

第一，提出通过"共创"推动对外援助。日本提出与民间企业、公共金融机构、其他对外援助国、国际性机构与地区性机构及国际发展金融机构、市民社会、地方自治体、大学及研究机构、知日亲日派人士及日裔人士等各类可以参与对外援助的主体加强合作，以实现援助效果的最大化。为此，新版《开发合作大纲》提出要重视人力和智力基础，确保数字化转型、绿色转型及金融等领域的专业人才培养。为了进一步动员民间资金参与 ODA，日本国际协力机构（JICA）不仅需要熟悉对外援助及技术方面的专家，还需要了解企业活动和 ESG（环境、社会及公司治理）投资等金融知识的人才。此外，JICA 加强与企业、市民社会及 NGO 在供应链中的人权保护及环境保护等问题上的合作与协调。

第二，以"提案型"援助方式取代"请求型"援助方式。日本对外援助一直强调由受援国根据自身需求主动提出项目申请，日本政府根据受援国的"请求"来做出援助的决定。而新版《开发合作大纲》则明确提出，今后日本将采取更加积极主动的方式，不需受援国提出申请，而是由日本根据自身战略需求主动提出援助方案，凸显日本经济外交的主动性。改为"提案型"援助方式后，日本将按照本国的外交政策，战略性地选择需要集中投入资源及人力的重点领域，制定该领域的援助目标、援助计划（达成目标的具体方法），在此基础上积极提出"援助菜单"（实施援助方案的合作项目），并通过对话协商，最终确定能积极发挥日本强项的援助方案。日本外务省已在官网上公布了对"绿色转型和气候变化"、"数字化转型和数字化"及"加强经济韧性"三个领域的援助"提案"。

第三，新版《开发合作大纲》提出通过细致的设计，不断完善对外援助制度，加强对中等收入国家的援助，改善紧急人道主义援助，并做出快速决策。例如，新版《开发合作大纲》提出在进行紧急人道主义救援时，不仅要从人力、物力及资金等各方面灵活提供援助，还应该实现援助的"可视化"，为此，要在派遣国际紧急救援队（JDR）等方面，积极加强并改善援助体制。

## 三　日本加速调整《开发合作大纲》的战略动因

日本政府通过新版《开发合作大纲》，缩短修改对外援助指导性纲领的周期，凸显了在新时代下日本对日益强大的中国的"担忧"，以及其希望通过 ODA 为进一步实现国家利益做贡献的急迫性。

### （一）应对国际形势的新变化

日本认为自 2015 年制定《开发合作大纲》以来，国际形势发生了诸多重大变化，因此，日本的 ODA 政策也应该根据时代的变化进行更新，并通过更加有效地、战略性地实施 ODA，来引领国际援助的发展。

首先，日本认为当今世界正处于历史转折期，面临"综合性危机"，给世界经济发展带来诸多不确定性。为此，必须有效实施作为外交重要工具的对外援助政策，特别是战略性地灵活利用 ODA。① 其次，在 2015 年版《开发合作大纲》通过后，2016 年为应对气候变化，《联合国气候变化框架公约》近 200 个缔约方一致通过《巴黎协定》。因此，日本需要根据新的规定，在应对气候变化、保护生态环境、促进性别平等、关注健康福祉等诸多新问题上加大援助力度。最后，俄乌冲突爆发以来，日本认为自由开放的国际秩序及多边主义面临重大挑战，周边安全环境更加严峻，维护国家利益面临多重难题。日本 2022 年版《开发合作白皮书》开篇就指出，不能对世界其他地方发生的危机隔岸观火，世界和平及经济社会的安定繁荣对日本也非常重要。② 专家恳谈会也向政府建议，利用 ODA 积极解决全球问题，并通过由此获得的国际社会利益，为日本带来中长期的国家利益。因此，日本政府希望在新版《开发合作大纲》中比此前更加明确地表明追求日本国家利益，并为此进一步加强日本的外交力量，尤其是加强对 ODA 的战略性使用。

日本制定的 2022~2026 财年 ODA 中期计划确定了四个重点发展领域，分别是：（1）进一步加强对实现"自由开放的印太"的贡献；（2）培养亲日和知日的领导人；（3）应对气候变化及环境问题；（4）进一步激发与促进日本社会经济的活力与国际化。在此基础上，日本强调要通过对外援助解决发展问题及全球难题，为维护日本的国家利益做出贡献。③

## （二）配合日本国家安全保障战略调整的需要

2022 年 12 月，日本正式通过新版《国家安全保障战略》，对国家利益

① 外務省「開発協力大綱の改定に関する有識者懇談会報告書」、2022 年 12 月、https：//www. mofa. go. jp/mofaj/files/100432142. pdf［2024-01-05］。
② 外務省『開発協力白書（2022 年版）』、2023 年 5 月 22 日、https：//www. mofa. go. jp/mofaj/gaiko/oda/files/100507326. pdf［2024-01-05］。
③ JICA「国際協力機構年次報告書 2022」、2022 年 8 月、https：//www. jica. go. jp/Resource/about/report/2022/glkrjk00000099zm-att/2022_J_all. pdf［2024-01-05］。

的定义进行一定修改，并进一步强调对 ODA 的"战略性活用"。① 首先，新版《国家安全保障战略》新增"应继续推动日本及其国民受到世界尊敬并获得外界的好意""要创造日本与其他国家共存共荣的国际环境""特别要在'印太'地区维持并发展自由开放的国际秩序"等内容。这主要是由于日本认为国际权力重心正逐渐向"印太"地区转移，同时，该地区安全环境和问题也日益严峻，因此，在"自由开放的印太"构想下，实现"基于法治的自由开放的国际秩序"对日本的安全保障至关重要。② 其次，日本提出有必要"俯瞰"地缘政治竞争并应对全球挑战，最大限度地灵活运用包括外交力、防卫力、经济力、技术力及信息力在内的综合国力，来维护日本的国家利益。为实现上述目标，在旧版《国家安全保障战略》中强调对 ODA 进行"战略性活用"的基础上，新版《国家安全保障战略》进一步强调要将"战略性活用以 ODA 为主的国际援助"作为支柱，在"自由开放的印太"构想下实现自由开放的国际秩序和国际社会的共存共荣。此外，新版《国家安全保障战略》还提出要在 ODA 无法涵盖的军事领域，制定新的援助机制。最后，在对华战略定位方面，在旧版《国家安全保障战略》中，日本提出对中国的动向表示"担忧"；而在新版《国家安全保障战略》中，日本将对华定位提升为"迄今为止最大的战略挑战"，并表示将通过运用日本的综合国力及与盟国、"志同道合"的国家的合作来应对挑战。

因此，伴随日本国家安全战略的重大转向，日本越发强调要同时增强自身的外交力和防卫力，特别是进一步强化作为安全保障最前线的外交力。

## （三）加强对中国的竞争与牵制

日本不仅在新版《国家安全保障战略》中调整对华定位，还在 2023 年《外交蓝皮书》中声称日本面临二战以来最严峻的国家安全环境，并首次在

---

① 内閣官房「国家安全保障戦略について」、2022 年 12 月 16 日、https：//www. cas. go. jp/jp/siryou/221216 anzenhoshou/nss-j. pdf［2024-01-05］。

② 和喜多裕一「開発協力の政策課題-大綱改定の歴史を踏まえた今後の課題-」、『立法と調査』2023 年 2 月、196 頁。

《外交蓝皮书》中提出"中国对日本构成前所未有的重大战略挑战"。① 此外，日本利用 2023 年担任七国集团（G7）轮值主席国之机，联合美欧在广岛举行的首脑峰会发布联合声明，提出要在经贸领域"去风险"，并建立所谓"应对经济胁迫的协调平台"。②

今后，为加强对华竞争与牵制，日本将更加重视以经济援助为杠杆，一方面，大力加强对"全球南方"（Global South）③的外交攻势，通过加大战略投入力度争取拉拢"全球南方"进入己方阵营。另一方面，日本积极推进"自由开放的印太"构想，加强与中国"一带一路"倡议的竞争，力图主导"印太"地区国际秩序。

## 四　日本对外援助政策发展趋势

日本新版《开发合作大纲》比此前所有版本都更加直接地强调 ODA 对日本国家利益的贡献，从中可以看出今后日本对外援助政策发展趋势。

第一，不断突破援助禁区。随着中美博弈加剧和俄乌冲突爆发，日本对自身国家利益的关注更加强调军事安全和经济安全，日本的 ODA 也进一步向安全层面倾斜，高度强调推进"自由开放的印太"构想和经济安全，并借向乌克兰提供援助，不断突破禁区"向非冲突地区提供援助"。2023 年 5 月 21 日，日本首相岸田文雄与乌克兰总统泽连斯基在广岛举行会谈，岸田表示，2023 年 2 月以来，日本已向乌克兰提供总计达 76 亿美元的援助，同

---

① 外务省『外交青书 2023』、2023 年 6 月 30 日、https：//www. mofa. go. jp/mofaj/gaiko/bluebook/2023/pdf/index. html［2024-01-05］。

② 外务省「G7 広島首脳コミュニケ」、2023 年 5 月 20 日、https：//www. mofa. go. jp/mofaj/files/100507034. pdf［2024-01-05］。

③ 2023 年以来，日本首相岸田文雄多次在发言中表示，"全球南方"指的是主要位于南半球的新兴市场及发展中国家。岸田一方面特别强调"全球南方"不包括中国，另一方面将日本定位为美欧与"全球南方"之间的桥梁。2023 年，日本政府发布的《外交蓝皮书》和2022 版《开发合作白皮书》都首次提及"全球南方"概念，强调要加强与"全球南方"的合作，并提供必要的援助。

时宣布，将向乌克兰提供 100 台自卫队车辆及 3 万份应急食品。① 2023 年 6 月，日本又宣布向乌克兰遭受洪灾地区提供 500 万美元紧急无偿资金援助和净水器及排水泵等物资。② 为了与美欧保持高度同步，借机彰显自身作为"负责任"大国的国际形象和影响力，日本在向乌克兰提供军用车辆和物资的同时，还希望在援助战斗武器装备等方面实现突破。

第二，新建 ODA 之外的军事援助机制。在修改《开发合作大纲》的同时，日本还推出了一个对外军事援助新机制，即"政府安全保障能力强化支援"（OSA）制度，向"志同道合国家"提供防卫装备品等无偿援助，弥补了日本 ODA 仅限于向非军事领域提供援助的"短板"。2023 年，日本首选菲律宾、马来西亚、孟加拉国和斐济作为受援国，向其提供通信卫星、警戒监视雷达等不具备杀伤力的装备。2023 年 7 月 11 日，日本外务大臣林芳正宣布将在外务省内新设专门负责 OSA 制度的"安全保障协力室"，加强对 OSA 的战略性推进。③

第三，进一步加强对外援助的主动性。与此前单纯强调 ODA 的"量"或"质"不同，今后，日本将更加强调同时提升 ODA 的"质"和"量"，在通过"共创"方式扩大 ODA 预算的同时，以"提案型"援助方式加强日本的主动性，从战略上深化日本与受援国的关系，进一步提升日本在全球发展合作中的影响力，并加大对中国的竞争与制衡力度。不过，由于财政困难，日本很难大幅增加 ODA 预算及实际支出，因此，"在规模上与中国竞争是不现实的，日本应该在自己擅长的去碳化等领域，专注于进行高质量的援助"。④

第四，加强与中国竞争影响力。此外，日本将更加强调通过 ODA 推动"自由开放的印太"构想的实现，并在此过程中，与中国竞争影响力。例

---

① 外務省「日・ウクライナ首脳会談」、2023 年 5 月 21 日、https：//www.mofa.go.jp/mofaj/erp/c_see/ua/page4_005914.html［2024-01-05］。

② 外務省「ウクライナ南部における洪水被害に対する追加支援」、2023 年 6 月 23 日、https：//www.mofa.go.jp/mofaj/press/release/press7_000063.html［2023-07-01］。

③ 「防衛装備支援の担当室を新設　外務省」、『日本経済新聞』2023 年 7 月 12 日。

④ 「（社説）ODA は民の力交え質高めよ」、『日本経済新聞』2023 年 6 月 29 日。

如，日本加大对东南亚等国的经济援助力度，就是为了促使相关国家降低对中国的依赖度。而日本在新版《开发合作大纲》中强调"基于透明公平的规则展开合作"的同时，新增"充分顾及对方国家债务可持续性"的原则，宣传日本与中国在援助做法上的区别，试图破坏中国国际形象，离间中国与其他发展中国家的关系。

（审读专家：张　勇）

# 附　录
## 2023年日本大事记

吴　限　张晓磊　周旭海　陈　刚*

## 1月

**1日**　日本从2023年开始第12次担任联合国安理会非常任理事国。作为1月的轮值主席国，日本拟推动安理会出台一致意见，以应对朝鲜的核武器与导弹开发问题。

**4日**　首相岸田文雄在新年记者招待会上表示，在国内外形势面临重要转折的背景下，"致力于打造经济良好循环的全新基础"与"挑战多维度的少子化对策"成为内阁新一年的重要课题。

**5日**　日本经济产业大臣西村康稔与美国商务部长雷蒙多举行会谈，双方就加强日美经济安保领域的合作达成共识。

外务大臣林芳正与墨西哥外长埃布拉德举行会谈，就维持和强化基于法治的国际秩序的合作达成共识。

**6日**　首相岸田文雄与乌克兰总统泽连斯基举行电话会谈，表示将全力

---

＊　吴限，历史学博士，中国社会科学院日本研究所历史研究室副主任、副研究员，中日社会文化研究中心秘书长，主要研究方向为日本历史；张晓磊，法学博士，中国社会科学院日本研究所政治研究室副主任、研究员，日本政治研究中心秘书长，主要研究方向为日本政治和安全战略；周旭海，经济学博士，中国社会科学院日本研究所经济研究室助理研究员，主要研究方向为日本经济；陈刚，历史学博士，中国社会科学院日本研究所在站博士后，主要研究方向为日本历史。

推进对乌克兰的援助。

外务大臣林芳正与厄瓜多尔外长奥尔古因举行会谈，双方就加强在联合国安理会内展开合作、扩大日企对厄投资等达成共识。

国家安全保障局长秋叶刚男与英国国家安全顾问巴罗举行电话会谈，一致同意就尽快签署《互惠准入协定》（RAA）加强磋商。

**8 日**　日本因新冠病毒感染累计死亡人数超过 6 万人。

**9 日**　首相岸田文雄访问法国，与法国总统马克龙举行会谈，双方同意为促进七国集团首脑会议（G7 广岛峰会）的成功而加强合作。

日本对马来西亚海上保安机构实施培训和进行合作训练，以强化南海周边国家警备能力建设。

由中日韩合作秘书处发起的"中日韩精神——2023 年度汉字"评选结果在韩国首尔揭晓，"和合"以最高票当选。

**10 日**　首相岸田文雄访问意大利，与该国总理梅洛尼举行会谈，双方就创设安保磋商机制达成共识。

外务大臣林芳正访问巴西，与该国外长维埃拉举行会谈，双方一致同意就共同作为联合国非常任理事国加强合作，促进两国在粮食、能源、矿产资源等领域的合作。

外务大臣林芳正访问阿根廷，与该国外长菲耶罗举行会谈，双方就加强在矿产、粮食、人权等领域合作达成共识。

总务省公布的东京都消费者价格指数显示，2022 年 12 月，除生鲜食品外的核心 CPI 同比上涨 4.0%，涨幅较 11 月扩大 0.4 个百分点，达到 1982 年 4 月以来的最高水平。

**11 日**　首相岸田文雄访问英国，与英国首相苏纳克举行会谈，双方签署《互惠准入协定》（RAA），旨在更加顺畅地推进日本自卫队和英军的联合训练。

自民党政务调查会长萩生田光一访问印度，与"印度人民党"主席纳达举行会谈，双方就强化日印关系、推进政党间交流和强化安保合作等达成共识。

外务大臣林芳正访问美国，与美国国务卿布林肯举行会谈，双方确认将向乌克兰提供坚定不移的支援。

**12 日** 首相岸田文雄访问加拿大，与加拿大总理特鲁多举行会谈，双方确认加强在印度洋-太平洋地区的安全保障合作。

防卫大臣滨田靖一与美国国防部长奥斯汀举行会谈。双方确认加强包括核武器在内的防卫日本的"延伸威慑"的韧性，加强情报与网络安全合作，签署加快共同研究和强化供应链以扩大防卫装备技术合作等协议。

**13 日** 首相岸田文雄访问美国，与美国总统拜登会谈，双方就进一步深化日美同盟达成共识。

日本政府召开内阁会议，宣布将于春夏时节实施核污染水排海作业。

**19 日** 财务省公布的初步统计结果显示，2022 年，日本贸易收支逆差达 19.97 万亿日元，创有可比统计数据以来的历史新高。

**20 日** 总务省发布数据显示，2022 年 12 月，日本除生鲜食品外的核心 CPI 经季节调整后为 104.1，同比上升 4.0%，达到自 1981 年 12 月以来最高涨幅。

**23 日** 首相岸田文雄在第 211 次通常国会发表施政方针演说，称当前日本正处于"历史的转换节点"，需从根本上加强自身防卫力量建设及持续推进"新资本主义"下的经济政策调整。

**27 日** 日本政府决定追加对俄罗斯 36 名政府官员和 3 个团体实施资产冻结。

日本、美国、荷兰就加强尖端半导体技术对华出口管制达成共识。

**30 日** 首相岸田文雄与希腊总理米佐塔基斯举行会谈，双方就继续制裁俄罗斯和支援乌克兰达成一致，并表示将共同维持和加强基于法治的国际秩序。

**31 日** 厚生劳动省公布 2022 年平均有效求人倍率（即劳动力市场需求人数与求职人数之比）为 1.28 倍，较上年上升 0.15 个百分点，时隔 3 年出现改善。

经济产业省公布的数据显示，2022 年，日本工矿业生产指数为 95.6，较上年下降 0.1%。

# 2月

**1 日**　日本央行宣布，1 月共计买入 23.69 万亿日元国债，创历史最高纪录。

**3 日**　农林水产省发布的数据显示，2022 年，日本农林水产品及食品出口额达 1.41 万亿日元，同比增长 14.3%，连续 10 年刷新最高纪录。

**4 日**　首相岸田文雄决定撤换此前对于"同性婚姻"发表不当言论的首相秘书官荒井胜喜，由经产省秘书课长伊藤祯则继任。

**7 日**　首相岸田文雄同库克群岛总理布朗举行会谈，就福岛核污染水排海问题做出解释。

**8 日**　财务省公布的初步统计结果显示，2022 年，日本经常项目顺差为 11.44 万亿日元，较上年下降 47%，为 2014 年以来最低水平。

**9 日**　首相岸田文雄同菲律宾总统马科斯举行会谈，双方就强化自卫队和菲律宾军队的联合训练、优化部队相互往来机制、加强对菲投资等达成共识。

**10 日**　日本政府对外发布"为实现绿色转型基本方针"，未来 10 年将大力推动以绿色转型为基准的产业及能源政策调整，加强核能源建设和应用。

首相岸田文雄正式决定起用日本央行原审议委员植田和男担任新一届日本央行行长。

日本央行公布的初步统计结果显示，2023 年 1 月，日本企业物价指数为 119.8，同比上涨 9.5%，再创有统计数据以来的新高。

**14 日**　内阁府公布的初步统计结果显示，2022 年，日本实际 GDP 增长 1.1%，增幅小于上年。

**15 日**　外务大臣林芳正与联合国大会主席克勒希举行会谈，双方一致同意将为实现联合国安理会的改革而合作。

**18 日**　日本陆上自卫队与美国海军陆战队在鹿儿岛离岛和冲绳等地开

展为期一个月的大规模夺岛训练。

外务大臣林芳正与新西兰外长马胡塔举行会谈，双方确认将在安全领域加强合作，并同意为早日缔结《情报保护协定》加快谈判。

# 3月

**3日** 美日印澳在新德里举行四边机制外长会议并发表联合声明。

**6日** 冲绳县知事玉城丹尼访问美国，就停止搬迁美军机场问题同美国政府相关人士展开交涉。

外务大臣林芳正与印度尼西亚外交部长蕾特诺举行会谈，双方同意在基础设施建设、提高海上安保能力等方面加强合作。

**7日** 厚生劳动省发布的数据显示，2023年1月，日本人均实际工资同比下降4.1%，连续10个月同比下降，降幅创自1991年有统计数据以来的最大值。

首相岸田文雄与罗马尼亚总统约翰尼斯举行会谈，双方签署联合声明，将双边关系升级为"战略伙伴关系"。

**8日** 财务省公布的国际收支初步统计结果显示，2023年1月，日本经常项目呈现1.98万亿元逆差，为有统计数据以来的同期最高水平。

文部科学省公布的统计数据显示，2022年，日本中小学生、高中生自杀人数达到512人，自1980年有统计数据以来首次超过500人，创历史新高。

**9日** 日本政府宣布，拟基于《外汇与外贸法》，将与半导体、蓄电池、工业机器人等9种物资相关的行业列入外国投资的重点审查对象。

**10日** 日本央行宣布继续维持现有的超宽松货币政策不变。

**13日** 日本著名文学家、诺贝尔文学奖获得者大江健三郎先生去世，享年88岁。大江毕生致力于文学创作，反对军国主义，主张世界和平。

**16日** 防卫省在冲绳县石垣岛（石垣市）设置陆上自卫队石垣驻地，以"防卫空白地区"为由，在琉球群岛推进军事部署。

首相岸田文雄与来访的韩国总统尹锡悦举行会谈，就实现两国关系正常化达成一致。

财务省公布的贸易统计初值显示，2023 年 2 月，日本贸易收支逆差达 8977 万亿日元，较 1 月大幅收窄。

**17 日** 首相岸田文雄就少子化对策召开记者会，计划着手提高育儿假补贴和消除年收入壁垒，把实现"以孩子为先"的社会作为共同奋斗目标。

日本央行发布的数据显示，截至 2022 年底，国债发行总额为 1051 万亿日元，其中，央行持有的国债总额为 547 万亿日元，占比达 52%，创历史新高。

**18 日** 首相岸田文雄与来访的德国总理朔尔茨举行"政府间磋商"首次会议，双方确认在增强供应链韧性等经济安全领域加强合作。

**19 日** 外务大臣林芳正访问南太平洋岛国所罗门群岛，会见该国总理索加瓦雷，就所罗门群岛同中国签署安全协议表达关切。

**20 日** 首相岸田文雄访问印度，与该国总理莫迪举行会谈。

**21 日** 首相岸田文雄访问乌克兰，与该国总统泽连斯基会谈。

外务大臣林芳正访问库克群岛，与该国总理布朗会谈，就福岛核污染水排海问题进行说明，并邀请其出席 5 月在广岛举行的七国集团（G7）领导人会议扩大会议。

**23 日** 外务大臣林芳正与韩国统一部长官权宁世举行会谈，双方围绕朝鲜半岛局势进行深入讨论。

经济产业省宣布，解除三种半导体相关原材料对韩出口管制强化措施。

**27 日** 日本理化学研究所等单位开发的首台国产量子计算机正式投入使用。

**28 日** 日本参议院通过 2023 财年财政预算案，预算总额再创新高，达 114.3 万亿日元，其中，防卫费大增 26%，高达 6.8 万亿日元。日本政府还计划未来 5 年继续大幅增加防卫预算。

**31 日** 经济产业省宣布，将修订《外汇与外贸法》相关法令，把尖端半导体制造设备的 23 个品类追加为出口管制对象。

日本政府决定采取措施强化儿童津贴，扩充小学生保育、产后护理等方面的援助，以应对形势严峻的少子化问题。

# 4月

**3 日** 日本政府新设"儿童家庭厅"。该厅以应对"少子化"和提高国民生育率为最重要课题，为"少子化"对策的"总指挥部"。

**6 日** 防卫省发表声明称，陆上自卫队一架直升机在宫古岛附近海域坠毁，机上 10 人下落不明。

**7 日** 日本内阁会议决定任命经济学家植田和男为央行新一任行长，任期自 2023 年 4 月 9 日开始，为期 5 年。

日本内阁会议做出决定，将 4 月 13 日到期的对朝单边制裁期限延长 2 年。

防卫省与三菱重工业公司签约，计划用 4 年时间开发能从潜艇发射的远程导弹。

**10 日** 日本央行新行长植田和男在就任记者会上表示，将继续推行超宽松货币政策，力争达成 2% 的通胀目标。

财务省公布的国际收支初步统计结果显示，2023 年 2 月，日本经常项目由逆差转为顺差，实现顺差 2.20 万亿日元，同比下降 2.3%。

**11 日** 首相岸田文雄与来访的约旦国王阿卜杜拉举行会谈，双方呼吁缓和中东局势，实现中东和平。

**12 日** 日本央行公布的 2022 年度国内企业物价指数初值为 117.0，较上一年度上升 9.3%，升幅创自 1981 年度有可比统计数据以来的最大值。

总务省的统计数据显示，截至 2022 年 10 月 1 日，不计在日居住外国人，日本总人口为 1.22031 亿人，较上一年减少 75 万人，创 1950 年以来最大跌幅。

**15 日** 首相岸田文雄在和歌山进行演说时遭遇炸弹袭击，现场一名警员受轻伤。

**16 日** 七国集团（G7）外长会议在日本长野县开幕，与会各方围绕印度洋-太平洋地区及乌克兰局势交换意见。

**17 日**　日韩举行"日韩安全保障对话"，就强化安保合作达成一致。

**18 日**　首相岸田文雄会见美国国务卿布林肯，双方确认将为七国集团（G7）广岛峰会的成功而展开密切合作。

**19 日**　经济产业大臣西村康稔与美国贸易代表戴琪举行会谈，双方确认就"印太经济框架"（IPEF）谈判开展合作。

**20 日**　财务省公布的贸易统计初值显示，2022 年度，日本贸易逆差达 21.73 万亿日元，创自 1979 年度有可比统计数据以来的新高。

日本警察厅公布的犯罪状况统计报告显示，2022 年全年日本刑事案件超过 60.1 万起，较上年增加 3.3 万起，增幅为 5.9%。

**21 日**　首相岸田文雄与厚生劳动大臣加藤胜信在靖国神社春季例行大祭期间供奉祭品。

总务省发布的数据显示，2022 年度，日本核心 CPI 比上一年度上升 3.0%，升幅创自 1981 年度有可比统计数据以来的最大值。

**25 日**　自民党和公明党召开磋商会议，重点讨论对"防卫装备转移三原则"运用指针进行修改，意图解禁攻击性武器的出口限制。

首相岸田文雄在"新资本主义实现会议"专题会上讨论"生成式人工智能国家战略"，希望通过 AI 方式解决日本社会劳动力不足问题。

**26 日**　首相岸田文雄与孟加拉国总理哈西娜会谈，双方就启动缔结《防卫装备品和技术转移协定》谈判达成一致。

日本国立社会保障与人口问题研究所公布的日本未来人口推测结果显示，到 2070 年，日本人口将减少至 8700 万人。

**28 日**　日本内阁会议通过新一期《海洋基本计划》，声称"国家利益面临前所未有的严重威胁"。

**29 日**　首相岸田文雄开启访问埃及、加纳、肯尼亚、莫桑比克等非洲四国行程。

**30 日**　首相岸田文雄与埃及总统塞西举行会谈，就苏丹局势等问题确认合作意向。

# 5月

**1日** 首相岸田文雄与加纳总统阿库福-阿多会谈，表示将为促进该地区和平与稳定向加方提供 5 亿美元援助。

**2日** 财务大臣铃木俊一与韩国经济副总理兼企划财政部长官秋庆镐会谈，双方同意重启时隔 7 年的财务对话。

**3日** 自民党干事长茂木敏充与美国总统国家安全事务助理沙利文会谈，双方确认日美主导"印太"地区规则建构的重要性，就加强经济安保领域的合作达成共识。

首相岸田文雄与肯尼亚总统鲁托会谈，双方同意在"自由开放的印度洋-太平洋"构想下加强合作。

**4日** 首相岸田文雄与莫桑比克总统纽西会谈，双方就维护基于法治的国际秩序、不允许凭借力量单方面改变现状达成一致。

**7日** 首相岸田文雄访问韩国，与韩国总统尹锡悦会谈，双方就深化双边关系达成一致。

**9日** 日本政府宣布新设"AI 智能战略会议"，旨在推进人工智能开发、应用普及和相关法律制定等战略性决策部署。

**10日** 财务省公布的数据显示，截至 2023 年 3 月底，包括国债、借款以及政府短期证券等在内的政府负债总额达 1270.50 万亿日元，连续 7 年刷新历史最高纪录。

**16日** 外务大臣林芳正会见菲律宾外长马纳罗，双方确认将在东海和南海等领域密切合作，一致同意推进包括美国在内的三国安全保障合作。

**17日** 内阁府公布的初步统计结果显示，2023 年第一季度，实际 GDP 环比增长 0.4%，按年率计算增幅为 1.6%。

**18日** 首相岸田文雄会见美国总统拜登，双方就密切合作有关事宜达成一致。

首相岸田文雄会见英国首相苏纳克，双方达成"广岛协议"，旨在加强防务、贸易、科技等领域合作。

首相岸田文雄会见意大利总理梅洛尼，双方确认将为维持国际秩序而合作。

**19 日** 首相岸田文雄会见加拿大总理特鲁多，双方一致同意为向世界展示 G7 不可动摇的团结而携手合作。

**20 日** 首相岸田文雄与受邀出席七国集团（G7）领导人会议扩大会议的印度总理莫迪会谈，双方一致同意将在"自由开放的印度洋-太平洋"构想下开展合作。

美日印澳在广岛举行四边机制首脑会议。

**21 日** 日美韩三国首脑在广岛举行会谈，强调把三国合作提升到新高度。

首相岸田文雄与乌克兰总统泽连斯基会谈。

首相岸田文雄与越南总理范明政会谈，明确将通过活用政府开发援助（ODA）来强化双边关系。

冲绳县民举行和平集会游行，反对日本政府强化在琉球群岛的军事部署。

**25 日** 首相岸田文雄与斯里兰卡总统维克拉马辛哈会谈，双方围绕斯里兰卡债务问题进行磋商，并确认将在"印太构想"下展开紧密合作。

首相岸田文雄与老挝国家主席通伦会谈，双方商定将为 12 月召开的日本-东盟特别首脑会议开展合作。

日本与阿拉伯联合酋长国签署《防卫装备品和技术转移协定》。

**26 日** 财务省公布的数据显示，截至 2022 年底，日本对外净资产余额为 418.63 万亿日元，再创历史新高，日本连续 32 年成为全球最大债权国。

**29 日** 首相岸田文雄宣布撤换首相秘书官岸田翔太郎，由岸田事务所的山本高义继任。

# 6月

**1 日**　首相岸田文雄会见美国国防部长奥斯汀，双方就深化共同防卫达成一致。

**3 日**　日美韩三国防长举行会谈，就年内即时共享朝鲜弹道导弹相关情报达成共识。

日美澳菲四国防长举行首次联合会谈，就推进安全保障合作达成一致。

**4 日**　防卫大臣滨田靖一与澳大利亚国防部长马尔斯举行会谈，双方就为加快防卫装备品技术领域合作签署备忘录。

**6 日**　日本海上保安厅、菲律宾海岸警卫队、美国海岸警卫队在巴丹半岛以南海域举行联合训练，旨在强化三国在海上警备方面的合作。

**7 日**　日本海上自卫队与航空自卫队在冲绳以东海域同美军、法军实施联合训练。

**8 日**　内阁府发布的 2023 年第一季度 GDP 修订值显示，剔除物价变动因素后的实际 GDP 环比增长 0.7%，换算成年率为增长 2.7%。

**9 日**　日本制定新版《开发合作大纲》，旨在与发展中国家携手打造粮食和能源等供应链，推进运用数字技术等解决各种课题，战略性应对发展中国家的需求。

**10 日**　首相岸田文雄与阿拉伯联合酋长国外交与国际合作部长阿卜杜拉会谈，双方确认在联合国安理会内展开密切合作。

**13 日**　日本内阁会议通过新版《太空基本计划》，将大力推进太空安保能力建设。

**16 日**　日本内阁会议通过《2023 年经济财政运营和改革基本方针》《修订版新资本主义总体设计及实行计划》。

日本、美国、菲律宾举行安保事务高官磋商首次会议，就推进防卫合作达成一致。

**27 日**　经济产业省发布 2023 年度《通商白皮书》，报告强调兼顾维护自由公正的贸易秩序和保障经济安全两个方面的平衡。

**28 日**　防卫省发布《防卫技术指针 2023》，明确日本防卫技术发展的目标路线、关键任务和政策支持，为日本中长期的军事技术创新发展提供顶层设计和方向指引。

**29 日**　日韩两国同意重启货币互换协议，融资规模为 100 亿美元，有效期为 3 年。

# 7月

**3 日**　首相岸田文雄会见巴基斯坦外长比拉瓦尔·布托·扎尔达里，双方强调维持基于法治的国际秩序的重要性。

**4 日**　首相岸田文雄与国际原子能机构（IAEA）总干事格罗西举行会谈。

国际原子能机构公布关于东京电力公司福岛第一核电站核污染水排海计划的安全性检验报告，认为其排海方案"总体符合国际安全标准"，但格罗西强调，报告并不是对日本排海决定的"推荐"或"背书"。

日本与欧盟就加强半导体领域合作签署备忘录。

**5 日**　日本民众在东京电力公司总部前举行集会，抗议福岛核污染水排海计划。

**11 日**　外务省宣布成立"安全保障合作室"，以推进"政府安全保障能力强化支援"（OSA）制度的实施。

**12 日**　首相岸田文雄与北约秘书长斯托尔滕贝格会谈，双方发布了《个别针对性伙伴关系计划》（ITPP），旨在扩大日本与北约的安保合作。

首相岸田文雄与韩国总统尹锡悦举行会谈，就日本核污染水排海问题寻求韩方理解。

日本政府宣布《全面与进步跨太平洋伙伴关系协定》（CPTPP）在文莱生效，至此，签署 CPTPP 的 11 个初始成员国已全部生效。

**13 日**　首相岸田文雄与欧洲理事会主席米歇尔、欧盟委员会主席冯德莱恩举行定期首脑磋商，确认将加强在供应链和数字领域的合作。

**14日** 首相岸田文雄会见美国参谋长联席会议主席米利，双方确认将进一步强化日美同盟，在日本拥有和运用反击能力（对敌基地攻击能力）上推进合作。

防卫大臣滨田靖一与美国参谋长联席会议主席米利举行会谈，确认两国将加强在亚太地区的安保合作。

**16～19日** 首相岸田文雄出访沙特、阿联酋、卡塔尔，以深化日本同三国在新能源开发、天然气市场稳定、气候危机应对等领域的合作。

**20日** 经济产业大臣西村康稔访问印度，与印度电子和信息技术部部长阿什维尼·维什瑙举行会谈，双方确认将强化在半导体领域政策对话及产业合作。

财务省公布的初步统计结果显示，2023年上半年，日本贸易逆差同比下降12.9%，但仍高达6.96万亿日元。

日本与印度两国签署半导体供应链合作备忘录。两国将致力于建立对话机制，加强在技术、人才等领域的合作。

**23日** 日本政府基于修改后的《外汇与外贸法》，在涉及23个尖端半导体设备制造领域正式实施对华技术出口管制。

第十二届中日韩央行行长会议在日本横滨举行，三方就近期经济金融形势交换意见。

**25日** 首相岸田文雄会晤美国海军作战部长吉尔戴，双方确认将强化日美同盟的威慑力和应对能力。

**26日** 法国空军"阵风"战机飞抵日本宫崎县新田原基地，将与日本航空自卫队进行首次联合训练。

**27日** 外务大臣林芳正与印度外交部长苏杰生会谈，双方将为实现"自由开放的印度洋-太平洋"加强合作。

**28日** 日本央行宣布调整收益率曲线控制政策，将长期利率控制目标维持在-0.5%～0.5%，并允许新发10年期国债收益率突破央行上限目标，在0.5%～1%之间波动。

防卫省发布2023年版《防卫白皮书》，提出将重点发展七大防卫能力，不断提高威慑力，确保拥有"反击能力"，并在未来5年投入总额为43.5万亿日元的防卫费。

**29日** 外务大臣林芳正与斯里兰卡总统维克拉马辛哈会谈，就该国经济危机和债务问题展开磋商。

**30日** 外务大臣林芳正与马尔代夫外长沙希德会谈，双方一致同意为实现"自由开放的印度洋-太平洋"加强有关外交和安全保障合作的对话与交流。

**31日** 防卫大臣滨田靖一与沙特阿拉伯国防大臣哈立德会谈，双方就关于防卫装备及军事、技术领域的合作交换了意见。

# 8月

**2日** 外务大臣林芳正访问乌干达，与该国外交部长奥东戈会谈，双方就俄乌冲突交换意见，确认将合作维护国际秩序。

**3日** 官房长官松野博一在记者会上表示，日本在"慰安妇"问题上不会改变继承"河野谈话"的基本立场。

外务大臣林芳正访问埃塞俄比亚，与该国副总理兼外长德梅克会谈，双方确认将携手确保非洲粮食安全。

**4日** 日本航空自卫队与意大利空军在石川县小松基地进行首次联合训练，训练持续到10日。

**7日** 首相岸田文雄会见伊朗外长阿卜杜拉希扬，表达对伊朗扩大核相关活动的严重担忧，要求伊朗完全无条件配合国际原子能机构，双方还就中东局势交换了看法。

**8日** 财务省公布的国际收支初步统计结果显示，2023年上半年，日本经常项目顺差同比上升11.1%，达到8.01万亿日元。

**12日** 经济产业大臣西村康稔访问非洲三国，分别同赞比亚、纳米比亚、刚果（金）等国签署联合声明，加强在重要矿物领域的合作。

**14 日** 日本广播协会公布的民调结果显示，岸田内阁支持率比 7 月下降 5 个百分点，降至 33%，已连续 3 个月下滑，再创新低。

**15 日** 首相岸田文雄以"自民党总裁"名义，向靖国神社供奉"玉串料"。自民党政务调查会长萩生田光一、前防卫大臣稻田朋美和前环境大臣小泉进次郎等前往参拜。

日本政府在东京日本武道馆举行全国战殁者追悼仪式。

内阁府公布的初步统计结果显示，2023 年第二季度，实际 GDP 环比增长 1.5%，按年率计算增幅为 6.0%。

**18 日** 首相岸田文雄同美国总统拜登、韩国总统尹锡悦会谈，三方通过《戴维营原则》，宣布"开启三边伙伴关系的新时代"。

**21 日** 经济产业大臣西村康稔参拜靖国神社。

**24 日** 东京电力公司正式开始本年度首次福岛核污水排海作业，排放将持续 17 天，合计排放约 7800 吨核污染水。

**29 日** 日本政府发布 2023 年度《经济财政白皮书》，认为日本虽尚未完全摆脱通货紧缩，但摆脱通货紧缩转折点已经到来，呼吁应稳步提高工资，实现工资和物价同时上涨。

**31 日** 日本水俣病受害者团体发表声明，呼吁日本政府和东电集团即刻停止福岛核污染水排海，以免重蹈覆辙。

# 9月

**3 日** 外务大臣林芳正与约旦副首相兼外交与侨务大臣萨法迪会谈，双方就加强经济、核安全等领域的合作达成一致。

**4 日** 经济产业大臣西村康稔访问以色列，与以色列经济产业部长巴尔卡特会谈，双方就推动签署经济伙伴关系协定（EPA）展开讨论。

日本最高法院再度驳回冲绳县政府关于"拒绝美军基地县内搬迁工程推进"的上诉。

**6 日** 日英两国首次举行经济安保部长级对话，双方确认在非洲等地提升供应链韧性，在氢能和海上风电等领域加强合作，在经济安全保障上继续维持紧密的伙伴关系。

首相岸田文雄出席"东盟印太论坛"，宣布新的东盟支援措施。

首相岸田文雄与中国国务院总理李强首次会面。日方就福岛核污染水排海寻求中国理解，中方要求日方以负责任的方式处置核污染水。

**7 日**　首相岸田文雄与印度尼西亚总统佐科会谈，双方确认将就实现"自由开放的印度洋-太平洋"加强合作。

外务大臣林芳正与海湾阿拉伯国家合作委员会（GCC）成员国举行外长会议，确认合作促进能源市场稳定。

**8 日**　内阁府发布的 2023 年第二季度 GDP 修订值显示，剔除物价变动因素后的实际 GDP 环比增长 1.2%，换算成年率为增长 4.8%。

日中韩文化部长会议在韩国全州举行，三方签署《全州宣言》，共同促进文化交流和相互理解。

首相岸田文雄与土耳其总统埃尔多安举行会谈，双方确定为早日缔结日土经济伙伴关系协定（EPA）继续进行磋商。

**9 日**　首相岸田文雄出席二十国集团（G20）峰会，讨论乌克兰危机应对等问题。

"2023 中国节"在日本东京开幕。活动旨在通过文化展示、美食体验、旅游推介等方式为两国民众提供友好交流平台。

**17 日**　总务省公布的人口统计数据显示，日本 65 岁及以上老年人在总人口中所占比例达到 29.1%，再次刷新该国历史纪录。

**18 日**　外务大臣上川阳子与美国国务卿布林肯举行会谈，再次确认日美同盟的重要性，并就加强围绕俄乌冲突的紧密合作达成一致。

冲绳县知事玉城丹尼在联合国人权理事会会议上发表演讲，反对美军普天间机场搬迁至名护市边野古，批评日本强化琉球群岛军事部署加剧周边紧张局势，威胁冲绳人民安全。

**19 日**　外务大臣上川阳子出席七国集团（G7）外长会议，确认就俄乌冲突加强与各国的合作。

**20 日** 首相岸田文雄与蒙古国总统呼日勒苏赫举行会谈，双方确认将进一步加强包括防止沙漠化在内的双边合作。

**21 日** 外务大臣上川阳子与联合国秘书长古特雷斯举行会谈，就加强联合国职能和安理会改革议题表达合作意愿。

**24~25 日** 防卫大臣木原稔视察冲绳县宫古岛与石垣岛陆上自卫队驻地。

**26 日** 日本与中亚五国就推进能源领域合作举行部长级对话，各国一致同意围绕"脱碳"目标推进合作。

**27 日** 首相岸田文雄与美国印度洋-太平洋司令部司令阿奎利诺举行会谈，双方确认将强化日美同盟的威慑力和应对能力。

# 10月

**6 日** 厚生劳动省公布的初步统计结果显示，扣除物价上涨因素后，8月，日本实际工资收入同比下降2.5%，连续17个月同比减少。

**8 日** 经济产业大臣西村康稔与澳大利亚贸易部长法瑞尔举行会谈，双方就合作确保液化天然气和煤炭稳定供应达成一致。

日本殿堂级音乐人谷村新司去世。谷村先生是日本乐坛著名人物，不少作品深受中国民众喜爱。他热心中日人文交流，为中日友好事业做出了积极贡献。

**9 日** 外务大臣上川阳子与文莱外交主管部长艾瑞万举行会谈。

**10 日** 外务大臣上川阳子与越南外长裴青山举行会谈，双方一致同意为实现"自由开放的印度洋-太平洋"加强合作。

第十九届"北京-东京论坛"中日关系舆论调查结果发布。中日分别有60.1%和65.1%的受访者认可两国关系的重要性，对基于《中日和平友好条约》精神推动两国和平友好发展均抱有较高期待。

**11 日** 防卫大臣木原稔与越南人民军总参谋长阮新疆举行会谈，双方就推进安全保障领域合作的想法达成一致。

首相岸田文雄召开第一次"数字行政财政改革会议"，重点讨论加快国家和地方行政数字化改革的必要性和多项措施提案。

**13日**　日本政府向东京地方法院提出申请，要求其对"世界和平统一家庭联合会"（"统一教"）下达解散命令。

**14日**　日本陆上自卫队和美国海军陆战队联合举行"坚毅之龙"实战训练。

**17日**　首相岸田文雄在秋季例行大祭期间向靖国神社供奉祭品，经济安保大臣高市早苗、经济再生担当大臣新藤义孝前往参拜靖国神社。

**18日**　日本跨党派国会议员联盟"大家一起参拜靖国神社国会议员会"集体参拜靖国神社。

**19日**　第19届"北京-东京论坛"在北京开幕。

防卫大臣木原稔与澳大利亚副总理兼国防部长马尔斯会谈，双方就推进包括美国在内的三国防卫合作达成共识。

**20日**　总务省发布的数据显示，2023年9月，日本去除生鲜食品的核心CPI经季节调整后为105.7，同比上升2.8%，自2022年8月以来首次降至3%以下。

**23日**　"纪念日中和平友好条约缔结45周年"招待会在日本东京举行。

**24日**　日本政府召开内阁会议，决定任命金杉宪治为新一任驻华大使，接替现任大使垂秀夫，另外任命山田重夫、武藤显分别出任驻美、驻俄大使。

首相岸田文雄会见东盟秘书长高金洪，双方就将于12月底召开的日本-东盟特别首脑会议展开密切合作达成一致。

**25日**　首相岸田文雄与丹麦首相弗雷泽里克森举行会谈，双方确认将加强在安全保障、经济、气候变化等领域的合作。

**30日**　《日本经济新闻》公布的舆论调查结果显示，岸田内阁支持率跌至33%，较之上月跌幅高达9个百分点，趋近30%的"下台危险水域"。

**31 日** 日本央行宣布对收益率曲线控制政策再次进行调整，允许长期利率在一定程度上超过 1%。

# 11月

**2 日** 日本政府在临时内阁会议上通过一项 17 万亿日元的综合经济刺激对策。

**14 日** 外务大臣上川阳子、经济产业大臣西村康稔与美国国务卿布林肯、商务部长雷蒙多举行日美外交经济"2+2"会谈，双方确认将共同努力强化半导体和矿产等重要物资的供应链韧性，以对抗经济胁迫和降低对特定国家的依赖风险。

"新时代·中日教育交流的创新与发展"中日教育交流会在东京举行，来自两国 185 所高校的代表就深化两国教育合作和人文交流等议题进行探讨。

**15 日** 内阁府公布的初步统计结果显示，2023 年第三季度，实际 GDP 环比下降 0.5%，按年率计算为下降 2.1%，为三个季度以来首次出现负增长。

创价学会名誉会长池田大作去世，享年 95 岁。池田大作于 1964 年以创价学会为母体创立公明党，并长期致力于推动中日和平友好，为中日友好事业做出了积极贡献。

"第六届中国国际进口博览会——2023 中日健康促进与创新技术发展论坛"成功举办。

首相岸田文雄参加亚太经合组织（APEC）峰会，与泰国总理赛塔举行会谈，双方确认将为 12 月召开的日本-东盟特别首脑会议展开合作。

**16 日** 中国国家主席习近平在旧金山会见日本首相岸田文雄。两国领导人重申恪守中日四个政治文件的原则和共识，重新确认全面推进战略互惠关系的两国关系定位，致力于构建契合新时代要求的建设性、稳定的中日关系。

首相岸田文雄与韩国总统尹锡悦举行会谈，双方表达了对朝鲜加速核武与导弹开发的担忧，确认将加强美日韩三国的紧密合作。

首相岸田文雄与美国总统拜登举行会谈，双方就合作改善加沙人道状况达成共识。

**25 日**　外务大臣上川阳子与中共中央政治局委员、外交部长王毅举行会谈，双方确认推进两国"战略互惠关系"，就尽早举行"中日安全对话"、重启两国经济高层对话和高级别人文交流磋商机制展开协调。

**27 日**　首相岸田文雄与到访的越南国家主席武文赏举行会谈，双方确认将在安全保障领域扩大合作。

**29 日**　日本参议院表决通过《2023 年度财政补充预算案》，一般会计年度支出总额达到 13.1992 万亿日元。

# 12月

**1 日**　首相岸田文雄会晤埃及总统塞西，双方就巴以冲突交换意见，日本计划向埃及提供 2.3 亿美元援助。

首相岸田文雄与以色列总统赫尔佐格举行会谈，双方同意就巴以冲突保持密切沟通。

自民党最大派系"安倍派"爆出政治资金丑闻，因总计超过 1 亿日元的现金回扣未写入"安倍派"的资金收支报告，涉嫌严重违反《政治资金规正法》。

**2 日**　首相岸田文雄与法国总统马克龙举行电话会谈，就之后 5 年的日法双边合作路线达成共识。

**3 日**　第十六届中日韩卫生部长会议在北京举行。三方就加强基层卫生体系韧性、促进健康老龄等问题进行深入交流。

**6 日**　国际环境保护团体"气候行动网络"在《联合国气候变化框架公约》第 28 次缔约方大会（COP28）上，向日本、美国等对全球变暖对策持消极态度的国家颁发了讽刺性奖项"化石奖"。

首相岸田文雄主持召开七国集团（G7）首脑视频会议，表示将向乌克兰追加 45 亿美元援助。

**7 日** 日本动画制作公司"京都动画"（京阿尼）纵火案进行庭审，日本检方要求对被告青叶真司判处死刑。

首相岸田文雄与挪威首相举行会谈，双方宣布将两国关系提升为战略伙伴关系。

首相岸田文雄宣布辞去"宏池会"会长职务。

**8 日** 内阁府发布的 2023 年第三季度 GDP 修订值显示，剔除物价变动因素后的实际 GDP 环比下降 0.7%，换算成年率下降 2.9%。

**9 日** 今年是南京大屠杀惨案发生 86 周年，日本市民组织"延续南京记忆会"并举行集会，呼吁日本民众不忘历史、构筑和平。

**12 日** 日本汉字能力检定协会公布 2023 年日本年度汉字为"税"。

文部科学省公布学校基本情况调查结果显示，2023 年，日本短期大学的学生人数在 30 年间减少了 84%，目前仅有 8.6 万人。

**13 日** 日本众议院否决立宪民主党提交的关于岸田内阁的"不信任案"。

**14 日** 首相岸田文雄撤换涉"黑金政治"丑闻的官房长官、经济产业大臣、总务大臣和农林水产大臣四名阁僚。

**16 日** 首相岸田文雄分别与泰国、菲律宾、马来西亚、印度尼西亚、越南、老挝、文莱 7 个国家领导人举行会谈。

**17 日** 《每日新闻》公布的舆论调查结果显示，岸田内阁支持率下降至 16%，是自 2011 年 8 月该媒体实施舆论调查以来，首次有首相支持率跌破 20%，已进入"下台水域"。

**19 日** 日本央行发布 2023 年度最后一次货币政策会议结果，对大规模货币宽松政策进行部分调整，将长期利率的波动幅度由 -0.25%~0.25% 放宽至 -0.5%~0.5%。

**20 日** 外务大臣上川阳子出席"日印协会"会议，称将加强与印度等"全球南方"新兴市场国家和发展中国家的合作。

**22 日**　厚生劳动省公布的日本老年人就业状况调查结果显示，2023 年，众多企业引入延迟退休和继续雇用等制度后，允许员工根据意愿工作至 70 岁的日本企业已占所有企业的 29.7%，与上一年相比上升 1.8 个百分点。

日本内阁会议通过 2024 财年政府预算草案，其中，防卫预算为 7.9496 万亿日元，较 2023 财年增加 16.5%，再创历史新高。

**25 日**　内阁府公布的国民经济年度推算显示，2022 年，日本人均名义 GDP 为 34064 美元，被意大利超越，跌至 G7 成员国最末位。

**27 日**　日本原子能规制委员会解除全球最大核电站的柏崎刈羽核电站运行禁令。

**28 日**　东京地检特搜部以违反《公职选举法》为由，正式逮捕前法务副大臣柿泽未途。

**29 日**　东京股市年终交易日日经平均指数以 33464 点收盘，为 1989 年 12 月以来年终收市的最高点。

# Abstract

In 2023, the global economic growth slows down and regional conflicts erupts at various countries. The international landscape accelerates its adjustment, with geopolitical games becoming increasingly intense and competition among major powers exacerbating the disorder in the international system, and the global governance faces pressure for change. In that context, Japan is faced with serious domestic challenges. The political disorder continues with the Kishida administration remaining instable. Japan's economy fluctuates with the prospect of recovery remaining not optimistic. Japan's social reform in Japan continues with the effect of the policy to be observed. In terms of foreign strategy, Japan actively implements the " three security documents" and enhances its " comprehensive strategic activeness" and international influence. China-Japanese relations remain at a low level of cooperation, but positive factors have increased.

In 2023, the Kishida's administration continues the trend of relatively good performance of diplomacy and poor performance of domestic affairs. In the first half of the year, Kishida wins public support by hosting the G7 Hiroshima Summit, while in the second half of the year, his administration begins to fall into a downward spiral due to the domestic problems. The reorganization of LDP party and government personnel fails to boost cabinet support, and the loss of public support accelerates. Since the exposure of the scandal of LDP factions violating the Political Funds Regulation Act and setting up private coffers, the support rate of Kishida administration and LDP fall to the lowest level since the LDP came back to power in 2012, and both suffer a serious crisis of confidence. In order to achieve re-election in the September 2024 LDP presidential election, Kishida has attempted to take advantage of the favorable opportunity to dissolve the House of

Representatives, early re-election, but ultimately fails to do so.

In 2023, Japan's economy fluctuates, with its recovery being driven by the external demand while the domestic demand remaining weak. Factors such as the Yen depreciation have stimulated significant growth in exports, but high inflation and declining real wages have inhibited consumption, and industrial upgrading and transformation has been blocked, leading to conservative corporate investment. The labor shortage problem becomes even more prominent, also intensifies the uncertainty of the recovery prospects. Kishida's economic policy continues to increase, but the comprehensive effectiveness remains to be seen. Japan's fiscal policy is facing a sustainability crisis, the adjustment of ultra-quantitative easing of monetary policy is caught in a dilemma, and Kishida's "new capitalism" policy emphasizes the promotion of scientific and technological innovation, accelerated greening and digital transformation, while the economic security policy hampers international cooperation.

In 2023, Japan's society is faced with many challenges and pressures for change. The aging population with fewer children still poses a serious challenge to the social security system, and the aggravation of the labor shortage remains to constrain the potential for economic growth and the optimization of the industrial structure. The Japanese government and corporations accelerates the digital transformation, including in the healthcare and nursing sectors, to build a sustainable social security system, while launching the "interdimensional childlessness countermeasure," which includes measures to increase the foreign workforce to alleviate labor shortages. The rise of AI technology has opened up possibilities for traditional cultural inheritance and innovation, but it also poses many challenges in terms of social ethics and employment.

In 2023, Japan is committed to maintaining a "free and open international order" and strengthening its regional influence through the Japan-U. S. alliance, with deepening its political and security ties with NATO members and India through strenthening the "2 + 2" mechanism, the "quadrilateral mechanism" among the U. S. , Japan, India, and Australia, and the signing of the Material and Labor Agreement and the Reciprocal Access Agreement. Japan also attempts to strengthen its influence on the countries of the "Global South" and encourages them to "choose sides" in the major power competition. Japan takes advantage of the G7 summit in Hiroshima to display its "image of peace", and at the same time participates in the largest air military exercise in the history of NATO. Kishida visits the Middle East for the first time to strengthen the sense of presence in the region. Meanwhile, Japan's discharge of the Fukushima nuclear c water has aroused skepticism and strong opposition from the public and the international community.

China-Japan relations remain relatively stable in 2023 in the context of the 45th anniversary of the signing of the Treaty of Peace and Friendship between China and Japan, with the leaders' meeting providing key political leadership. However, Japan has reneged on its commitments on the Taiwan issue, sending political wrong signals that hinder the recovery of China-Japan relations. China's market remains strongly attractive to Japan, but Japan's economic efforts to follow the U. S. lead in China are increasing as the U. S. intensifies its strategic rivalry with China. China-Japan security dialogues gradually resumes, but Japan's policy toward China remains confrontational, with involving the "Taiwan question" and highlighting the "China threat", as well as building the containing circle around China through security cooperation with other countries. In 2024, China-Japan relations will continue to face uncertain and even risky situation. Effort should be made to grasping the correct direction, eliminating external interference, enhancing mutual trust, properly handling differences and contradictions and promoting the implementation of high-level and diversified exchanges and cooperation between China and Japan.

**Keywords**: Fumio Kishida; Political Funding Scandal; Nuclear Contaminated Water Discharge into the Ocean; China-Japan Strategic Partnership Based on Mutual Benefit; Global South

# Contents

## I  General Report

**Abstract**: In 2023, the world economy recovers slowly and changes of the geopolitical landscape accelerates. The great power competition intensifies and the policies of the United States and the West contribute to the trend of global and regional fragmentation and confrontation. In Japan, the Kishida administration of Liberal Democratic Party (LDP) suffers a serious setback, despite its adoption of a variety of policies, including the introduction of a number of reform measures to demonstrate the grassroots gesture, the Kishida administration remains unable to curb the downward trend of its approval rate and has actually plunged into a ruling crisis. Meanwhile, under the impact of domestic and foreign factors, the transformation of Japan's post-war peace and development accelerates with growing strategic focus of the military. Japan's strategic orientation of counterbalancing China becomes even more prominent, and China-Japan relations are once again at a critical crossroads, facing the most complicated situation since the normalization of China-Japan relations, and encounters a series of new risks and new challenges. Following the commemoration of the 50th anniversary of the normalization of China-Japan relations in 2022, the two countries celebrates the 45th anniversary of the conclusion of the Treaty of Peace and Friendship between China and Japan in 2023, and the two sides have taken this opportunity to revisit the original spirit of the treaty, strengthen key political leadership, resume exchanges and cooperation in various fields, and launch a series of dialogues and interactions.

**Keywords**: Fumio Kishida; Realist Diplomacy in the New Period; Treaty of Peace and Friendship between China and Japan; Political Scandal; Mini-multilateral Mechanisms

# II   Reports of Key Aspects

**B.2**   Japanese Politics in 2023: The Kishida Administration Being
"Strong in Diplomacy" and "Weak in Domestic Affairs"

*Zhang Boyu* / 029

**Abstract**: Similar to 2022, the governing posture of Kishida's administration in 2023 still shows the characteristics of being "strong in diplomacy" and "weak in domestic affairs". In the first half of the year, the G7 Hiroshima Summit wins public support for the administration but in the second half of the year, its approve rate goes downward due to the improper handling of various domestic issues. The LDP and government's reshuffle on September 13 also fails to boost support ratings, and the Kishida administration has largely lost popular support since entering its third year in power. Prime Minister Kishida has twice tried to dissolve the House of Representatives in order to be re-elected in the LDP presidential election to be held in September 2024. It is public opinion that determines the direction of the Kishida administration and the political destiny of Kishida. Since the LDP's political funding problems is exposed, the support of the Cabinet and the LDP has fallen to the lowest level since the LDP returned to power in 2012, and the Kishida administration and the LDP suffers a serious crisis of political confidence. Without a significant increase in the cabinet's approval rates, Prime Minister Kishida may not be able to dissolve the House of Representatives or participate in the LDP presidential election again.

**Keywords**: Japanese Politics; Cabinet Approval Rate; G7 Hiroshima Summit; Dissolution of the House of Representatives; Leadership

## **B** . 3  Japan's Economy in 2023: Co-existed Bright and Dark Sides

*Tian Zheng* / 043

**Abstract**: In 2023, Japan's economic trend is characterized by ups and downs, showing both "light and dark sides". In 2023, Japan's economy faces such major problems as high inflation and the decline of real wage income of Japanese employees, lack of economic growth momentum and insufficient corporate investment, unsustainable crisis of fiscal policy, and the dilemma of ultra-loose monetary policy. The Kishida administration focuses on the implementation of the policy of "new capitalism", promoting scientific and technological innovation, accelerating the speed of green transformation and digital transformation, reinforcing investment in human capital, promoting the development of startups and pushing forward the plan to double the income from assets, but the implementation of the policy of economic security is not conducive to the resumption of Japan's economic growth. The Japanese economy is expected to maintain a slow recovery in 2024, with potential productivity expected to rise and the supply-demand gap to narrow.

**Keywords**: Japanese Economy; Inflation; Aging Population; Ultra-quantitive Monetary Policy; New Capitalism

## **B** . 4  Japan's Foreign Affairs in 2023: Constructing Foreign Relations Based on a "Free and Open International Order"

*Lyu Yaodong* / 058

**Abstract**: The year 2023 is the opening year of Japan's newly published

"Three Security Documents". With the growing power of conservatism in Japan, Prime Minister Fumio Kishida has continued to pursue a conservative policy approach since coming to power. In the field of foreign affairs, Japan not only rely on the alliance with the United States to exert influence on the security of the East Asian region, vigorously promote the "Free and Open Indo-Pacific" (FOIP) concept under the values of diplomacy, to further develop and deepen the relationship with the United States, Australia, Africa and other countries, but also in the United States support, and continue to promote with India, NATO, With the support of the U. S.. Japan also continues to promote cooperation with India, NATO, the Middle East, and other countries in the security field. Those moves will bring profound and complex changes to the security situation in East Asia.

**Keywords**: National Security Strategy; Kishida Administration; Free and Open International Order; Japan-U. S. Alliance; China-Japan Relations

## B.5　Japanese Society in 2023: Exploring New Paths through Challenges and Changes　　　　　　　*Guo Pei, Hu Peng* / 075

**Abstract**: In 2023, Japanese society faces numerous challenges. The growth of aging population poses a severe test to Japan's social security system. The trend of declining birthrates adds obstacles to economic growth and the labor market. Japan's government and enterprises attempts to build a sustainable social security system, advancing digital transformation in medical care and nursing and improving the treatment of caregivers to meet those challenges. the Japanese government proposes unconventional countermeasures to the declining birthrate, including the continued introduction of foreign labor among various methods to alleviate labor shortages. Although the Japanese Diet passed the "LGBT Understanding Promotion Act" in 2023, targeting sexual orientation minority groups, the legislation still faces numerous challenges, including insufficient societal understanding, differences in opinions among various political factions, and issues regarding its implementation and supervision. Meanwhile, the rise of generative AI technology has a profound impact on Japanese society, driving technological innovation but also bringing new ethical and employment challenges.

**Keywords:** Japan; Aging Population; Measures Dealing with Low Birthrate; LGBT Understanding Promotion Act; Generative AI

**B**. 6  Japanese Culture in 2023: Cultural Policies and

Practice that Contribute to Regional Revitalization

*Zhang Jianli* / 092

**Abstract:** The year 2023 marks the 10th anniversary of the implementation of the regional revitalization policy in Japan. The Japanese government explores how culture can play a role in helping regional revitalization. In 2023, in terms of cultural policy, as one of the important policies to promote regional revitalization through culture, the relocation of the Japanese Cultural Agency to Kyoto has been finally implemented. In terms of facilitating the cultural practice of regional revitalization, popular Japanese animation culture has played an important role. The city of Niigata establishes a world animation center by hosting a long-running animation film festival that is tailored to the needs of the region, and is promoting regional revitalization through the integration of animation culture and industry. The annual "National Culture Festival" not only organically integrates the power of traditional and modern cultural and artistic resources to help regional revitalization, but also its implicit role in establishing the prestige of the emperor and building national identity which should not be underestimated.

**Keywords:** Regional Revitalization; Agency for Cultural Affairs; Animation; National Culture Festival

**Abstract**: In 2023, in the context of the 45th anniversary of the signing of the Treaty of Peace and Friendship between China and Japan, the political and diplomatic relations between China and Japan continues to develop. However, Japan repeatedly violates its commitments on the question of Taiwan, releasing erroneous political signals, and hindering the improvement of bilateral relations. The economic and trade relations between China and Japan have strong complementarity in terms of industrial structure, but due to the strengthening of strategic competition with China by the Biden administration of the U. S. , Japan continuously strengthens its economic efforts with the U. S. in controlling China. The China-Japan security dialogue gradually resumes and strenthens, but Japan's security policy towards China has shown obvious antagonism, strengthening the construction of a security encirclement against China. Japan's action fo Fukushima nuclear contaminated water discharge also becomes a new prominent interference factor affecting Sino Japanese relations. Looking ahead to the future, the development of China-Japan relations is still not optimistic. In order to improve and develop China Japan relations, the two countries should grasp the correct direction, strive to eliminate interference, enhance mutual trust, properly handle differences and contradictions, and carry out more high-level and diversified exchanges and cooperation.

**Keywords**: Treaty of Peace and Friendship between China and Japan; China-Japan Relations; Nuclear Contaminated Water; Indo-Pacific Strategy

# Ⅲ　Japan's Domestic Situation and Policy Adjustment

**Abstract**: Since the introduction of the second version of Maritime Basic

Plan in 2013, Japan has begun to see an increasingly obvious trajectory in the perception, positioning and evolution of its national strategy and maritime strategy, namely, that in the context of the pan-securitization of its national strategy, its maritime strategy has also tended to be pan-securitized, and that its maritime strategy and national security strategy have been deeply integrated, with a clear trend towards the maritime powerization of its national strategy. The fourth version of Maritime Basic Plan is the latest policy text reflecting the current degree of integration of Japan's national and maritime strategies and the degree of securitization of the two strategies. The continuity, connectivity and inheritance between the third and fourth versions of the plan become stronger. By comparing the formulation process, main contents of the third version of Maritime Basic Plan and the way of its implementation effect assessment, it is possible to understand more accurately and deeply the Japanese government's strategic intentions, policy connotations and its potential impacts in introducing the Fourth Marine Basic Plan. With the introduction of the Fourth Basic Plan for the Oceans, the tendency of Japan's maritime strategy towards pan-securitization has become very obvious.

**Keywords**: Japan; National Security; Maritime Strategy; Pan-securitization; The Fourth Version of Maritime Basic Plan

**B**.9  An Analysis of the Kishida Administration's Economic

Security Strategy  *Chen Youjun, Wang Xing'ao* / 133

**Abstract**: In recent years, Japanese government has increasingly prioritized the application of politico-security paradigms to guide or intervene in the nation's external economic engagements. Within this context, the Kishidaadministration has undertaken a reconfiguration of the critical supply chain's geographical architecture, bolstering regional and international collaborative efforts pertaining to supply chain resilience. Additionally, there has been a heightened regulation of sensitive technologies and information dissemination to expedite the fortification of strategic economic security measures. The Kishida administration has harnessed Japan's accumulated intellectual capital on issues of economic security, endeavoring to navigate the current economic uncertainties while simultaneously propelling a strategic transformation of Japan's industrial and national development paradigms. Furthermore, it seeks to advance its vision of a "Free and Open Indo-Pacific" (FOIP). Despite these initiatives, the Kishida administration enhanced economic security strategy is confronted with several intrinsic challenges. These include a potential disequilibrium between domestic economic security and economic growth, the paradoxical constraint of "strategic autonomy" within a framework of "strategic alignment" with the United States, intensification of regional economic and politico-security dilemmas, and the potential erosion of Japan's foundational structural power. The efficacy of these strategies and their implications for Sino-Japanese relations warrant further scrutiny and scholarly investigation.

**Keywords:** Economic Security Strategy; Economic Securitization; Supply Chain; Kishida Administration

## B.10 Japan's Technological Innovation Trends Based on the "2023 Strategic Innovation Promotion Program"

*Wang Yichen, Chen Xiang* / 147

**Abstract:** Japan has long insisted on promoting scientific and technological development through government-guided policies. In 2014, the Japanese government integrated the functions of various internal departments and established the "Conference on Comprehensive Science and Technology Innovation" (CSTI) as the "command tower" to promote the national science and technology strategy. Since the same year, CSTI has launched three consecutive phases of the "Strategic Innovation Promotion Program" (SIP). In 2023, based on the completion of the first and second phases of SIP, Japan released the third phase of the project plan, focusing on the overall goal of realizing "Society 5.0" to build a technology industry chain with greater social and market application value. The new round of scientific and technological innovation and development under SIP3 also reflects Japan's major strategic adjustments based on the new direction of global social development as well as its own technological characteristics and industrial structure.

**Keywords**: Strategic Innovation Promotion Program; Comprehensive Innovation Strategy 2023; Society 5. 0; Technological Innovation Industry; Council for Science Technology and Innovation (CSTI)

# **B**. 11　Changes, Characteristics, and Trends of Fumio Kishida's "Prime Minister-led" Decision-making Process

*Meng Mingming ∕ 162*

**Abstract**: Fumio Kishida has been influenced and constrained by former Prime Minister Shinzo Abe in the early days of his rise to power, and only after the latter's assassination in 2022 does he progressively govern on his own. Focusing on the changes and characteristics of Kishida's political decision-making in 2023, this article examines Fumio Kishida's decision-making style and its impact on Japanese politics at three levels, namely the government, the ruling party and the Diet. The paper concludes that Kishida's decision-making at the government level continues the dictatorial style of the Abe era; within the ruling party, the authority of the party head is challenged, but is generally manageable; and at the Diet level, the Liberal Democratic Party (LDP) maintains its monopoly despite its weakened status, and it is difficult for the opposition parties to form a substantial control over the prime minister's decision-making. All in all, although the power of the prime minister in Kishida's decision-making process has been weakened compared to the Abe era, overall, the prime minister-led decision-making process will continue to be a major trend in Japan's political development in the future.

**Keywords**: Fumio Kishida; Japanese Politics; Prime Minister-led; Liberal Democratic Party (LDP); Political Reform

# Ⅳ Japan's Foreign Policy Adjustment

**B**.12 The Adjustment of Japan-the Republic of Korea Relations and Its Impact on the Development of Northeast Asian Regional Patterns  *Sun Jiashen*, *Zhang Yong* / 175

**Abstract**: Currently, with the prolonged development of the Ukraine crisis and profound changes in the international order, the U. S. is pushing its Asia-Pacific allies to provide more help for its "Indo-Pacific strategy", Japan is seeking to develop its strategic autonomy by cooperating with the United States to curb China, and the Republic of Korea is attempting to enhance the strategic environment for the maintenance of national security. As a result, the trend of "bloc confrontation" in Northeast Asia has intensified, driven by the strategic needs of the U. S. , Japan, and the Republic of Korea. In 2023 The exchange of visits between South Korean President Yoon Seok-yul and Japanese Prime Minister Fumio Kishida, and the resumption of shuttle diplomacy between the two countries after a 12-year hiatus, has opened the way for the restructuring of Japan-the Republic of Korea relations and the improvement of the relationship between the two countries, which opens a new chapter for the adjustment and improvement of Japan-the Republic of Korea relations. In the context of the convergence of the restructuring of Japan-the Republic of Korea relations and the U. S. strategy to contain China, Japan and the Republic of Korea's negative policy toward China will be enhanced, but the future outlook for Japan-the Republic of Korea relations are still faced with a number of serious challenges, Japan-the Republic of Korea bilateral relations endogenous limitations can not be overcome, and the two countries' "positive cooperation" is difficult to produce a "deep alliance "The "asymmetric relationship" between the U. S. , Japan and the Republic of Korea will continue to influence the evolution of Northeast Asia and the neighboring security environment.

**Keywords**: Japan-the Republic of Korea Relations; Northeast Asia Regional Pattern; Shuttle Diplomacy; Spillover Impact

**B**. 13   Japan's Strategic Moves to Strengthen the Japan-U. S. Alliance

*Lu Hao* / 188

**Abstract**: Since the Biden administration took office, the U. S. has actively implemented competitive containment against China. The U. S. -China game tends to deepen, showing a "normalized competition" situation. Japan has always kept a close eye on the trend of Sino-US relations, to deal with the strategic impact of the China-U. S competition to Japan as the primary diplomatic issues, and believes that the current priority strategy is to strengthen the Japan-US alliance, and to make it support their own strategic interests. Based on that judgement, Japan actively maintain high-level political communication with the U. S. to promote U. S. strategy to continue to focus on the Asia-Pacific; promote military defense cooperation, deepening the Japan-U. S. military integration; strengthen economic and security cooperation, and the U. S. to build a "small high wall"; strengthen international strategic coordination, integration and expansion of the alliance partner system. Japan's awareness and action of seeking strategic autonomy within the alliance system has become increasingly clear, and while maintaining the "United States against China" posture, it still tries to maintain the "walled space" and use diversified strategic means to implement alliance management and expand its own strategic space. Meanwhile, the effectiveness of Japan's operation of the U. S. -Japan alliance is still subject to the strategic differences between the two countries and domestic political factors.

**Keywords**: Japan-U. S. Alliance; Japanese Diplomacy; Strategic Initiatives; Asia Pacific

**B**.14　The Japan-ASEAN Special Summit : Vision, Measures

and Trends　　　　　　　　　　　　　　　　*Bai Ruchun* / 202

**Abstract**: Japan's high-profile commemoration of 50 years of economic cooperation with ASEAN, with the central initiative being the "Japan-ASEAN Special Summit" held in Tokyo. The Kishida administration has carefully planned to make the summit agenda, content, and the "outlook statement" reflect Japan's intentions, the main goal of which is to strengthen a meaningful, substantive, and mutually beneficial comprehensive strategic partnership based on mutual trust, respecting the unity and centrality of ASEAN through the "three pillars", in order to strengthen intergenerational and long-term trust relationships. The trend of Japan-ASEAN relations will have varying degrees of impact on the regional situation, China-Japan relations, and even China-ASEAN relations. In the process of establishing and improving the China-ASEAN Community, this factor of Japan needs attention and response.

**Keywords**: Japan-ASEAN Special Summit; Regional Economic Cooperation; Japan-ASEAN Relations

**B**.15　The Kishida Administration's New Plan for a "Free and

Open Indo-Pacific" and Its Impact　　*Meng Xiaoxu* / 215

**Abstract**: The Kishida administration inherits and develops the "Indo Pacific strategy" proposed by the Abe administration. Focusing on the new situation, the Kishida government has strategically expanded and upgraded the "Indo-Pacific Strategy". On March 20, 2023, Kishida officially launched the "Indo-Pacific Action Plan" during his visit to India. The plan clearly proposes four strategic pillars, including adhering to the norms of peace and prosperity, addressing a wide range of issues in the Indo-Pacific region, establishing multi-level connectivity in the Indo Pacific region, expanding security from the ocean to space, and related implementation plans. The New Plan for a "Free and Open Indo-Pacific" claims that Japan will take new strategic measures for the future of Indo-Pacific and strengthen the rule-based international order. The New Plan for a "Free and Open Indo-Pacific" has upgraded Japan's "Indo Pacific Strategy" in the new international situation, focusing on expanding the support base of the "Indo-Pacific Strategy", especially focusing on attracting developing countries such as Global South countries, and focusing on building a new framework to contain China through the "Japanese style" approach, which has an important impact.

**Keywords**: Kishida Administration; Indo-Pacific Strategy; QUAD; Global South; New Plan for a "Free and Open Indo-Pacific"

**B**. 16    Japan's Middle East Diplomacy from a Geostrategic

Perspective                                                                *Cheng Yun* / 228

**Abstract**: Since the Kishida administration proposes the New Plan for a "Free and Open Indo-Pacific" in 2023, Japan's Middle East diplomacy has become active in a sudden way. At the geo-economic level, Japan regards the Middle East as the main supply base for new energy in the future, and has launched in-depth cooperation in the field of new energy with the GCC countries headed by Saudi Arabia. At the geopolitical level, Japan has further enhanced its strategic partnership with major regional countries, established a regular strategic dialogue mechanism and developed a "mini-multilateralism" diplomatic model on this basis. Through this strategy, Japan has strengthened its export of the so-called "international order based on the rule of law" to the Middle East and expanded the scope of "like-minded countries" . However, the political ideas promoted by Japan have not withstood the test of geopolitical conflicts. In the process of responding to the Palestinian-Israeli conflict, the Kishida cabinet criticized Hamas' actions on the one hand, but turned a blind eye to Israel's violations of international law on the other. That pro-American and pro-Israel diplomatic posture abandons Japan's long-proclaimed independence in Middle East diplomacy and will surely weaken its political influence in the Middle East.

**Keywords**: Kishida Administration; Supply Base for New Energy; Mini-multilateralism; Geopolitical Conflicts; Diplomatic Independency

## B.17 Japan's Diplomatic Dynamics and Prospects towards India in 2023 *Pang Zhongpeng* / 245

**Abstract**: In recent years, Japan has actively carried out diplomacy with India, especially in 2023 when leaders of Japan and India frequently visited each other, greatly bringing the level and level of strategic cooperation between the two countries closer and higher. The continuous deepening of Japan's diplomacy with India can be attributed to various factors such as the mutual cooperation needs between Japan and India. However, if Japan intends to further deepen its diplomacy with India, it has to face issues such as the strategic positioning, diplomatic balance, and diplomatic goals of the two countries. In the future, with the development and changes of the international situation, Japan's strengthened diplomacy with India has a positive aspect, but the existence of many negative and restrictive factors is dragging down Japan's diplomacy with India.

**Keywords**: Japan–India Relations; Indo-Pacific Vision; Strategic Positioning; Diplomatic Objectives; India's Comprehensive National Strength

## B.18 The Transformation of Japan's Foreign Aid Policy from the Perspective of the New Development Cooperation Program *Chang Sichun* / 259

**Abstract**: In June 2023, Japan revised and adopted a new version of its Development Cooperation Program after a lapse of only eight years. The new version of the Development Cooperation Program recognizes that Japan's basic policy, policy priorities, and implementation system for foreign aid should be adjusted in a timely manner in light of changes in the international situation, with the prominent changes being to increase strategic investment in the Indo-Pacific region, to strengthen cooperation with various foreign aid entities through the "Co-Creation" approach, and to enhance cooperation with the "proposal-based" assistance approach. The prominent changes are to increase strategic investment in the "Indo-Pacific" region, to strengthen cooperation with various foreign aid entities through "co-creation," to replace "request-based" aid with "proposal-based" aid, and to speed up the decision-making process for foreign aid. Japan's accelerated adjustment of the Development Cooperation Program is mainly motivated by the need to respond to the new changes in the international situation, the need to adjust the national security strategy, and the need to strengthen the competition and control over China. In the future, Japan will further emphasize the strategic nature of its foreign aid and actively enhance its initiative in international development assistance.

**Keywords:** Official Development Assistance ( ODA ); Development Cooperation Program; Proposal-based Assistance; Free and Open Indo-Pacific ( FOIP )

## Appendix

Chronicles of Events of Japan in 2023

*Wu Xian, Zhang Xiaolei, Zhou Xuhai and Chen Gang* / 272

# 要　旨

　2023 年、世界経済の成長率は鈍化し、地域紛争が多くの地で勃発し、国際構造の調整は加速し、地政学的ゲームはますます激しくなり、大国間競争は国際システムの乱れのリスクを高め、グローバル・ガバナンスシステムは変革の圧力に直面し続けている。こうしたなか、日本国内は厳しい試練に直面している。政治の「逆風」が吹き続け、岸田政権は危機に瀕している。経済動向は「明暗入り混じって」おり、回復の見通しは依然楽観を許さない。社会改革は引き続き強化されており、政策効果は今後の推移をみる必要がある。対外戦略において、日本は「安保三文書」（国家安全保障戦略、国家防衛戦略、防衛力整備計画）を積極的に実行に移し、「総合戦略の活発度」が持続的に高まり、国際的影響力が大きくなっている。中日関係は低位で推移しており、前向きな要因がある程度増えている。

　2023 年の岸田氏の政権運営は「外交は好評、内政は不評」という「外高内低」の傾向が続き、上半期はG7 広島サミットの開催で国民の支持を得たが、下半期は内政の難題で支持を得られなくなった。党と政府の人事改造は内閣支持率を高めることができず、逆に国民の支持の喪失を加速した。自民党各派による政治資金規正法違反や裏金スキャンダルが発覚した後、内閣支持率、自民党の支持率は2012 年の政権奪還以来最低水準に落ち込み、ともに深刻な「信頼危機」に見舞われた。岸田氏は2024 年 9 月の自民党総裁選での再選を目指して、有利なタイミングで衆議院を解散し、繰り上げ改選しようとしたが、かなわなかった。

　2023 年の日本経済は起伏に富み、回復は外需に依存しており、内需の原動力は依然不足している。円安などの要因が輸出の大幅な増加を促したが、高いインフレ、実質賃金所得の低下が住民消費を抑制し、産業の高度化と業態転換が阻害されたことで企業が投資に慎重となった。労働力不足問題がますます際立っていることも、回復見通しの不確実性を高めている。岸田氏の経済政策は引き続き強化されているが、総合的な効果は今後の推移を見守る必要がある。財政政策は持続可能性の危機に直面し、超金融緩和政策の調整はジレンマに陥り、「新しい資本主義」の政策は科学技術イノベーションの推進、GX（グリーントランスフォーメンション）及びDX（デジタルトランスフォーメンション）の加速を重視しているが、経済安全保障政策は国際協力を妨げている。

　2023 年、日本社会は多くの課題と変革の圧力に直面した。人口高齢化は社会保障システムに対して厳しい試練を課し、少子化は労働力供給不足を激化させ、経済成長の潜在力と産業構造の最適化を妨げた。日本の政府と企業は、持続可能な社会保障体制の構築に向け、医療・介護業界を含むDXの推進を加速させるとともに、外国人労働力の増加など、労働力不足の緩和につながる多様な施策を含む「異次元の少子化対策」を打ち出した。生成 AI 技術の台頭は伝統文化の伝承と革新に可能性を提供したが、倫理と雇用などの面で多くの試練をもたらした。

　2023 年、日本は「自由で開かれた国際秩序」の維持に力を入れ、日米同盟を背景に地域的影響力を強化する。日本は「2+2」協議メカニズム、米日印豪の「QUAD」及び「物品役務相互提供協定」、「円滑化協定」の締結などの手段によって、北大西洋条約機構（NATO）加盟国、インドなどとの政治・安全保障面での関係を深め、「グローバルサウス」諸国への影響を強化し、その「自分の立つ側を選ぶ」よう促した。日本は広島のホームグラウンド外交を利用して「平和のイメージ」を示す一方で、NATO 史上最大規模の空中防衛演習に参加した。岸田氏は在任中初の中東訪問で地域でのプレゼンスを強化した。日本が福島の放射能汚染水の海洋放出を強行し、民衆と国際社会の疑問と強い反発を引き起こした。

2023 年の中日関係は「中日平和友好条約」締約 45 周年を背景に安定を維持し、首脳会談は重要な政治的リードを提供した。しかし、日本は台湾問題で約束に背き、誤ったシグナルを発し、両国関係の改善を制約した。中国市場にとって日本は依然として大きな魅力があるが、米国の対中戦略競争強化の影響を受けて、日本は経済分野で米国に従属して対中抑制を絶えず強めている。中日安全保障対話は徐々に回復しているが、日本の対中政策は対抗性が明らかで、「台湾有事」を吹聴し、「中国の脅威」を誇張し、安全保障をめぐる国際協力の名目で対中包囲圏を構築している。2024 年、中日関係は依然として激流と暗礁を前にしており、正しい方向性をしっかりと把握し、妨害を排除し、相互信頼を増進し、意見の相違と矛盾を適切に処理し、ハイレベルで多様な交流と協力の実施を推進する必要がある。

キーワード：岸田文雄　政治資金スキャンダル　放射能汚染水の海洋放出　中日戦略互恵関係　グローバルサウス

# 目　次

## Ⅰ　総　論

　要　旨：2023 年、世界経済の回復は緩やかで、地政学的枠組みは加速的
に揺らぎ、大国間の駆け引きがますます激しくなり、米国と西側諸国の政策
は世界及び地域の陣営化、断片化を助長した。日本では、自民党の岸田内閣
の政権運営が大きく挫折し、多くの「改革」措置を打ち出し、親民的な「草の
根」の姿勢を示すなど多方面の政策を採っても、内閣支持率の低下傾向を食
い止めることができず、岸田内閣の政権運営は実質的に危機に陥っている。
一方、国内外要因の刺激を受け、日本は戦後の平和発展路線からの脱皮が加
速し、戦略の「天秤」が軍事の方に傾き、戦略的転換が深まりを見せている。
日本の対中抑制・均衡戦略の方向性が日ましに際立ち、中日関係は再び重
要な岐路に立っており、国交正常化以来最も複雑な局面に直面し、一連の新
たな問題、新たなリスク、新たな試練に直面している。2022 年に国交正常
化 50 周年を記念したのに続き、2023 年に両国は「中日平和友好条約」締結
45 周年を迎えた。双方はこれをきっかけに、締約当時の「初心」を共に振り
返り、重要な政治的リードを強化し、各分野の交流・協力を回復し、一連の

対話と交流を展開した。

キーワード:岸田文雄　新時代リアリズム外交　「中日平和友好条約」
裏金スキャンダル　少数国間メカニズム

# II 分 論

## B.2 2023年日本政治:岸田内閣の政権運営の特徴は
「外交には強く、内政には弱い」　　　　　　　　張伯玉／029

要 旨:2022年と同様、2023年の岸田文雄内閣の政権運営は依然として「外交には強い」と「内政には弱い」という特徴が見られる。同年上半期はG7広島サミットの開催などで国民の支持を得たが、下半期は国内の諸課題の不適切な対応により支持率が停滞した。9月13日に実施された内閣改造・自民党人事の調整も支持率上昇に繋がらず、政権発足3年目に入った10月以降、岸田内閣は国民の支持をほぼ失った。岸田首相は2024年9月に実施される自民党総裁選での再選を目指して、2度にわたって衆院解散を試みたが不発に終わった。岸田内閣の行方と岸田首相の政治的運命を決めるのは世論である。自民党の政治資金問題発覚後、内閣と自民党の支持率は2012年の政権復帰以降最低の水準に落ち込み、岸田政権と自民党は深刻な政治的危機に直面した。内閣支持率の大幅な回復がなければ、岸田首相は衆議院を解散することも、自民党総裁選に再び挑戦することもできない可能性がある。

キーワード:日本政治　内閣支持率　G7広島サミット　衆議院解散
リーダーシップ

## B.3　明暗入り混じる2023年の日本経済　　　　　田　正／043

　要　旨：2023年の日本経済は変動が大きく、全体としては「明暗が交互に訪れる」という状況である。輸出の伸びは日本の経済成長を支える重要な要素となっているが、家計消費は低迷し、企業の設備投資も不足し、経済成長も勢いを失っている。2023年に日本経済が直面した主な問題には、高インフレと日本の労働者の実質賃金収入の減少、経済成長の勢いの欠如と不十分な企業投資、財政政策の持続可能性問題や超緩和的な金融政策の調整などが挙げられる。岸田政権は、「新しい資本主義」政策の実施、技術革新の促進、グリーントランスフォーメーション（GX）やデジタルトランスフォーメーション（DX）の加速、人的資本への投資強化、ベンチャー企業の育成、資産所得倍増計画の実施などに重点を置いているが、経済安全保障政策は日本経済の回復にとって有益ではない可能性が高い。2024年の日本経済は緩やかな回復を続け、潜在的生産性が高まり、需要と供給のギャップは徐々に縮小すると予想される。

　キーワード：日本経済　インフレ　高齢化　超金融緩和政策　新しい資本主義

## B.4　2022年の日本外交：「自由で開かれた国際秩序」
## 　　　に基づく外交関係の構築　　　　　　　　呂耀東／058

　要　旨：2023年は、日本の新しい「安全保障関連3文書」の「幕開け」の年である。日本における保守主義の勢力が拡大するなかで、岸田文雄首相は政権に就いてからも保守的な政策を続けている。外交分野では、日本は東アジア地域の安全保障に影響力を行使するために、米国との同盟に依存するだけでなく、「自由で開かれたインド太平洋」構想の下での価値観外交を精力的に推進し、米国、オーストラリア、アフリカや他の国との関係をさらに発展・深化させるだけでなく、米国の支援を受けて、インド、北大西洋条約機構（NATO）、中東などとの安全保障分野での協力も引き続き推進している。こうした動きは、東アジアの安全保障情勢に重大かつ複雑な変化をもたらすであろう。

キーワード：国家安全保障戦略　岸田内閣　自由で開かれた国際秩序　日米同盟　中日関係

## B.5　2023年の日本社会：試練と変革の中での新たな道の模索

郭　佩　胡　澎／075

要　旨：2023年、日本社会は多くの試練と変革に直面している。人口の超高齢化の深刻化という問題は、日本の社会保障システムにとって厳しい課題となっている。その一方で、少子化の傾向は経済成長と労働市場に阻害要因となっている。この年、高齢化と少子化に対応するため、日本政府と企業は医療や介護などの分野のデジタル変革を進め、介護職員の待遇向上を図り、持続可能な社会保障システムの構築を目指している。また、異次元の少子化対策を提案し、外国人労働力の導入など多様な手段で労働力不足を緩和しようとしている。2023年、日本国会は性的少数者に対する理解を広めるための「LGBT理解増進法（性的指向及びジェンダーアイデンティティの多様性に関する国民の理解の増進に関する法律）」を成立したが、この法案は社会の理解不足、異なる政治派閥間の意見の不一致、法案の実施と監督方法など、多くの試練に直面している。さらに、生成AI技術の台頭は日本社会に大きな影響を与え、科学技術イノベーションを推進しているが、倫理や雇用など新たな試練ももたらしている。

キーワード：日本　人口超高齢化　異次元少子化対策　LGBT理解増進法　生成AI

## B.6　2023 年日本文化：地方創生につながる文化政策と実践

張建立 / 092

　　要　旨：2023 年は日本の地方創生政策実施 10 周年に当たる。日本政府はいかにして文化の役割を生かして地方創生を推進すべきかに取り組んできた。2023 年、文化政策の分野においては、地方創生につながる重要文化政策の一つとして、長年検討されてきた文化庁の京都移転がようやく実現した。地方創生につながる文化実践においては、世界的な人気を誇る日本アニメ文化が重要な役割を果たした。新潟市では、世界のアニメ業界の中心を目指して、アニメの長編映画祭を通じてアニメ文化と産業の融合による地方創生を目指しており、前途は明るい。年に一度の「国民文化祭」は、伝統と現代の文化芸術資源を有機的に統合して地方創生に寄与するだけではなく、令和天皇に対する日本国民の親近感も増し、同国国民のアイデンティティーの確立でも大きな役割が暗に期待できるであろう。

　　キーワード：地方創生　文化庁　アニメ　国民文化祭

## B.7　2023 年中日関係の情勢と展望

呉懐中 / 105

　　要　旨：2023 年、中日政治外交関係は『中日平和友好条約』締結 45 周年を背景に発展を続けているが、日本はしばしば台湾問題での約束に背き、誤った政治的シグナルを発し、両国関係の深い改善を制約している。中日の経済貿易関係は産業構造上の相互補完性が強く、米バイデン政権の対中戦略的競争の強化を受けて、日本は経済分野で米国に従って対中抑制の度合いを強くした。中日安全保障対話は徐々に回復し、増加しているが、日本の対中安全保障政策は対抗性が顕著であり、対中安全保障包囲網の構築を強化している。日本は福島の核汚染水排出を強行し、中日関係に影響を与える新たな際立った阻害要因となった。未来を展望して、中日関係の発展は依然として楽観視できず、中日関係を改善し発展させるために、両国は正しい方向を押さえて、妨害を排し、相互信頼を強化し、意見の相違と矛盾を適切に処理し、より多くのハイレベルで、多様化した交流・協力を展開しなければならない。

キーワード:「中日平和友好条約」中日関係　核汚染水　「自由で開かれたインド太平洋」

# Ⅲ　日本国内情勢と政策調整

## B.8　第4期海洋基本計画から見た日本の海洋戦略の新たなトレンド

張暁磊／118

要　旨:2013年に「第2期海洋基本計画」が発表されてからの10年間、日本は国家戦略、海洋戦略の認識・位置づけ・変化の上で、国家戦略の「汎安全化(安全保障問題化拡大)」の中で、海洋戦略も「汎安全化」に傾き、海洋戦略と国家安全戦略が高度に融合し、国家戦略の海権化の基調が顕著になった。「第4期海洋基本計画」は、現在の日本の国家戦略と海洋戦略の融合度と2つの戦略的安全保障化度を反映した最新の政策的テキストである。第3期と第4期計画の継続性・連結性・継承性がより強く、「第3期海洋基本計画」の策定プロセス、主な内容及びその実施効果評価の方式を比較することにより、日本政府が「第4期海洋基本計画」を発表した戦略的意図、政策的内容及びその潜在的影響をより正しく、深く理解することができる。「第4期海洋基本計画」の発表に伴い、日本の海洋戦略の「汎安全化」の傾向と傾向はすでに顕著になっている。このことは、総合的な海洋安全保障をさらに強化するための基本方針と措置に表れているだけでなく、海洋開発に関する一連の重点戦略と措置からも垣間見ることができる。

　　キーワード：日本　国家安全戦略 海洋戦略 汎安全化　第 4 期海洋基本
計画

## B.9　岸田政権における経済安全保障戦略の評価・分析

陳友駿　王星澳／133

　要　旨：近年、日本政府は政治的及び安全保障的考慮から、国家の対外
経済活動を指導し、コントロールすることをますます重視を置いている。
そうしたなかで、岸田政権は重要なサプライチェーンの地理的な配置を再
編し、サプライチェーンの地域及び国際協力を強化し、センシティブな技術
及び情報の管理を強化し、経済安全保障戦略を迅速に強化している。岸田
政権は、日本の経済安全保障問題について考えてきた結果の蓄積を十分に
活用し、現在の経済的不確実性のリスクに対応しつつ、日本の産業戦略及び
国家発展戦略の転換を促し、「自由で開かれたインド太平洋」構想をさらに
実現しようとしている。しかしながら、岸田政権の経済安全保障戦略の強
化は、国内の経済安全保障と経済発展の関係の不均衡、「戦略的自主」が対
米「戦略的追随」に拘束されること、地域経済及び政治的安全保障の困難の
悪化、日本自身の構造的権力基盤を損なうことといった現実的困難に直面
している。これらの戦略の効用及び中国に与える影響については、さらな
る観察と研究が必要である。
　　キーワード：経済安全保障戦略 経済の安全保障化 サプライチェーン
岸田政権

B.10 日本における「戦略的イノベーション創造プログラム
　　　2023」に基づいた技術革新の動向　　　王一晨　陳　祥／147

　要　旨：日本は長年にわたり、政府主導の政策によって科学技術の発展を促進してきた。日本政府は、2014年に、内部の各部門の機能を統合した「総合科学技術イノベーション会議（CSTI）」を設置し、国の科学技術戦略を推進するための「司令塔」とした。CSTIは同年より、5年周期で3期連続の「戦略的イノベーション創造プログラム（SIP）」をスタートした。2023年、日本はSIPの第1期と第2期の終了を受けて、社会と市場により一層適用できる技術産業チェーンの構築に目を向け、「Society 5.0」の実現という全体的目標に焦点を当てて第3期の計画を発表した。さらに、SIP第3期によってもたらされた科学技術の革新と発展は、日本がグローバール社会発展の新たな方向性、自国の技術的特徴と産業構造を大きな調整を行うことを反映している。
　キーワード：戦略的イノベーション創造プログラム　統合イノベーション戦略2023　Society 5.0　技術革新産業　総合科学技術・イノベーション会議（CSTI）

B.11 岸田文雄氏の「首相主導」型の意思決定プロセスの変化、
　　　特徴とトレンド　　　　　　　　　　　　　　　孟明銘／162

　要　旨：岸田文雄氏は首相就任当初、前任者の安倍晋三氏の影響と制約を受けたが、2022年に同氏が暗殺された後、独自の政権運営を徐々に実現した。本論文は、岸田氏が「ポスト安倍時代」の初めの年である2023年における政治決定の変化と特徴に焦点を当て、政府、与党、国会の三つの観点から岸田文雄氏の意思決定スタイルと日本政治への影響を詳細に考察する。

本論文は、次のように見ている。岸田氏は政府レベルでの意思決定におい
て安倍時代の独断的なスタイルを継承している。また、与党内で党首の権
威が一部挑戦を受けているが、全体的に言えば調整可能なレベルにある。
国会レベルでは、自民党が衰退しているものの依然として主導的地位を維
持し、野党が首相の決定に実質的な制約をかけることが難しい状況である。
したがって、本論文は、岸田文雄氏の首相権限は安倍時代に比べてやや弱化
しているが、将来においても「首相主導」型の意思決定プロセスが日本政治
の主要なトレンドであると結論付けている。

　　キーワード：岸田文雄　日本政治　首相主導　自由民主党　政治改革

# Ⅳ　日本対外戦略の調整

## B．12　日韓関係の調整と北東アジアの構造進化への影響

　要　旨：現在、ウクライナ危機の長期化と発展にともない、国際秩序が
大きく変化し、米国はアジア太平洋同盟国に自国の「インド太平洋戦略」を
より多く支援するよう促し、日本は米国と連携して中国を抑制する発展戦
略のための自主能力を求め、韓国は国の安全を守るハードパワーの強化を
図っている。そのため、米日韓3か国自身の戦略的ニーズに後押しされ、北
東アジア地域では「集団で対抗する」傾向が強まっている。2023年度には
韓国の尹錫悦大統領と日本の岸田文雄首相が相互訪問し、両国首脳は12年
ぶりの「シャトル外交」を再開し、日韓関係の調整と改善の新たな一章を開
いた。日韓関係の調整と米の中国抑制戦略が連動するなかで、日韓の対中
政策の消極性はある程度強化されるだろうが、未来の日韓関係は依然とし
て多くの厳しい試練に直面しており、日韓二国間関係の内生の限界は解決
できず、「積極的な協力」は「深い同盟」につながりにくい。米日韓の3か国
間の「非対称関係」は、北東アジアの構造や周辺の安全環境の変化に影響を

与え続けるだろう。

キーワード:日韓関係　北東アジアの構造　シャトル外交　波及効果

## B.13　中米「常態化競争」の中での日米同盟強化の戦略動向

盧　昊／188

　要　旨:バイデン政権発足以来、対中競争抑止を積極的に実施している。中米間の駆け引きが深まっており、「常態化競争」の傾向が見られる。日本は一貫して中米関係の動向を注視し、中米間の駆け引きが日本にもたらす戦略的影響への対応を第一の外交課題とし、当面優先すべき戦術は日米同盟の強化であり、それが自国の戦略的利益を支えることだと考えている。これを踏まえて、日本は(1)米国とのハイレベルな政治的意思疎通を積極的に保ち、米国の戦略が引き続きアジア太平洋に焦点を当てるようにしている、(2)軍事防衛協力を推進し、日米軍事一体化を深めている、(3)経済安全保障協力を強化し、米国と手を組んで「スモールヤード・ハイフェンス」を構築する、(4)国際戦略協調を強化し、同盟・パートナーシステムを統合・開拓する。日本は同盟体制内で戦略的自主を図る意識と行動がますます明確になり、「米国と連合して中国を牽制する」基調を維持すると同時に、依然として「両者を天秤にかける余地」を保とうとし、多様な戦略的手段を用いて同盟管理を実施し、自国の戦略的空間を拡大しようとしている。同時に、日本の日米同盟運営の効果は依然として両国の戦略的意見の相違と国内政治の要因に左右されている。

　キーワード:日米同盟　日本外交　戦略的自主　アジア太平洋

　　要　旨：東南アジア諸国連合（ASEAN）との経済協力 50 周年を大々的に記念する日本の中心的な取り組みは、東京で開催された「日本 ASEAN 特別首脳会議」であった。岸田内閣は入念な計画を立てて、首脳会議の議題や内容、発表された「共同ビジョン声明」に日本の意図を反映させようとした。「共同ビジョン」は、双方の今後の主な目標を示しているが、相互信頼に基づいて、「3つの柱（自由で開かれたルールに基づく公正な地域秩序の構築、経済発展・持続可能性・公正性が充足した共生社会の実現、相互理解と相互信頼の醸成）」を通じてASEANの一体性と中心性を尊重し、有意義で実質的かつ互恵的な包括的戦略パートナーシップを強化し、世代を超えた、長期的な信頼関係を強化することである。日本・ASEAN 関係の動向は地域情勢、中日関係、ひいては中国・ASEAN 関係に程度の差はあるが影響を与える。中国 ASEAN 共同体を打ち立て、充実させるには、日本の要因に注目し、対応する必要がある。

　　キーワード：日本 ASEAN 特別首脳会議　地域経済協力　日本・ASEAN 関系

　　要　旨：岸田政権は安倍政権が掲げた「自由で開かれたインド太平洋」を継承し発展させた。新たな情勢に着目し、岸田政権は「自由で開かれたインド太平洋」に戦略的な拡張と高度化を加えた。2023 年 3 月 20 日、岸田氏はインド訪問中に「自由で開かれたインド太平洋（FOIP）のための日本の新たなプラン」を正式に打ち出した。同プランは、平和と繁栄の規範を堅持し、「インド太平洋」地域の広範な課題に対応し、「インド太平洋」の多層的なアクセス性を確立し、安全保障を海洋から宇宙に拡大するなどの4つの戦略的柱と関連実行案などを明確に打ち出した。「自由で開かれたインド太平洋のための日本の新たなプラン」は、日本が「インド太平洋」の未来のために新たな戦略的措置をとり、ルールに基づく国際秩序を強化すると宣言した。「自由で開かれたインド太平洋のための日本の新たなプラン」は新たな国際情勢の下で日本の「自由で開かれたインド太平洋」戦略をアップグレードし、「自由で開かれたインド太平洋戦略」の支持基盤拡大に注目し、特に「グローバルサウス」などの発展途上国の取り込みに重点を置き、「日本流」の方法で中国周辺での取り組みに力を入れ、中国を牽制する新たな枠組みづくりに力を入れるもので、重要な影響を与えるであろう。

キーワード:岸田政権　自由で開かれたインド太平洋　クアッド　グローバルサウス　インド太平洋の新なプラン」

### B.16　地政学の視点から見た日本の中東外交　　　程　蘊 / 228

要　旨:2023 年、岸田内閣が「自由で開かれたインド太平洋(FOIP)のための新たなプラン」を打ち出して以降、日本の中東外交は活発に展開された。地経学的な視角から見れば、日本は中東を次世代燃料のグローバルなハブと見ており、再生エネルギー分野でサウジアラビアをはじめとする湾岸協力理事会(GCC)加盟国との協力を深めている。地政学的な視角から見ると、日本は中東主要国との戦略的パートナーシップを一層強化し、定期的な戦略対話メカニズムを設け、それを基礎にしたミニラテラルな協力モデルに発展させた。以上の手立てを講じることで日本は中東に向けて「法の支配に基づく国際秩序観」を広め、「同志国」の輪を拡大させていった。しかし、日本が提唱した政治理念は地政学的な紛争に耐えられなかった。イスラエル・パレスチナ紛争への対応において、岸田内閣はハマスのテロ攻撃を強く非難し続けていたが、イスラエルの国際法違反に目をつぶった。この親米・新イスラエルの外交姿勢は、日本が一貫して保ってきた中東外交自主性を捨てたことを意味し、必ずや中東における日本の影響力を弱めていくことになるであろう。

　　キーワード：岸田内閣　次世代燃料のグローバルなハブ　ミニラテラリズム　地政学的な紛争　外交自主性

## B.17　2023 年の日本の対インド外交の動向と将来性の分析

龐中鵬／245

　　要　旨：ここ数年来、日本は対インド外交を積極的に展開しており、特に2023 年の 1 年間、日本・インド両国指導者の相互訪問が頻繁に行われ、両国の戦略的協力関係のレベルとランクを大きく高め、関係が大いに深まった。日本の対インド外交の深化は、日本・インド双方の持つ協力ニーズなど多くの要因に帰すことができる。しかし、日本は対インド外交を引き続き深化させるには、両国の戦略的位置づけ、外交のバランス、外交目標などの問題に直面せざるを得ないであろう。将来、国際情勢の発展と変化にともない、日本の対インド外交強化にはポジティブな要因の面もあるが、多くのネガティブで発展を阻害する要因が存在しており、それらは日本の対インド外交の展開の妨げとなるであろう。

　　キーワード：日本・インド関係　インド太平洋ビジョン　戦略的位置づけ　外交目標　インドの総合国力

## B.18　新たな「開発協力大綱」から見る日本の対外援助政策
　　 転換の動因と展望

常思純／259

　　要　旨：2023 年 6 月、日本外務省は「開発協力大綱」の改訂目標を提案し、専門家委員会の議論および国民からの意見聴取を経て、新たな「開発協力大綱」を承認された。わずか8年で再び対外援助の指針に変更を加えたことになる。新たな「開発協力大綱」は、国際情勢の変化を背景に、日本の対外援助の基本方針、重点政策および実施体制を適時に調整する必要があると見ている。その際立った変化として、「自由で開かれたインド太平洋」への戦略的投資の強化、「共創」を通じた様々な対外援助主体との協力強化、「提案型」援助方式への転換、及び対外援助の意思決定プロセスの加速化が挙げられる。日本が「開発協力大綱」の改訂を急いだ動機は、主に国際情勢の新たな変化への対応、国家安全保障戦略の調整への対応、および中国との競争と同国への牽制の強化である。将来的には、日本は対外援助の戦略性をさらに強調し、国際開発援助における日本の主導性を高めることを目指すであろう。

　キーワード：政府開発援助　「開発協力大綱」　「提案型」援助　「自由で開かれたインド太平洋」構想

付　録

2023年の日本の重大な出来事

社会科学文献出版社

# 皮 书

## 智库成果出版与传播平台

### ❖ 皮书定义 ❖

皮书是对中国与世界发展状况和热点问题进行年度监测，以专业的角度、专家的视野和实证研究方法，针对某一领域或区域现状与发展态势展开分析和预测，具备前沿性、原创性、实证性、连续性、时效性等特点的公开出版物，由一系列权威研究报告组成。

### ❖ 皮书作者 ❖

皮书系列报告作者以国内外一流研究机构、知名高校等重点智库的研究人员为主，多为相关领域一流专家学者，他们的观点代表了当下学界对中国与世界的现实和未来最高水平的解读与分析。

### ❖ 皮书荣誉 ❖

皮书作为中国社会科学院基础理论研究与应用对策研究融合发展的代表性成果，不仅是哲学社会科学工作者服务中国特色社会主义现代化建设的重要成果，更是助力中国特色新型智库建设、构建中国特色哲学社会科学"三大体系"的重要平台。皮书系列先后被列入"十二五""十三五""十四五"时期国家重点出版物出版专项规划项目；自2013年起，重点皮书被列入中国社会科学院国家哲学社会科学创新工程项目。

# 皮书网

（网址：www.pishu.cn）

发布皮书研创资讯，传播皮书精彩内容
引领皮书出版潮流，打造皮书服务平台

## 栏目设置

**◆关于皮书**

何谓皮书、皮书分类、皮书大事记、
皮书荣誉、皮书出版第一人、皮书编辑部

**◆最新资讯**

通知公告、新闻动态、媒体聚焦、
网站专题、视频直播、下载专区

**◆皮书研创**

皮书规范、皮书出版、
皮书研究、研创团队

**◆皮书评奖评价**

指标体系、皮书评价、皮书评奖

## 所获荣誉

◆ 2008 年、2011 年、2014 年，皮书网均
在全国新闻出版业网站荣誉评选中获得
"最具商业价值网站"称号；
◆ 2012 年，获得"出版业网站百强"称号。

## 网库合一

2014年，皮书网与皮书数据库端口合
一，实现资源共享，搭建智库成果融合创
新平台。

皮书网

"皮书说"
微信公众号

# 权威报告·连续出版·独家资源

# 皮书数据库
## ANNUAL REPORT(YEARBOOK)
## DATABASE

## 分析解读当下中国发展变迁的高端智库平台

### 所获荣誉

- 2022年，入选技术赋能"新闻+"推荐案例
- 2020年，入选全国新闻出版深度融合发展创新案例
- 2019年，入选国家新闻出版署数字出版精品遴选推荐计划
- 2016年，入选"十三五"国家重点电子出版物出版规划骨干工程
- 2013年，荣获"中国出版政府奖·网络出版物奖"提名奖

皮书数据库　　"社科数托邦"
微信公众号

### 成为用户

登录网址www.pishu.com.cn访问皮书数据库网站或下载皮书数据库APP，通过手机号码验证或邮箱验证即可成为皮书数据库用户。

### 用户福利

- 已注册用户购书后可免费获赠100元皮书数据库充值卡。刮开充值卡涂层获取充值密码，登录并进入"会员中心"—"在线充值"—"充值卡充值"，充值成功即可购买和查看数据库内容。
- 用户福利最终解释权归社会科学文献出版社所有。

数据库服务热线：010-59367265
数据库服务QQ：2475522410
数据库服务邮箱：database@ssap.cn
图书销售热线：010-59367070/7028
图书服务QQ：1265056568
图书服务邮箱：duzhe@ssap.cn

社会科学文献出版社　皮书系列
SOCIAL SCIENCES ACADEMIC PRESS (CHINA)

卡号：359645221687
密码：

# S 基本子库
## SUB DATABASE

## 中国社会发展数据库（下设 12 个专题子库）

　　紧扣人口、政治、外交、法律、教育、医疗卫生、资源环境等 12 个社会发展领域的前沿和热点，全面整合专业著作、智库报告、学术资讯、调研数据等类型资源，帮助用户追踪中国社会发展动态、研究社会发展战略与政策、了解社会热点问题、分析社会发展趋势。

## 中国经济发展数据库（下设 12 专题子库）

　　内容涵盖宏观经济、产业经济、工业经济、农业经济、财政金融、房地产经济、城市经济、商业贸易等 12 个重点经济领域，为把握经济运行态势、洞察经济发展规律、研判经济发展趋势、进行经济调控决策提供参考和依据。

## 中国行业发展数据库（下设 17 个专题子库）

　　以中国国民经济行业分类为依据，覆盖金融业、旅游业、交通运输业、能源矿产业、制造业等 100 多个行业，跟踪分析国民经济相关行业市场运行状况和政策导向，汇集行业发展前沿资讯，为投资、从业及各种经济决策提供理论支撑和实践指导。

## 中国区域发展数据库（下设 4 个专题子库）

　　对中国特定区域内的经济、社会、文化等领域现状与发展情况进行深度分析和预测，涉及省级行政区、城市群、城市、农村等不同维度，研究层级至县及县以下行政区，为学者研究地方经济社会宏观态势、经验模式、发展案例提供支撑，为地方政府决策提供参考。

## 中国文化传媒数据库（下设 18 个专题子库）

　　内容覆盖文化产业、新闻传播、电影娱乐、文学艺术、群众文化、图书情报等 18 重点研究领域，聚焦文化传媒领域发展前沿、热点话题、行业实践，服务用户的教学科研、文化投资、企业规划等需要。

## 世界经济与国际关系数据库（下设 6 个专题子库）

　　整合世界经济、国际政治、世界文化与科技、全球性问题、国际组织与国际法、区域研究 6 大领域研究成果，对世界经济形势、国际形势进行连续性深度分析，对年度热点问题进行专题解读，为研判全球发展趋势提供事实和数据支持。

# 法律声明

"皮书系列"（含蓝皮书、绿皮书、黄皮书）之品牌由社会科学文献出版社最早使用并持续至今，现已被中国图书行业所熟知。"皮书系列"的相关商标已在国家商标管理部门商标局注册，包括但不限于LOGO（▮）、皮书、Pishu、经济蓝皮书、社会蓝皮书等。"皮书系列"图书的注册商标专用权及封面设计、版式设计的著作权均为社会科学文献出版社所有。未经社会科学文献出版社书面授权许可，任何使用与"皮书系列"图书注册商标、封面设计、版式设计相同或者近似的文字、图形或其组合的行为均系侵权行为。

经作者授权，本书的专有出版权及信息网络传播权等为社会科学文献出版社享有。未经社会科学文献出版社书面授权许可，任何就本书内容的复制、发行或以数字形式进行网络传播的行为均系侵权行为。

社会科学文献出版社将通过法律途径追究上述侵权行为的法律责任，维护自身合法权益。

欢迎社会各界人士对侵犯社会科学文献出版社上述权利的侵权行为进行举报。电话：010-59367121，电子邮箱：fawubu@ssap.cn。

社会科学文献出版社